49 | 계명한국학총서

한국 근현대사에서 민주시민교육의 현황과 전망

| 계명대학교 한국학연구원 편 |

계명대학교 출판부

머리말

우리사회는 지금 형식적 민주주의에서 실질적 민주주의로 이행하는 단계에 있다. 그러나 실질적 민주주의는 시민의 민주적 역량이 제대로 마련되지 않고서는 성취하기 어려운 과제다. 시민 개개인의 민주적 역량이 축적되어 있지 않은 채 제도나 절차상의 민주주의가 확장되는 경우 민주화로 인한 사회적 지출과 비용이 급증하고 민주주의에 대한 피로도가 누적되어 자칫 권위주의 시대의 기계적 효율성과 일사불란함에 대한 향수를 초래할 위험을 안고 있다. 때문에 민주주의 사회를 살아갈 구성원, 즉 민주시민의 자질을 육성하기 위한 교육이 필요하다. 말하자면 시민들이 민주주의의 이념과 원리를 이해하고 그에 따라 행동하고 참여하는 데 관련된 지식, 기능, 가치 및 태도를 육성하기 위한 교육적 노력이 요구된다. 이것을 우리는 민주시민교육이라고 부른다.

우리나라에서 민주시민교육은 교육기본법에서 '민주시민으로서 필요한 자질'의 함양을 교육의 목적으로 규정하고 있는 데서 보듯이 총괄교육과정의 교육 목표이기도 하다. 그런 점에서 민주시민교육은 우리나라가 건국된 이래 적어도 명목적으로는 포기되거나 중단된 적이 없다. 그러나 우리 교육의 현실, 즉 역사적·사회적 상황 및 정권의 특성에 따라 민주시민교육은 다양하게 해석되어 왔으며, 경우에 따라서는 문자 그대로 '민주시민교육'이라고 할 수 없는 형태로 이루어지기도 하였다. 말하자면 그동안 민주시민교육은 제대로 수행되기는커녕 그러한 교육의 의미나 필요에 대한 기본적인 인식조차 충분히 공유되고 있지 못한 실정이다. 입시위주의 성적지상주의가 가장 근본적인 수준에서 우리 교육을 지배하고 있고 민주시민교육과 같은 정치적 성격의 교육을 둘러싼 이념 대립이 심각하기 때문이다. 물론 그렇다고 하더라도 민주시민 교육에 대한 기본적인 인식 틀조차 공유되지 있지 못한 상황이 정당화 될 수는 없다.

최근에 들어서도 민주시민교육의 내용 및 방법에 대한 사회적 갈등이 증폭되었고, 이러한 시점에 다시 정권교체가 이루어짐으로써 민주시민교육의 내용과 방법에 대한 전반적 검토가 불가피한 상황이 되었다. 이에 교육부는 2018년에 들어 민주시민교육과를 신설하여 초·중등학교 민주시민교육을 체계적으로 추진하기 위한 제도적 기반을 세우고자 노력하고 있다. 하지만 민주시민교육이 단지 교육부만 유의해야 하는 과제는 아니다. 따라서 민주시민교육을 활성화하기 위해서는 우선 큰 틀에서나마 민주시민교육의 필요성과 기본 이념, 원칙, 내용, 방법 등에 대한 얼마간의 사회적 합의가 절실한 국면이다. 이에 본 연구원에서는 "한국 근현대사에서 '민주시민교육'의 현황과 전망"이란 주제의 기획학술대회를 통해 민주시민교육에 대한 사회적 합의의 절박함을 진단하고 전망해보는 시간을 마련하였고, 이제 그 결과물을 세상에 내놓게 되었다. 이 작은 과정을 통해 민주시민교육의 제도화가 더욱 공고하게 이루어지고 동시에 민주시민교육에 대한 시민들의 지극한 관심이 계속 이어지고 확장되기를 기대해본다.

2020년 1월
이재성

• 차례

‘형성적 기획’으로서의 민주시민교육:
한국 민주시민교육의 기본 방향과 초점

장은주

'형성적 기획'으로서의 민주시민교육:
한국 민주시민교육의 기본 방향과 초점

—

장 은 주

Ⅰ. 이제 민주시민교육이다

새 정부가 출범했다. 위대한 '촛불혁명'의 성취다. 대한민국의 시민들은 단 몇 달 동안에 피 한 방울 흘리거나 유리창 하나 깨트리지 않고, 바람 불면 훅 꺼질 수도 있는 촛불만을 들고서, 무능하고 비정하며 부패한 현직 대통령을 권좌에서 끌어내리고 결국 사법적 징치를 받게 만들었다. 그리고 드디어 지난 5월 9일 조기에 치러진 대선을 통해 문재인을 대통령으로 하는 제3기 민주정부를 출범시켰다. 세계사적 유례가 없는 대사건이 아닐 수 없다. 모두 위대한 시민의 힘, 곧 '힘없는 사람들의 힘' 덕분이다. 우리는 우리 사회에서 기본적인 정의가 실현되는 이 보기 드문 장면을 당당하게 자랑스러워해도 된다.

그러나 우리 모두는 또한 지금 겨우 출발선에 서 있을 뿐임을 누구나 알고 있다. 청산해야 할 '적폐', 쌓이고 쌓인 폐단들이 한두 가지가 아니다. 제거해야 할 불의한 제도와 관행들이 '차고 넘친다.' 남을 짓밟고 서야만 해소될 수 있는 비루한 탐욕을 주체하지 못하는 온갖 군상이 곳곳에 똬리를 틀고 있는 사회다. 우리는 단지 대통령 한 사람 바꾸자고 몇 달이고 그 추운 토요일 밤들에 촛불을 들지는 않았다. 단순히 정권교체가 끝이 아니다. 완벽하게 정의로운 사회는 아니더라도 최소한 현저한 불의만이라도 없는 사회 정도는 우리가 만들 수 있어야 하지 않을까?

무엇보다도 우리 미래 세대의 삶의 전망이 암울하다. 지금 우리 청년들은 자신들이 살고 있는 이 나라를 지옥이라 한다. 이 나라가 '헬조선'이란다. 정말이지 이 사회에서는 너무 많은 청년들이 대학을 졸업해도 변변한 직장 하나 가질 수 없고 기약 없이 알바나 비정규직만 전전해야 한다. 그나마 있는 자리라고는 뒷배 좋은 사람들이 독차지한다. 취직을 해도 온갖 불합리한 관행들과 '열정 페이'에서 벗어날 수 없다. '금수저'를 물고 태어나지 않은 이상, 이런 현실에서 조금이라도 벗어나 볼라치면 천문학적인 경쟁률을 뚫어야 하는 '공시족' 생활을 몇 년이고 해야 한다. 아니면 그냥 이 땅을 떠나는 '탈조선'을 감행해야 한다. 그러나 그마저 쉬운 일은 아니다. 그래서 이 땅 대부분의 청년들은 '이생망'이라고 탄식하며 하루하루를 보내고 있다.

이런 현실을 고쳐서 이 사회를 사람이 살만한 사회로 만들어야 한다. 그러려면 우선 다시는 박근혜 정권 같은 퇴행적 정권이 들어서도록 해서는 안 된다. 나아가 단순히 이른바 '친박' 정치 세력을 역사 속으로 퇴장시키는 정도를 넘어 지금까지도 우리 사회를 전 방위적으로 지배해 왔던 '박정희 패러다임' 전체를 온전하게 해체시켜야 한다. 경제지상주의나 정경유착의 관행 등은 말할 것도 없고 가정과 학교와 일터를 여전히 지배하고 있는 권위주의나 반인권적 문화 같은 박정희 시대의 뿌리 깊은 유산도 이제 남김없이 버려야 한다. 그리고 그런 바탕 위에서 우리 사회의 민주주의를 근본적으로 혁신하고 재구성해야 한다.

그러나 우리는 또 안다. 우리 사회의 그 여러 문제들을 하루아침에 겨울 앞마당에 쌓인 눈 치우듯 없애버릴 수는 없다. 우리가 처해 있는 암울한 상황을 최소한 견딜만한 수준으로 만들기 위해서라도 문제의 원인에 대한 면밀한 탐구와 사회적 주체들의 지속적이고 체계적이며 헌신적인 노력이 필요할 것이다. 지금보다는 더 나은 정당과 정치 세력이 제대로 된 사회개혁 프로그램을 가지고 광범위한 시민들의 굳건한 지지와 참여 속에서, 강고한 반대와 장애를 넘어가면서, 차분하면서도 단호하게 필요한 조치들을 하나하나 취해나가야 할 것이다. 긴 호흡으로 접근할 일이다.

그런데 우리는 단지 민주주의를 강화함으로써만 그리고 단지 민주적인 방식으로만 상황에 개입할 수 있다. 여기서 우리는 잊지 말아야 한다. 지난 촛불혁명 과정에서 시민이 주도했던 시민정치와 정당정치의 협주가 박근혜 대통령 탄핵을 이끌어 내고 우리 민주주의를 지켜냈다. 앞으로도 관건은 각성된 시민의 감시와 견제와 참여다. 결국 문제는 시민이고 그 시민이 갖춘 '민주적 시민성'이다.

물론 정당정치나 대의민주주의의 가치를 무시해서는 안 된다. 그러나 그것들이 제대로 작동하기 위해서라도 정치인들이 주권자로부터 독립된 특권 정치계급이 되지 않고 시민들의 열망과 의지에 충실하게 복무할 수 있도록 시민들이 나서 끊임없이 압력을 가하고 또 견인할 수 있어야 한다. 시민들이 늘 깨어 있어야 하는 것이다. 그 항시적 각성이야말로 자유를 위해 우리가 마땅히 지불해야 하는 대가다.

앞으로 우리는 '시민의회' 같은 방식으로 시민적 주권성을 더 철저하게 제도화하려고 노력하는 한 편, 다른 한 편으로는 말하자면 촛불혁명을 일상화할 수 있어야 한다. 이번의 촛불명예혁명은 정말 대단하기는 했지만, 나라의 일이 언제나 그런 혁명에만 기댈 수는 없는 법이다. 우리 시민들은 처음부터 박근혜 같은 이를 대통령으로 뽑지 말았어야 했다. 처음부터 국정농단과 부패를 더 철저하게 감시하고 견제할 수 있어야 했다. 그리고 일상의 삶 속에서 '우리 안의 박근혜'와 '우리 안의 최순실'부터 찾아내서 싸워야 했다. 돌이켜보면 왜 우리 시민들은 나라가 엉망이 되어버린 극단적 위기를 맞고서야 각성할 수 있었는지 아쉬움을 피할 수 없다. 한 마디로 이제 우리 시민들은 좀 더 일상적으로 시민다워지고 민주주의를 실천할 수 있어야 한다.

그러나 사람이 나면서부터 시민이 될 수는 없다. 시민은 하늘에서 뚝 떨어지지도 않는다. 시민은 '형성'되고 '교육'되어야 한다. 돌과 화염병으로 민주화를 일구어냈던 사람들조차 언제나 저절로 민주주의를 제대로 가꾸고 운영할 수 있는 좋은 시민이 되지 못했다는 것을 우리는 지난 몇 십 년 동안 너무도 생생하게 확인해 왔다. 이번의 촛불혁명이 일깨운 시민적 자각도 끊임없이 성찰되고 다듬어져서 널리 공유되고 확산되어야 한다. 무엇보다도 우리의 미래 세대가 더 나은 시민적 역량과 민주적 가치관 및 태도를 가질 수 있게끔 해야 한다. 이제 민주시민교육이 우리 사회 전체의 중요한 과제가 되어야 한다. 시민교육이 희망이다.[01]

그러나 문제가 단순하지는 않다. 여러 수준에서 거대한 장애가 있기 때문이다. 무엇보다도 우리 사회의 '유교적 근대성'과 그것을 지배하는 메리토크라시(meritocracy)적 이데올로기가 미래 세대를 포함하여 대부분의 구성원들이 시민적 주체로 형성되는 것을 체계적으로 방해한다는 것이 내 생각이다. 이것은 우리 청년들이 탈출하고 싶어 한다는 헬조선의 어떤 본질적이고 구성적인 일부다.[02] 때문에 한국의 민주시민교육은 이에 대한 비판적 성찰에서 출발하여 그 고유한 방향성과 내용을 설정할 수 있어야 할 것이다.

아래에서 우선 나는 우리의 출발점을 확인하기 위하여 내가 발전시키고 있는 유교적 근대성 개념을 간단하게 소개한 뒤(Ⅱ), 이 유교적 근

---

01 장은주. 2017.『시민교육이 희망이다』. 피어나. 아래에서는 이 책의 일부 논의를 반복한다.

02 이에 대해서는 다음을 보라. 장은주. 2016.「메리토크라시와 존엄의 정치 : 시민적 주체의 형성 문제와 관련하여」.『사회와 철학』 제32집. 사회와철학연구회.

대성의 문화적 핵심 축인 메리토크라시 이념이 어떻게 모욕 사회를 낳고 시민들을 일상적 자존감의 상실로 이끄는지를 살필 것이다(Ⅲ). 이런 배경 위에서 민주시민교육의 필요와 당위를 샌델이 말하는 '형성적 기획'이라는 관점에서 드러내고, 그 기본방향(Ⅳ)과 특별한 초점(Ⅴ)에 대해 내가 생각하는 바를 간단하게나마 소개해 보고자 한다.

Ⅱ. 유교적 근대성과 그 도덕적 지평

내가 발전시키고 있는 유교적 근대성의 이론[03]은 우리의 근대성을 서구의 근대성과는 다른 고유의 사회적이고 문화적인 문법을 가진, 서구적 근대성과는 일종의 '가족유사성'만을 보이는 근대성이라고 개념화하는 대안적 접근법이다. 그러나 이것은 그 동안 많이 논의되어 왔던 무슨 '유교 자본주의'나 '유교 민주주의' 논의들과는 전혀 다른 차원에 있다. 그런 논의들은 유교 전통과 한국의 근대성에 대한 모종의 이상화에 기초하고 있다. 그러나 나의 유교적 근대성의 개념은 서구적 근대성 개념이나 이론의 무비판적 수용을 경계하면서도, 가령 우리 근대성의 특징적인 모습인 재벌이나 (외형상 매우 서구적인) 대형 교회나 사학 등의 세습적 지배체제 같은 것을 (서구적 잣대로) 무슨 봉건 잔재의 지속으로만 보는 것이 아니라 아주 성공적인, 그러나 또한 깊은 내재적 위기를 잉태하고 있는 한국 근대성의 근본 속성의 발현이라고 이해할 수 있

03 이에 대한 자세한 논의는 다음을 참조하라. 장은주. 2014.『유교적 근대성의 미래』. 한국학술정보.

는 시각을 제시하고자 하는 의도를 갖고 있다.

어떻게 보면 다름 아니라 헬조선이라는 풍자어는 이런 한국 근대성의 어떤 본질적인 측면에 대한 나름의 예리한 포착을 담고 있다. 무슨 '헬코리아'나 '헬한국'이 아니고 다름 아닌 헬'조선'인 것은, 이 지옥처럼 살기 힘든 우리 사회 현실의 이면엔 조선 시대에서나 있었음직한 사고방식이나 관행이 여전히 우리 사회를 지배하고 있다는 사실이 있음을 풍자하기 위한 것이리라. 특히 유사 신분 사회를 낳은 세습과 연고주의의 일반화, 여전히 청년 세대를 짓누르고 있는 가부장주의나 권위주의 같은 것이 주요 과녁인 듯하다. 내가 볼 때 이는 고도의 자본주의적 근대화를 이루었으면서도 강한 유교적 문화 문법과 습속을 여전히 유지하고 있는 우리 근대성의 '혼종 근대성(hybrid modernity)'으로서의 면모에 대한 단선적이고 속화된 인식의 표현이다. 내가 말하는 유교적 근대성은 바로 이런 혼종 근대성의 한국적 양태에 대한 이름이다.

나는 한국 사회가 충분히 근대적인 사회라고 생각한다. 우리 사회는 기술적이고 제도적인 측면에서 서구의 이른바 선진 사회들과 별반 다르지 않는 근대성을 갖고 있다고 해야 할 것이다. 우리 사회에 구현된 고도화된 시장 경제, 국민국가, 교육 시스템, 과학기술의 수준, 문화적 소비 양식 등은 서구 사회들의 그것들과 외형상 별로 다르지 않다. 그러나 우리의 근대성은 또한 서구와는 다른 고유한 양태와 삶의 문법을 갖고 있다고 해야 한다.

나는 우리 근대성의 이 고유성을 규정하는 두 가지 핵심적인 문화적 특질에 주목한다. 하나는 집단과 공동체의 가치를 강조하는 '〈개인〉의 부재'라는 특징이고 다른 하나는 서구에서보다 더 강한 물신숭배 같은 것을 낳은 '현세적 물질주의'[04]라는 경향이다. 두 특질은 상호보완적

---

04 이 개념은 정수복에게서 빌려왔다. 정수복. 2007. 『한국인의 문화적 문법. 당연의

이고 상호침투적인데, 내 생각에 이 둘 모두는 우리의 유교적 문화 전통의 근대적 변형과 관련되어 있다.[05]

우선 우리의 근대성은, '개인의 과잉'에 대한 불편한 자기비판적 의식을 발전시켜야 했던 서구에서와는 달리, 개인의 과소 또는 부재를 염려해야 하는 근대성이다. 우리 문화에서는, 전통 사회에서 뿐만 아니라 근대화된 조건 속에서도, 개인은 너무 낯설다. 유교 전통에서 개인은 처음부터 사회 질서의 의미 및 가치 체계를 깊숙이 내면화하고 사회적 규율과 기강의 논리를 자발적으로 수용해야 하는 조화로운 사회의 성원 정도로만 이해되었는데, 그런 유교 전통과 서구적 근대성의 '이종 교배'를 통해 발전한 우리의 근대적 문화 환경 속에서도 사정은 마찬가지다. 철저하게 사회적 관계 속에 통합된 개인을 전제하는 '가족-신분사회-왕조국가'라는 전통적 '예치시스템'을 성공적으로 대체한 '가족-기업-개발독재 국가'의 '포스트-예치시스템' 위에서 발전한 우리의 근대성은 기본적으로 '개인 없는 근대성'이다.

그런데 전통사회에서 '입신양명'의 이상을 통해 지배체제에 대한 사람들의 자발적인 순응을 유도했던 유교 문화는, 그 근대적 형식에서는, 세계의 현세적 인간관계 속에서 얼마나 인정을 얻는 데 성공하는가에 초점을 두고 개인의 자기완성에 대한 전망을 갖게 했다. 그리고 그것은 궁극적으로는 물질적 행복 따위로 확인된다고 보았다. 이는 현세적 물질주의를 우리의 근대적인 생활세계의 문화적 문법의 핵심 축으로 만들었는데, 바로 우리 근대성의 두 번째 문화적 특질이다. 우리 사회에 만연한 물신숭배나 과도한 소비주의 같은 문화 현상이 그저 서구의 영향

세계 낯설게 보기』. 생각의 나무.

05 오해를 피하기 위하여 한 마디 덧붙이자면, 나의 논의 맥락의 유교는 대중들의 근대적 생활양식 안에 일상화된 어떤 속류(vulgar) 유교로서, 이는 고전적 유교 이념 그 자체의 본래적 내용과는 조금 다른 차원에서 이해되어야 한다.

에서 비롯되었을 것이라는 우리의 통념과는 달리, 근대화한 유교 문화가 잉태한 그와 같은 '우리 안의 옥시덴트'는 많은 면에서 서구보다 훨씬 더 물질주의적이고 물신주의적인 근대 문화를 만들어내었다.

여기서 길게 논의할 여유는 없지만[06], 내 생각에 유교적 근대성의 이런 면모들은 그 기본적인 수준에서 한국 사회 현실의 거의 모든 중요한 단면들에서 확인된다. 한국처럼 고도로 자본주의적으로 근대화된 나라에서, 그리고 그런 근대화를 누구보다도 앞장 서 이끌었던 재벌 회사들에서 정말 어처구니없는 족벌 경영 체제가 자리 잡고 있다. 단지 기업만이 아니다. 한국에서는 가령 목사직도 세습된다. 문제는 이런 것들이 단순한 예외적 일탈이 아니라 이 사회의 법체계가 확고하게 보호해 주고 많은 주체들에 의해 지극히 정상적이고 정당한 것으로 받아들여지고 있다는 것이다.

우리 사회의 '결손 민주주의'[07]도 마찬가지의 맥락에서 이해할 수 있다. 민주화가 이루어졌다고는 하지만, 우리의 민주주의 체제는 여러 차원에서 결함을 지니고 있다. '자유 민주주의'를 무슨 신주단지처럼 모신다는 정치 세력은 심지어 집회 및 결사의 자유 같은 기본권조차 법치의 이름으로 유린하며 매우 '비자유주의적인' 민주주의 체제[08]를 만들어 왔다. 한국의 이런 결손 민주주의는 단순히 무슨 '87년 체제'의 제도적 결함이나 분단 효과의 산물이기만 한 것이 아니라 더 근본적으로는 우리

---

06 여기서는 또한 우리의 유교 전통이 우리 사회의 근대화 및 민주화 과정에 끼쳤던 긍정적 역할에 대해서도 논의하지 않는다. 유교 전통은 말하자면 빛과 그림자를 함께 가지고 있는 바, 유교 전통에 대한 온전한 평가는 양면을 아우를 때에만 가능할 것이다.

07 권위주의 체제와 온전한 민주주의 사이의 경계에 있는 정치체제를 일컫는 개념이다. W. Merkel (et.al.), 2003, *Defekte Demokratie. Band 1:* Theorie. Oplanden; Leske+ Budrich.

08 이는 결손 민주주의의 한 하위 유형으로, 권위주의 체제와의 경계에 있는 최악의 유형이다.

근대성이 내적으로 갖고 있는 도덕적 질서와 깊은 관련을 갖고 있다는 게 내 생각이다. 이 도덕적 질서는 민주주의를 지탱하는 인권과 민주적 평등주의 같은 가치와 충분히 친화적이지 않다. 이러한 사정에는 개인의 부재나 물질주의의 전제專制에 덧붙여 대중들이 지닌 특별한 종류의 '사회 철학'도 큰 몫을 한 것처럼 보인다. 그것은 다름 아닌 유교적 메리토크라시 이념이다.

Ⅲ. 헬조선 또는 메리토크라시의 배반

그런데 지금 우리 청년 세대는 단지 헬조선 현상 때문에만 고통 받고 있지는 않다. 이 세대의 진짜 절망은 그들이 그런 현상을 어떻게든 극복할 수 있다는 전망도 결기도 갖고 있지 못하다는 데 있다. 그리고 바로 이런 청년 세대의 사회정치적 무기력이야말로 헬조선 현상의 본질적 구성부분이며 또 바로 그래서 헬조선 현상은 지속되고 있다고 해야 한다. 이 악순환의 고리를 끊어내기 위해 무엇이 문제인지부터 살펴보기로 하자.[09]

우리 사회의 청년 세대들 중에서 극우 수구파의 인식을 공유하고 실천하고 있는 이른바 '일간베스트 저장소'(이하 '일베')라는 인터넷 커뮤니티 회원들 이야기부터 시작해 보자. '일베충'이라 불리는 이들은 어쩌다 그런 저열하고 반민주적인 인식틀을 갖게 된 것일까? 어떤 연구에

---

09 이하의 논의는 장은주, 「메리토크라시와 존엄의 정치」, 앞의 글, 50쪽 이하의 논의를 부분적으로 반복한다.

따르면[10], 그들은 그저 무식한 '루저'나 '지질이'가 아니다. 그들은 나름의 논리 체계와 정의 관념을 갖추고 있는 '아주 예의바른 청년들'이다. 문제는 그들이 특히 여성, 진보·개혁 진영, 호남에 대해 강한 적대감을 드러낸다는 것인데, 이는 '무임승차 혐오'라는 모종의 정의감이 표현된 결과다. "여성은 데이트 비용을 내지 않고 남자를 등쳐먹고, 진보는 제 능력으로 성공하는 대신 국가에 떼를 쓰고, 호남은 자기들끼리만 뭉쳐서 뒤통수를 친다." 한 마디로 이들은 기여한 것보다 더 큰 보상을 요구하기에 우리 사회에서 척결되어야 한다는 것이다.

그런데 그들 일베충은 우리 사회 극히 일부의, 예외적으로 비뚤어진 청년들이 아니다. '괴물이 된 이십대의 자화상'이라는 부제가 붙은 오찬호의 책 『우리는 차별에 찬성합니다』(2013)에는 그런 일베충과 크게 다르지 않은 사고방식을 지닌 우리 사회의 숱한 보통의 이십대들에 대한 이야기가 나온다. 이들도 가령 용산참사의 희생자들이 정당한 기여 없이 대가를 바란다며 비판하는데, 마찬가지로 강한 무임승차 혐오 정서를 보이고 있다. 저자에 의해 '괴물'이라고 지칭된 우리 사회의 이 보통의 이십대들과 일베충 사이의 거리는 그리 멀어 보이지 않는다. 저자에 따르면 우리 이십대들이 그렇게 된 것은 성적이나 능력에 따른 배제와 차별을 당연시 하는 '학력위계주의'에 깊숙이 포박되어 있어서다.

저 일베의 무임승차혐오나 이 청년들의 학력위계주의는 모두 '메리토크라시'[11] 라는 모종의 정의 관념의 한 표현이다. 이 메리토크라시는 부와 권력과 명예 등과 같은 사회적 재화를 어떤 사람의 타고난 혈통이나 신분이나 계급 같은 것이 아니라 오로지 능력에 따라 사람들에게 할

---

10 천관률. 2014.「이제 국가 앞에 당당히 선 '일베의 청년들'」.『시사인』. 2014.09.26. 참조.

11 '능력주의' 같은 통상적인 역어는 '능력자 지배체제'라는 말의 본뜻을 드러내지 못할 우려가 있어서 그냥 외래어를 쓴다. 굳이 우리말로 표현하자면 '능력지상주의' 정도라 해야 합당할 듯하다.

당하자는 이념으로, 근대적 자본주의 사회 일반을 〈사실적이면서도 규범적으로〉 지배하고 있는 분배 정의의 한 이상이(자 그에 따른 사회체제)다.[12] 그러니까 어떤 철학적 정의론이라기보다는 근대 이후의 자본주의 사회를 살고 있는 보통 사람들이 자연스럽게 가지고 있고 또 그래서 실제로 사회 속에서 일정한 현실규정적 힘을 발휘하고 있는 분배정의의 이상이라고 할 수 있다. 그것은 부와 권력과 명예 등과 같은 사회적 재화를 어떤 사람의 타고난 혈통이나 신분이나 계급 같은 것이 아니라 오로지 능력(기여/노력)에 따라 사람들에게 분배하거나 할당하는 것만이 정의롭다는 기본 이념을 갖고 있다. 그러니까 여기서는 능력이 뛰어난 사람들이 그렇지 못한 사람들보다 더 많은 부와 권력과 명예를 가지고 또 그런 방식의 분배야말로 정의롭다고 정당화된다.

이 이념은 근대 자본주의 사회가 출현할 때 혈통 등에 따른 봉건적 특권이나 차별을 거부하고 개인들의 노력과 기여에 대한 정당한 보상이라는 원칙을 내세우면서 민주주의의 토대로서 기능했다고 이해된다.[13] 다른 한 편 이 이념은 자본주의 사회 구성원들 사이의 불평등을 정당화하는 결정적인 규범적 원천이기도 하다. 그 불평등이 '기회의 균등'이라는 평등주의적 전제 위에서 작동하는 '능력과 노력에 따른 차등적 분배'라는 원칙의 결과라고 말이다.

그런데 이 이념은 사실 서구에서보다는 유교적 동아시아 사회에서 먼저 발전되었고 또 여기에서는 그만큼 오랜 전통으로 확고하게 자리

---

12 이런 이해는 다음을 참조: S. White. 2007. *Equality*. Polity Press. Cambridge. 53쪽 이하 및 D. Miller. 1999. *Principles of Social Justice*. Harvard University Press. Cambridge/London. 177쪽 이하. 이에 대한 나의 자세한 논의는 다음을 참고하라. 장은주. 2012.『정치의 이동: 분배 패러다임을 넘어 존엄으로 진보를 리프레임하라』. 상상너머. 특히 제3장.

13 가령 참조: 토마 피케티. 2015.『21세기 자본』. 장경덕 옮김. 글항아리. 8쪽.

잡고 있었다.[14] 막스 베버의 지적처럼 유교 문화는 독자적인 힘으로 자본주의적 근대성을 창조해 내지는 못했지만 단순히 전근대적이지만은 않았는데, 이 메리토크라시는 어떤 의미에서는 서구적 근대성보다 더 근대적이며 심지어 서구적 근대성의 발전에서 모범이 되었다고까지 할 수 있는 문화적 요소였다.

우리나라에서만 보면, 무엇보다도 '과거科擧 제도'를 통해 고려 시대의 '음서蔭敍' 제도를 혁파함으로써 유교적 조선 왕조의 정당화 이데올로기로서 기능하기도 했던 이 메리토크라시 이념은 근대화 과정에서도 아주 강력하게 사회적 주체들의 실천적 상상력을 사로잡으면서 우리의 근대 사회 형성에 구성적으로 작용한 것처럼 보인다. 우리의 근대화 과정에서는 '입신출세주의'(입신양명)의 이념 같은 것이 서구 자본주의의 발전에서 프로테스탄티즘의 에토스가 수행했던 역할을 대신했다고 할 수 있다.[15] 유교적 메리토크라시 이념은 바로 그런 유의 입신출세주의와 결합하여 전통적인 유교적 주체들을 아주 효율적이고 적극적인 근대적 주체로 변모시켜내는 데 기여함으로써 자본주의적 근대화를 성공적으로 완수시키는 데 결정적인 문화적 원동력으로 작용했다. 그 이념은 무엇보다도 주체들의 '자기계발의 의지'나 '교육열' 같은 것을 강력하게 불러일으키는 방식으로 우리 근대성의 문화적 중심축의 역할을 했다고 할 수 있다. 그러나 우리는 이 메리토크라시 이념의 지배가 낳은 어두운 그림자를 놓치면 안 된다. 그 그림자는 무엇보다도 교육과 관련해서 드리워져 있다.

메리토크라시에서는 일반적으로 교육이 중요할 수밖에 없다.[16] 왜냐

---

14 알렉산더 우드사이드. 2012. 『잃어버린 근대성들』. 민병희 옮김. 너머북스.

15 이는 가라타니 고진에게 빚지고 있는 인식이다. 가라타니 고진. 2006. 『근대문학의 종언』. 조영일 옮김. 도서출판b. 74쪽 이하. 그에 따르면 "입신출세주의는 근대일본인의 정신적 원동력"(75쪽)이다.

16 이 문제에 대한 좀 더 완전한 논의는 다음을 참조하라. 장은주. 2011. 「한국 사회에

하면 메리토크라시가 그 핵심 원리로서 강조하는 '능력'이라는 것은 얼핏 아주 명백한 것처럼 보이지만 사실은 불투명한 구석이 많기 때문이다. 우리는 어떻게 어떤 사람이 특정한 능력을 가졌다는 것을 분명하고 객관적인 방식으로 확인할 수 있을까? 교육은 이 물음에 아주 좋은 답을 제시해 줄 수 있을 것처럼 보인다. 많은 사람들은 아주 오랜 기간 동안 교육의 장에 머물면서 지속적으로 또 다차원적으로 평가를 받는다. 바로 그 평가의 결과, 곧 성적과 학력과 학벌이 개인이 지닌 능력에 대한 객관적인 지표로 인식될 수 있기 때문이다.

그래서 메리토크라시 이념이 지배하는 사회에서, 강한 유교적 메리토크라시 전통을 갖고 있는 우리 사회에서는 더 더욱, 교육은 일차적으로 학생들을 그렇게 이해된 능력에 따라 줄 세우는 것을 그 핵심 기능으로 갖게 된다. 메리토크라시는 사람들이 지닌 능력에 따라 사회적 재화나 권력 등을 할당하는 것이 정의롭다고 여기는 이념이다. 여기서 교육은 누가 어떤 능력을 가지고 있어서 일정한 사회적 지위나 부를 차지하는 것이 마땅한지를 가려내는 소임을 다해야 한다. 교육의 장은 말하자면 능력자를 추려내는 경연이 펼쳐지는 장이다.

학생들이 교육을 받는 궁극적인 목표는 가능한 한 높은 학력을 얻는 것이며 학교의 궁극적인 사명은 그런 목표 설정을 도와 그 높은 학력을 위한 적격자를 찾아내기 위해 성적에 따라 학생들을 줄 세우는 것이 되고 만다. 그 결과 사람들의 인생의 질과 전망은 성적과 학력에 따라 극단적으로 엇갈리는 것으로 이해되고 또 그런 것이 정당하고 정의로운 것으로 받아들여지게 된다. 그리하여 어느 정도 기본 교육이 끝나고 나면 우리의 학교 체계는 대학에 갈 사람과 그렇지 못한 사람을 가

서 '메리토크라시의 발흥'과 교육 문제 : '민주주의적 정의'를 모색하며」. 『사회와 철학』 제21집.

르고, 각 학교에서는 다시 이른바 명문 대학에 갈 학생과 그렇지 못한 학생을 나눈다. 그리고 대학에서는 무슨 고시나 대기업 취업 같은 지표를 중심으로 학과들이 나눠지고, 대학들 사이에서도 비슷한 방식으로 등급이 매겨진다.

우리 사회에서 확인되는 교육과 관련된 많은 병리적인 현상들은 바로 이 근본적인 메리토크라시적 패러다임의 필연적 산물이라고 이해될 수 있다. 한 마디로 물질주의와 결부된 학벌주의나 성적지상주의의 지배가 이 패러다임의 본질이라고 할 수 있다. 학력과 성적이 돈과 권력의 보증수표로 이해되는 탓이다. 그 결과 사교육 광풍, 대학서열화, 자사고 및 특목고의 입시학원화, 기러기 아빠 현상 등과 같은 교육 병리들이 깊은 뿌리를 내린다. 무엇보다도 세계 최고 수준을 보이고 있다는 청소년 자살율 같은 것을 보면 이 병리의 심각함이 어느 정도인지를 가늠할 수 있게 해 준다.

이 메리토크라시는 얼핏 아주 매력적인 분배정의의 이상처럼 여겨진다. 오늘날 우리가 살고 있는 자본주의 사회는 일반적으로 사람들 사이에 엄청난 경제적 불평등이 존재하는 사회다. 그러나 이런 경제적 불평등이 무턱대고 그 자체로 정의롭지 못한 것으로는 받아들여지지 않는다. 왜냐하면 그와 같은 불평등한 상태가 정의롭다고 인식되는 분배원칙에 따라 생겨난 것일 수도 있기 때문이다. 이 메리토크라시 이념은 '기회의 균등'이라는 원칙과 결부된 일정한 평등주의적 전제 위에서 '능력과 노력에 따른 차등적 분배'를 그 원칙으로 삼아 자본주의적 시장경제에서 사회 성원들 사이의 불평등을 정당화하고 또 산출한다.

문제는 이 메리토크라시가 노력이나 기여에 대한 정당한 보상이라는 명분을 내세우며 능력에 따라 생겨나는 아주 심각한 수준의 사회적 불평등과 배제조차 정의롭다고 정당화할 수 있다는 것이다. 의사나 변호사가 청소부나 막노동꾼 보다 훨씬 많은 돈을 벌어들이는 것은 기본적으로 의사나 변호사가 되기 위해서는 청소부나 막노동꾼 보다 훨씬 더 뛰어난 지적 능력이 필요하고 또 그 능력을 연마하고 기능을 쌓는 데 더 많은 시간과 노력을 들여야 하기 때문이며 또 그 바탕 위에서 사회 전체를 위해 더 많이 기여하기 때문이라는 식으로 말이다. 이렇게 메리토크라시 이념은 사회적 경쟁 체제에서 승리한 자들의 이데올로기로 쉬이 변질된다. 그러니까 그것은 기본적으로 승자독식을 정당화하면서 우리 사회를 '일등만 기억하는 더러운 세상'으로 만들어내었다. 그리고 심각한 사회경제적 격차를 고착화시켰다.

그 이념은 심지어 단순히 능력에 따라 생겨나는 시민들 사이의 사회경제적 불평등을 넘어 정치적 불평등마저 정의롭다고 정당화한다. 우리 사회의 강력한 법조지배체제, 곧 주리스토크라시(juristocracy) 현상은 그 단적인 표현이 아닐까 싶다. 우리 사회에서는 이른바 '법조인'이 기소권을 이용하거나 판결을 통해 민주적 과정 너머에서 너무도 자주 그리고 너무도 깊이 정치적 과정에 영향력을 행사하고 막강한 사회적, 정치적 권력을 누린다. 또 우리 사회에서는 재벌 등이 여러 경로를 통해 너무도 강한 정치적 영향력을 행사하고 각종 이권을 매개로 한 정경유착이나 권언유착을 통해 우리 사회의 주요 정치적 아젠다를 규정하고 있다. 한 마디로 우리 사회의 지배체제는 민주주의라는 외피를 쓴 사실상의 '정치적 메리토크라시'다.

메리토크라시는 이렇게 우리 사회에서 어떤 '(자기) 배반의 이데올로기'가 되고 말았다. 여기서 문제의 핵심은 사회적 재화의 분배에서 개인의 능력이나 성취 또는 기여 같은 요소의 몫이 현저하게 감소하는 가운데 상속이나 세습 또는 지대-추구에 기초한 심각한 경제적 불평등이 생겨나 고착화되면서, 서구의 근대성에서 나타났던 것처럼 민주주의의 토대 같은 것으로 작용한 것이 아니라, 오히려 매우 반민주적인 지배체제를 내적으로 잉태했다는 것이다. 한 마디로 메리토크라시 이념은 한국 사회에서 부족한 민주주의의 배경 위에서 사회적으로는 '신계급사회' 또는 '신신분사회'를, 그리고 정치적으로는 '신귀족제' 또는 '엘리트 지배체제'를 낳고 말았다.[17] 어쩌면 구한말 이래 우리 사회의 근현대사는 기묘한 아이러니와 배반의 역사다. 그야말로 피땀 흘려 근대성을 쟁취한다고 해 왔건만, 사회적 지배체제라는 관점에서만 보면 결국 제자리 걸음만 한 셈이다. 메리토크라시라는 근대화의 원동력이 우리의 근대성을 '재봉건화'[18]하고 말았다. 그러니까 이 메리토크라시는 한국의 근대성에 대한 강력한 추동인자였으면서도 결과적으로는 민주주의의 외양을 띤 어떤 유사-봉건적 체제를 낳은 것이다.

사실 조금만 돌아보면 우리 사회에는 곳곳에 학연이나 혈연 및 지연 등을 이용한 끈끈한 네트워크와 폐쇄적 카르텔 그리고 온갖 종류의 '반칙'을 통해 쌓아 올린 '특권'의 성채들이 넘쳐난다는 사실이 확인된다. 곳곳에서 벌어지는 무슨 '낙하산 인사' 같은 것이나 세계 초일류 기업이라는 삼성 등에서 벌어진 불법적인 경영권 세습만 생각해 보면 된다. 한국의 대기업 노조들은 그 대기업 노동자의 일자리마저 세습하려

---

17 우리 사회 전체에서 이런 저런 형식으로 나타나는 이른바 '갑질 공화국'(강준만. 2015. 『개천에서 용나면 안 된다. 갑질공화국의 비밀』. 인물과 사상사) 현상 같은 것도 바로 이런 맥락에서 이해될 수 있을 것 같다. 비록 조현아 같은 세습 귀족의 갑질 같은 것은 얼핏 메리토크라시적 틀을 벗어난 강자의 자의적 지배 행위처럼 보이지만(조국. 2015. 「귀족과 속물의 나라에서 살아남기」. 『경향신문』. 2015.01.06. 인터넷판), 그것도 결국 '능력자/강자 지배체제' 또는 '승자독식의 지배체제'로 자기-배반적으로 발전한 메리토크라시의 한 묵시록적 귀결이라고 할 수 있다.

18 이 개념은 본디 하버마스의 것이다. 하버마스의 이 개념은 오늘날 메리토크라시 이념의 전세계적인 쇠락 경향과 함께 새삼 주목을 받고 있다. 참고: S. Neckel. 2013. "〉〉Refeudalisierung〈〈- Systematik und Aktualität eines Begriffs der Habermas'schen Gesellschaftsanalyse". *Leviathan*. 41. Jg.. 1/2013. 39-56쪽. 또 서구의 선진 자본주의 사회에서는 신자유주의의 확대와 더불어 나타나는 이른바 '포스트-민주주의' 현상에서 메리토크라시 원리의 현격한 침식을 목격할 수 있다. 콜린 클라우치. 2008. 『포스트 민주주의』. 이한 옮김. 미지북스. 피케티의 『21세기 자본』의 논의도 궁극적으로는 동일한 현상에 대한 문제의식의 표현이라고 할 수 있다.

한다. 바로 이런 것들이 우리 청년들이 헬조선이라 부르는 바로 그 현실의 핵심일 것이다.[19]

그런데 진짜 심각한 문제는 메리토크라시의 이런 배반에도 불구하고 우리 사회의 대중들은 이런 체제에 적극적으로 저항하지 않는다는 사실이다. 그들은 오히려 바로 그 메리토크라시 이념을 내면화해서 그 체제에 정당한 명분을 갖고 반기를 들 수 없을 것 같다고 느낄 뿐만 아니라 심지어 그들에게 남은 유일한 선택지는 이 체제에 적극적으로 적응하는 것뿐이라고 여긴다. 여기서는 강제도 아니지만 그렇다고 적극적인 동의에 기초하지도 않는 헤게모니, 내가 '배제적 헤게모니'라고 부르는 새로운 종류의 지배의 논리가 작동한다.[20] 그것은 적극적인 동의를 구하는 것이 아니라 배제를 위협함으로써 사람들을 지배의 관계에 묶어두는 헤게모니다. 우리 사회의 그 치열한 교육열, 헬조선을 한탄하는 청년들의 끝 간 데 없는 스펙 쌓기 같은 것이 대중들이 이 체제에 대응하는 일상적 방식이다. 이런 배경 위에서 대중들은 심지어 능력에 따른 사회경제적 차별과 배제를 정당화하는 반평등주의적 의식을 스스로 깊게 내면화한다.

이런 메리토크라시는 우리 사회를 구조적이고 체계적인 모욕사회로 만든다. 메리토크라시는 '승자'와 '일등'과 '능력자'와 '개천에서 난 용' 따위만을 치켜세우고 존중하며 가치 있는 사람으로 대접한다. 하지만 이들은 극소수일 수밖에 없다. 이 체제에서 체계적으로 생산될 수밖에 없는 절대 다수의 '패자'와 '꼴찌'와 '무능력자'와 '개천의 미꾸라지'는 제대로 된 사람이 아니라 무슨 '잉여'나 '2등 시민'이 된다. 누구는 집안 배경이 별로라서, 누구는 공부를 못해서, 누구는 스펙이 딸려서, 누구는

19 류동민. 2016. 「능력주의 이데올로기의 위기: 탈조선의 사회심리학」. 『황해문화』. 2016년 봄호.

20 장은주. 『정치의 이동』. 앞의 책. 153-4쪽 참조.

비정규직이라고, 누구는 하다못해 키가 작다고 멸시 당하고 배척당한다.

그래서 사람들은 이런 사회에서 체계적이고 구조적으로 생산되는 무시와 배제의 대상이 되지 않기 위해 온갖 발버둥을 치는 삶을 살지 않을 수 없다. 죽도록 공부를 해야 하고, 필사적으로 돈을 벌어야 하며, 무슨 짓을 해서라도 그리고 사소한 부분에서라도 남들보다 앞서야 한다. 그래야 '사람대접' 받으며 살 수 있다고 여기기 때문이다. 학벌이 좋아야 되고, 돈이 많아야 되며, 얼굴도 예뻐야 하고, 하다못해 가방이라도 비싼 걸 들고 다녀야 한다. 그리하여 사교육 열풍, 투기 열풍, 성형 열풍, 명품 열풍 같은 스노비즘의 징후들이 사회를 뒤덮는다.

이 모든 것은 결국 메리토크라시가 절대 다수의 사회 성원들에게 필연적으로 가져다주는 '자존감' 상실의 위협에서 비롯하는 것이라고 할 수 있다. 사람들이 자신들에게 가해지는 무시와 배제의 위협이 사회적 배경이나 계급이나 신분 따위 때문에 비롯하는 것이라고 믿을 때, 그들은 그래도 자존감을 잃지 않고 그 부당한 사회구조적 제약들을 문제삼을 수 있고 또 때로는 그것들을 바로 잡기 위한 사회적-정치적 실천에 나설 준비를 할 수 있을지 모른다. 그러나 이제 사회적 불평등과 그에 따른 모욕이 자신이 가진 능력이나 자신이 행한 노력의 부족 탓이라 여겨질 때, 그들은 결국 '자기 탓' 밖에는 할 것이 없고 또 그래서 무엇보다도 자존감의 상실 때문에 고통 받지 않을 수 없게 될 것이다. 광범위한 대중들의 자존감 상실은 메리토크라시의 필연적 함축이고, 우리가 헬조선을 한탄하는 청년 세대에게서 확인하는 사회정치적 무기력은 그 당연한 귀결이다. 그것은 결국 헬조선 현상의 본질적이고 구성적인 일부인 것이다. 이런 체제에서 민주주의가 발전하기를 기대하는 것은 한갓된 망상일지도 모른다.

Ⅳ. '형성적 기획'으로서의 민주시민교육

지금껏 살펴 보아왔던 우리의 지배적인 메리토크라시적 정의관과 그 교육 패러다임을 극복하지 않으면 우리 사회의 민주주의도 헬조선의 극복도 불가능하다. 세월호 대참사 같은 일은 끊임없이 반복될 것이다. 메리토크라시는 한국적 근대성의 헤게모니적 이념으로서, 광범위한 대중들의 뿌리 깊은 사회적 무의식을 지배하고 있다. 그것은 이 사회를 지배하는 학력위계주의, 생산주의, 경제주의, 지역적 패권주의 등의 대중적-사회철학적 기반이라고 할 수 있다. 또 그것은 21세기 민주공화국 대한민국에 유사-봉건적 귀족주의가 부활하게 하고, 이 나라를 사회적 약자에 대한 무시와 배제가 너무도 자연스러운 삶의 논리가 되는 '갑질 공화국'으로 만든 문화적 매트릭스 같은 것이다. 이 위에서는 사회 성원들이 누구나 저마다의 좋은 삶을 누리며 존엄한 인간적 삶을 살아갈 희망은 점점 더 줄어들 것이다.

이 메리토크라시의 헤게모니를 깨트려야 한다. 그러나 이것은 결코 쉽지 않은 과제다. 우리 사회에서 메리토크라시의 헤게모니는, 오랜 전통의 영향 위에 오늘날 세계화된 시장 경제의 신자유주의적 형식의 문화적 문법이 덧붙여 작용하면서, 다양한 차원의 제도와 사회적 관계를 심층적으로 규정하고 있을 뿐만 아니라 우리 구성원들의 실천적 의식과 무의식 전체를 사로잡고 있다. 법적 실천이나 관습에서부터 지적이고 도덕적인 차원의 사유나 신념은 물론 정서적 기본 정조마저 지배하고 있다.

우리 청년들의 정치적 무기력과 무관심을 우리 청년들이 단순히 아리스토텔레스적 의미의 '정치적 인간'으로서의 본성에서 벗어나서이기 때문이라는 식으로 이해될 일은 아니다. 다른 문제들도 있겠지만, 그것은 무엇보다도 능력에 따른 불평등과 차별을 정당화하는 우리 사회의 메리토크라시적 모욕 사회가 우리 청년들이 시민적 주체로서 형성되는 것을 체계적으로 방해하고 있기 때문이라고 해야 한다. 자존감을 상실한 개인들이 무슨 혁명적 주체는 고사하고 민주주의 사회의 평범한 시민적 주체로서조차 제대로 자기 정립을 하지 못할 것임은 분명하다. 집단적 모멸감에 시달리며 자기 연민에 빠진 우리 청년들에게는 정치 자체가 아예 '남의 일'이 되는 게 어쩌면 자연스러울 수도 있다. 그런 만큼 우리 청년들에게 단순히 정치적 삶의 가치를 강조하며 각성을 촉구하는 식의 정치적-도덕주의적 접근은 효과를 발휘하기도 힘들뿐만 아니라, 규범적으로도 올바를 것 같지 않다.

그러나 만약 우리가 이런 현실로부터 벗어날 탈출구를 찾는 일을 포기할 수 없다면, 그 출발점이 우리 사회의 구성원들, 특히 청년 세대의 정치적 각성과 주체화에 있을 것임도 틀림없다. 정치란 궁극적으로 사회의 성원들 사이에서 이루어지는 일정한 방식의 집합적인 의견 및 의지의 형성을 통해 다양한 사회적 관계와 제도들을 제어하고 통제하며 필요한 경우 그것들을 바람직한 방향으로 바꾸어내는 인간의 사회적 실천의 양식에 대한 다른 이름이다. 무엇보다도 우리 청년들이 민주주의에서는 시민이라고 불리는 이런 정치의 주체로서 제대로 형성되지 않고서는 우리의 헬조선 현상은 영원히 극복되지 못할 것이다. 참으로 고약하게도 우리 사회의 메리토크라시적 질서가 구성원들의 바로 그러한 주체화를 체계적으로 방해하고 있기는 하지만, 제대로 된 시민적 주체의 형성 없이 우리 사회의 인간적 미래가 없을 것임도 너무 분명하다.

그러나 우리는 과연 어떤 수단과 방법을 통해 그와 같은 시민적 주체들을 길러낼 수 있을 것인가? 자존감의 상실에 시달리며 아예 정치 자체에 관심을 가지지 않는 젊은 세대들에게 어떻게 민주 정치의 의미와 가치를 매개할 수 있을 것인가? 반민주적이고 반평등주의적인 메리토크라시적 위계 의식을 내면화한 젊은이들이 어떻게 민주적 가치와 태도를 내면화하도록 이끌 수 있을 것인가? 어떻게 그들이 깊은 사회적-정치적 무기력에서 빠져 나와 자신들의 문제를 민주적 정치의 방법을 통해 해결할 의지를 가질 수 있도록 인도할 것인가?

우리는 시민의 주체화를 위한 특별한 사회정치적 기획에서 개혁을 위한 지렛대를 찾아야 한다. 물론 그것은 단순히 자칫 억압적으로 작용할 수도 있는 시민성에 대한 도덕적 호소의 방식에 머물러서는 안 된다. 마이클 샌델은 민주적 자치에 필요한 시민들의 인격적 성질, 곧 시민적 덕성을 함양하기 위한 정치를 '형성적 정치(formative politics)' 또는 '형성적 기획(formative project)'이라고 했는데[21], 우리도 그 시민적 주체화의 기획을 이렇게 부를 수 있을지 모르겠다.[22]

그러나 나는 그것에 샌델과는 조금 다른 초점을 부여하고 싶다. 확실히 민주주의에서 정치적 참여의 필요는 절대적이다. 그리고 그것을 위해 시민들이 일정한 덕성을 갖추어야 한다는 점도 분명하다. 그러나 그러한 형성에 대한 요구는, 현대의 다원주의적 조건과 충돌하는 방식으로 이루어져서도 안 될 뿐만 아니라, 단순히 어떤 도덕적 수준의 시민적 덕성에 대한 요청에만 머물러서도 안 된다. 나는 그 형성적 기획이 기본적으로 교육과 문화 그리고 일상적인 인간적 삶의 양식 전체에 걸친, 말하자면 하나의 '인륜적 기획'이라야 한다고 생각한다.

여기서 제일 중요한 것은 시민들이 서로에게 긍정적 자기 관계와 자존감을 누리도록 해 줄 수 있는 민주적 상호인정관계의 경험 공간을 확대하는 것이다. 친밀성의 관계에서부터 시민사회적 조직들은 물론 경제생활에 이르기까지 다양한 삶의 공간 전체가 인간화되어

---

21 마이클 샌델. 2012. 『민주주의의 불만』. 안규남 옮김. 동녘. 18쪽 및 423쪽 이하 / 윌 킴리카. 2002. 『현대정치철학의 이해』. 장동진 외 옮김. 동명사. 400쪽 참고.

22 장은주. 「메리토크라시와 존엄의 정치」. 앞의 글. 72쪽.

야 한다. 그 기획의 초점 또한 단순히 어떤 도덕적 성격의 시민적 덕성의 함양보다는 민주주의의 궁극적 정당성의 토대인 시민들의 자기-지배를 위한 역량의 강화, 곧 다층적 차원의 '시민의 역능화力能化(civil empowerment)'에 두어야 한다.

다양한 프로그램을 생각해 볼 수 있다. 일상적이고 시민사회적인 삶의 전반에서 상호 존중과 인정의 원리를 안착시키고 관철시키는 문화적 개혁이 이루어져야 할 것이며, 다양한 수준과 차원의 법과 제도가 민주적 상호인정 관계의 원칙을 표현할 수 있도록 하는 등의 노력이 필요할 것이다. 한 마디로 말해서 메리토크라시적 서열화나 지배의 관계로 전이되지 않을 민주적 상호인정의 관계가 시민들의 아주 자연스럽고 일상적인 사회적 삶의 경험이 되도록 하기 위한 다양한 장場들과 구조적-제도적 틀을 만들기 위한 전방위적이고 체계적인 프로그램이 있어야 할 것이다. 그러나 우선 시민의 자기 형성을 돕고 시민으로서 필요한 다양한 역량을 갖출 수 있게 하는 교육, 곧 '(민주)시민교육'부터 활성화되어야 할 것이다.

이 민주시민교육은 한 마디로 '민주적 시민성(democratic citizenship)'에 대한 교육이라고 할 수 있다. 나는 민주적 시민성을, 시민들이 민주주의를 지키고 운용하며 발전시키는 데 필요한 시민적 역량과 민주적 가치(관) 및 태도라는 차원으로 크게 나누어 이해할 수 있다고 본다. 그래서 민주시민교육은 핵심적으로 시민적 역량에 대한 교육이고 민주적인 가치(관) 및 태도에 대한 교육이다.

우리가 말하는 민주시민교육의 원형 또는 모범으로 간주되곤 하는 독일의 정치교육(Politische Bildung)은 1) 정치적 판단능력 2) 정치적 행동능력 3) 방법론적 활용 능력을 미래의 시민들이 교육을 통해 갖추어야 할 핵심역량으로 규정한다.[23] 나는 이를 우리나라의 맥락에서 각각 〈민주시민으로서의 판단능력〉, 〈민주시민으로서의 행동능력〉, 민주시민이 갖추어야 할 〈방법론적 활용 능력〉으로 발전시킬 수 있으리라고 본다.

〈민주시민으로서의 판단능력〉은 '공공의 사건, 문제, 논쟁 등을 사실과 가치의 측면에서 분석하고 성찰적으로 판단할 수 있는 능력'으로, 어떤 공적 사건이 개인의 삶과 사회나 세계의 미래에 미치는 영향이나 의미 등을 파악하는 능력이다. 〈민주시민으로서의 행동능력〉은 '자신의 견해, 확신, 관심을 정리하여 다른 사람 앞에서 적절하게 내세울 수 있고, 합의과정을 이끌어나가며 타협할 수 있는 능력'으로, 자신의 정치적 견해와 입장을 정립하고 관철시키며 정치적 차이와 대결을 평화적으로 해결할 수 있는 능력 등을 의미한다. 마지막으로 〈방법론적 활용능력〉은 '경제적·법적·사회적 문제와 같은 시사적인 정치 문제에 대해 독자적으로 파악하고, 전문적인 주제를 여러 가지 방법으로 다룰 줄 알며, 자신만의 정치심화 학습을 조직할 수 있는 능력'으로, 대중매체에 독자투고도 하고 다양한 미디어를 활용하는 등 민주적-정치적 과정을 이끌기 위해 필요한 도구들을 사용할 줄 아는 능력이다. 물론 이 역량들은 따로따로 분리된 것으로서가 아니라 상호연관 속에서 이해된다.

그런데 민주주의의 시민이 된다는 것은 민주주의 제도들의 작동 방식을 안다거나 투표를 할 수 있다거나 하는 능력보다는 훨씬 많은 것을 갖추어야 한다는 것을 의미한다. 민주주의는 사람들 사이의 자유롭고 평등한 관계 맺기라는 토대 위에서만 가능하다. 그래서 예를 들어

23 GPJE(Gesellschaft für Politikdidaktik und politische Jugend- und Erwachsenen- bildung). 2005. *Anforderungen an nationale Bildungsstandards für den Fachunterricht in der Politischen Bildung an Schulen. Ein Entwurf.* 2 Aufl. Schwalbach: Wochenschau.

이기주의, 독단주의, 자기 과시, 타인에 대한 지배, 사적 공간 속의 침잠 등의 성향에 사로잡힌 사람들은 민주주의를 실천하기 힘들다. 또 민주주의의 시민이 되기 위해서는 공동의 목적을 협동의 방식으로 해결하려 하면서 비폭력, 시민적 예의, 공정성, 상호 인정, 존중, 관용 등의 가치와 태도를 내면화할 수 있어야 한다. 공감과 배려의 태도나 소통의 능력도 필요하다. 그밖에 사회적 불의에 맞설 수 있는 용기, 사회적 약자에 대한 공감 능력, 국가 전체의 공동선을 지향하는 민주적 애국심 같은 것들도 필요하다.

나는 특히 '인권'을 강조하고 싶다. 민주주의는 단순히 정부의 형식이 아니라 사람들이 서로를 존중하고 포용하며 관용하는 상호적 삶의 양식이기도 한바, 인권 증진은 민주주의의 중요한 목적이고 인권문화가 꽃피는 곳에서만 민주주의도 살아 있을 수 있다. 반대로 자유, 평등, 연대 등과 같은 민주적 가치에 대한 이해 없이 인권을 올바로 이해할 수는 없으며, 민주적인 의사소통의 과정에 꼭 필요한 이해 및 소통 능력이나 비판적 사고 능력은 그 자체로 인권을 옹호하고 강화하기 위해 꼭 필요한 능력이라고 할 수 있다. 그래서 인권교육은 그 자체로 민주시민교육이라고 할 수 있고, 그 반대도 마찬가지다.

이런 민주적 가치 교육이나 인권 교육은 그 자체로 학생들의 '민주적 인성'에 대한 교육이라고 할 수 있다. 민주시민교육은 민주적 가치의 내면화 교육이라고 할 수 있고, 그것은 다시 시민 개개인의 성향이나 태도나 덕성 등으로 가장 잘 표현될 것이기 때문이다. 학생들은 이런 교육을 통해 실질적인 민주적 가치와 태도를 내면화하고 습관화, 일상화할 수 있어야 한다. 차별에 반대하고 모든 종류의 지배에 저항하며 모든 시민의 존엄의 평등이라는 가치를 몸으로 또 언어로 표현할 수 있어야 한다. 관용과 이질적인 것에 대한 포용, 민주적 상호존중 등의 자세와 태도에서 파생되는 시민적 예의를 익혀야 한다. 그런 것들은 민주적 시민 개개인의 인격적 특질로도 표현될 것이다.

아도르노(Th. W. Adorno) 등은 '권위주의적 인성(Authoritarian Personality)'이라는 개념으로 나치 시대 독일인들의 평균적인 인격 구조 또는 성격을 분석해 보려 한 적이 있다.[24] 권위주의적 인성을 가진 사람들은 일반적으로 통용되는 가치관에 대한 완고한 집착, 도덕적 권위에 대한 무비판적이고 복종적인 태도, 이질성에 대한 적대, 권력자에 대한 동일시 등의 성향을 보인다고 한다. 바로 그런 사람들이 나치 지배를 지지하고 강화했다.

우리 사회의 상당수 성원도 오랜 식민지 지배와 독재 속에서 자라고 교육받으면서 그와 같은 권위주의적 인성을 가지고 있다. 또 덕분에 그런 인성을 가진 사람들이 주도적으로 형성한 일상적인 문화 속에서 자라나는 세대도 자연스럽게 반민주적이고 반인권적이며 전체주의적인 태도나 인격적 속성을 체득하기도 한다. 특히 모든 청년 남성이 피해갈 수 없는 '군대 문화'의 반민주성의 문제는 아주 심각하다. 이런 것들에 맞서 민주적이고 인권친화적인 인성을 획득할 수 있도록 다양한 교육적 노력을 기울일 필요가 있다.

V. '시민적 자존감': 한국 민주시민교육의 특별한 초점

그런데 여기서 우리가 결코 놓치지 말아야 하는 점은 이 민주시민

24 Th. W. Adorno, E. Frenkel-Brunswick, D. Levinson & N. Sanford. 1950. *The Authoritarian Personality*. New York: Harper and Row.

교육은 메리토크라시적 이데올로기가 지배하는 한국적 상황과 그것이 낳은 병리적 귀결과 정면으로 맞설 수 있어야 한다는 것이다. 그래서 한국 민주시민교육은 무엇보다도 미래의 세대들이 자존감을 제대로 형성할 수 있도록 돕는 데에서 시작해야 한다. 그것이 민주주의에 대한 지식을 전달하고 민주적 가치관이나 판단력 및 행동능력을 기르는 것만큼, 아니 그보다 더 중요하다. 민주시민교육은 궁극적으로 자존감을 가진 시민적 주체의 형성을 지향해야 한다. 시민적 자존감의 정립은 민주시민교육의 전제이자 또한 그 결과라고 할 수 있다.

그러나 반대로 보면 시민적 주체로서의 경험은 시민 개개인이 올바른 자존감을 정립하기 위한, 유일하지는 않더라도, 참된 기반이기도 하다. 자존감의 형성은 타인과의 상호존중 관계의 함수다. 메리토크라시적 비교와 서열화는 바로 그런 상호존중 관계의 건강함을 파괴할 가능성이 크다. 언제나 승패나 우열의 잣대가 작동할 것이기 때문이다. 그러나 시민적 연대성과 민주적 상호인정의 원칙 위에서만 가능한 시민적 실천의 경험은 시민들의 위축되지 않은 자기 신뢰와 자존감의 건강한 바탕이 될 수 있을 것이다. 여기서는 누구든 평등하게, 가령 빈부나 학식의 차이와 무관하게, 그 존엄성을 상호 존중하고 존중받는 것이 그 기본적인 출발점이자 지속적인 실천의 토대이기 때문이다. 나아가 시민으로서 보편적 가치와 공동선을 추구함으로써 무시와 경멸로 귀결될 수 있는 사회적 가치평가체계 너머에서 자신의 존재 가치를 확인할 수 있을 것이기 때문이다.

우리는 문제를 단순히 주체로서의 각성에 초점을 두는 어떤 80년대식의 '의식화'[25] 같은 방식으로 접근해서는 안 된다. 민주시민교육은 미래와 현재의 시민들이 특정한 정치적 인식이나 시각을 갖도록 '주입'

---

25 파울로 프레이리. 2002. 『페다고지』. 남경태 옮김. 그린비.

하는 일방적인 '교화'가 아니라 시민들이 스스로 성숙하는 '자기 형성'을 위한 보조적 매개 이상의 것이 되려 해서는 안 된다. 중요한 것은 시민들이 서로에게 긍정적 자기 관계와 자존감을 누릴 수 있게 할 민주적 상호인정관계의 경험공간을 확대하는 것이다.

우리는 민주시민교육에 대한 주지주의적 접근에서 벗어나야 한다. 기존의 메리토크라시적 질서에 대한 일정한 '이데올로기 비판'이야 반드시 필요하겠지만, 민주시민교육의 초점은 민주주의나 정치 과정 등에 대한 단순한 앎의 매개가 아니라 삶의 일상적 과정 속에서 그리고 전인격적 수준에서 얻을 수 있는 평등한 시민적 존엄의 자각이어야 한다. 사람들은 민주적 상호인정의 관계를 바탕으로 시민적 삶의 가치를 제대로 확인할 수 있게 해줄 경험을 통해서만 당당한 시민적 주체로서 설 수 있는 기반을 갖출 수 있을 것이다. 민주시민교육을 위한 프로그램들은 우선적으로 바로 그와 같은 경험의 실천적 매개를 지향해야 할 것이다.

자존감을 상실한 개인들이 무슨 혁명적 주체는 고사하고 민주주의 사회의 평범한 시민적 주체로서조차 제대로 자기 정립을 하지 못할 것임은 분명하다. 지금 우리 청년들은 최소 수준의 민주주의 시민, 곧 자신의 이해관계를 제대로 인식해서 선거 때라도 제대로 참여하여 자기 이익을 위해 투표하는 그런 시민으로서조차도 그리 만족스럽지 않은 것처럼 보인다. 집단적 모멸감에 시달리며 자기 연민에 빠진 우리 청년들에게는 정치 자체가 아예 '남의 일'인 탓이다.

자존감의 형성은 타인과의 상호존중 관계의 함수다. 메리토크라시적 비교와 서열화는 바로 그런 상호존중 관계의 건강함을 파괴할 가능성이 크다. 언제나 승패나 우열의 잣대가 작동할 것이기 때문이다. 그러나 시민적 연대성과 민주적 상호인정의 원칙 위에서만 가능한 시민적 실천의 경험은 시민들의 위축되지 않은 자기 신뢰와 자존감의 건강한 바탕이 될 수 있을 것이다. 여기서는 누구든 평등하게, 가령 빈부나 학식의 차이와 무관하게, 그 존엄성을 상호 존중하고 존중받는 것이 그 기본적인 출발점이자 지속적인 실천의 토대이기 때문이다. 나아가 시민으로서 보편적 가치와 공동선을 추구함으로써 무시와 경멸로 귀결될 수 있는 사회적 가치평가체계 너머에서 자신의 존재 가치를 확인할 수 있을 것이기 때문이다.

이런 민주시민교육이 일반화되고 성공적으로 이루어질 수 있을 때에야 비로소 우리는 우리 사회의 숱한 불의와 사회 병리들을 제대로 치유할 실마리를 찾을 수 있을 것이다. 우리 사회에서 메리토크라시 이데올로기의 힘은 너무도 압도적이어서 그것이 본성적으로 배반을 잉태한 이데올로기임을 깨닫는 것은 쉬운 일이 아니다. 우리 사회가 더 이상 개천에서 용이 날 수 없는 세상이 되었다고 한탄하지만, 사실 개천에서 용나는 사회가 그 자체로 결코 좋은 사회임은 쉬이 인식되지 못한다. 심각한 사회경제적 불평등을 낳는 지금의 메리토크라시의 분배 규칙 자체가 정치적으로 형성된 것이며, 그래서 단지 민주적-정치적 과정을 통해서만 분배의 정의가 확립될 수 있음도 쉽게 간파되지 못한다. 사람들은 우리의 이 지독한 모욕사회가 어디에서 비롯되었는지를 깨닫지 못한 채 처절한 자기연민에 빠져 허덕이기만 한다. 이제 우리 미래 세대가 더 많이 당당한 시민적 주체로서 우뚝 설 수 있을 때, 숱한 사회적 불의와 병리들은 비로소 민주적-정치적 해결을 위한 실마리를 갖게 될 것이며, 또 그 과정에서 그 주체들은 자신들의 삶을 모욕하고 무가치하게 만드는 이 헬조선의 폭력으로부터 스스로의 인간적 위엄을 지켜낼 수 있을 것이다.

참고문헌

강준만. 2015. 『개천에서 용 나면 안 된다』. 인물과사상사.

류동민. 2016. 「능력주의 이데올로기의 위기: 탈조선의 사회심리학」. 『황해문화』. 2016년 봄호.

오찬호. 2013. 『우리는 차별에 찬성합니다: 괴물이 된 20대의 자화상』. 개마고원.

장은주. 2011. 「한국 사회에서 '메리토크라시의 발흥'과 교육 문제 : '민주주의적 정의'를 모색하며」. 『사회와 철학』 제21집.

장은주. 2012. 『정치의 이동: 분배 패러다임을 넘어 존엄으로 진보를 리프레임하라』. 상상너머.

장은주. 2014. 『유교적 근대성의 미래』. 한국학술정보.

장은주. 2016. 「메리토크라시와 존엄의 정치 : 시민적 주체의 형성 문제와 관련하여」. 『사회와 철학』 제32집. 사회와철학연구회.

장은주. 2017. 『시민교육이 희망이다』. 피어나.

정수복. 2007. 『한국인의 문화적 문법. 당연의 세계 낯설게 보기』. 생각의 나무.

조 국. 2015. 「귀족과 속물의 나라에서 살아남기」. 『경향신문』. 2015년 1월 6일.

천관률. 2014. 「이제 국가 앞에 당당히 선 '일베의 청년들'」. 『시사인』. 2014.09.26.

가라타니 고진. 2006. 『근대문학의 종언』. 조영일 옮김. 도서출판b.

마이클 샌델. 2012. 『민주주의의 불만』. 안규남 옮김. 동녘.

알렉산더 우드사이드. 2012. 『잃어버린 근대성들』. 민병희 옮김. 너머북스.

콜린 크라우치. 2008. 『포스트 민주주의』. 이한 옮김. 미지북스.
윌 킴리카. 2002. 『현대정치철학의 이해』. 장동진 외 옮김. 동명사.
파울로 프레이리. 2002. 『페다고지』. 남경태 옮김. 그린비.
토마 피케티. 2015. 『21세기 자본』. 장경덕 옮김. 글항아리.

Th. W. Adorno, E. Frenkel-Brunswick, D. Levinson & N. Sanford. 1950. *The Authoritarian Personality*. New York: Harper and Row.
W. Merkel (et.al.). 2003. *Defekte Demokratie. Band 1: Theorie*. Oplanden; Leske+Budrich.
S. Neckel. 2013. "〉〉Refeudalisierung〈〈- Systematik und Aktualität eines Begriffs der Habermas'schen Gesellschaftsanalyse". *Leviathan*. 41. Jg.. 1/2013.
S. White. 2007. *Equality*. Polity Press. Cambridge.
GPJE(Gesellschaft für Politikdidaktik und politische Jugend- und Erwachsenen-bildung). 2005. *Anforderungen an nationale Bildungsstandards für den Fachunterricht in der Politischen Bildung an Schulen. Ein Entwurf*. 2 Aufl. Schwalbach: Wochenschau.

도산 안창호의 민족운동과 공화주의 시민교육

이 윤 갑

도산 안창호의 민족운동과 공화주의 시민교육

—

이 윤 갑

Ⅰ. 머리말

우리나라 헌법 제 1조는 대한민국을 민주공화국으로 정의하고, 대한민국의 주권이 국민에게 있고, 모든 권력은 국민으로부터 나온다고 규정하고 있다. 공식적으로 대한민국을 민주공화국이라고 최초로 선언한 것은 3·1운동 직후인 1919년 4월 11일 중국 상하이에서 대한민국 임시정부가 수립되고 임시의정원에서 제정한 대한민국 임시정부의 임시헌장을 공표한 때이다. 그 때로부터 계산하면 공화국 수립을 선언한지 1백년의 시간이 흘렀고, 해방 후 독립된 민주정부가 수립된 때로부터 계산해도 70년이 지났다. 그럼에도 불구하고 우리에게 공화국, 공화주의라는 용어는 여전히 익숙하지 않다. 우리 국민의 다수는 헌법 제 1조의 국민이 주권자이고, 모든 권력은 국민으로부터 나온다는 규정을 공화주의라는 개념보다는 민주주의, 민주화란 개념으로 이해한다. 그렇게 보면 우리나라 헌법 제 1조의 선언은 여전히 우리 국민이 이루어야 할 목표이고 아직은 미완의 과제로 남아있다.

물론 민주주의와 공화주의는 밀접한 연관성이 있지만 엄연히 다른 개념이다. 우리사회에서 널리 통용되는 민주주의는 이른바 자유민주주의로 개인주의적 자유주의 혹은 소유적 개인주의에 기반을 두고 있고,

국민주권원리에 기반을 둔 대의 민주주의를 기본으로 하고 있다.[01] 이로 말미암아 민주주의는 처음 출발과는 달리 점차 대표와 시민사회, 정당과 인민이 유리되면서는 정당·대표·파당의 이익을 추구하는 방향으로 변질되어 왔고 결국 2017년의 대통령탄핵사태까지 초래하였다. 이에 비해 공화주의는 개인이 사적으로 누려야 할 권리의 확보보다는 시민(혹은 공민)으로서 갖추어야 할 덕德의 고양을 강조하는 정치사상이다.[02] 즉 시민적 덕성에 의해 그 구성원 모두가 자유와 평등을 누릴 공동체가 지향해야 할 가치 곧 공동선에 합의하고, 이를 법으로 제정해 공화국 질서를 확립하고, 인민주권과 자기결정 원칙에 따라 민주적으로 이를 운영하고 발전시키는 것이 공화주의이다.

우리 사회가 공화주의에 익숙하지 못하고 민주주의로 공화주의를 이해하는 이유는 무엇일까? 그것은 공화주의가 도입되는 역사적 과정에서 비롯된다. 우리는 임시정부 수립과정에서 공화제 도입을 선언했지만 그것은 우리 민족운동이 나아가야 할 독립국가의 목표를 제시한 것일 뿐이었다. 해방 후 정식으로 민주정부가 수립되었지만 그 또한 민족혁명과 시민혁명을 동력으로 한 민주정부수립이라기 보다 미·소의 영향력이 압도적이었던 타율적 해방공간에서 서구식 민주정부를 형식적으로 이식한 것이었다. 그런 만큼 해방 후 수립된 국가권력은 형식만 민주공화제 정부였을 뿐 오랜 기간 국민위에 군림하는 권위주의체제로 존속하였다. 그로 말미암아 우리사회에서는 독재권력에 저항하고 권위주의체제를 개혁하려는 민주화 운동이 서구의 근대시민혁명을 갈음하는 근대정부수립운동으로 장기간 발전하였다. 그 영향으로 공화주의보다는 민주주의가 더 익숙한 개념이 되었다.

---

01 박명림·김상봉. 2011.『다음 국가를 말하다-공화국을 위한 열세 가지 질문』. 웅진지식하우스. 93쪽.

02 조승래. 2010.『공화국을 위하여』. 도서출판 길. 55쪽.

이러한 과정을 거쳐 지금 우리 사회는 민주화를 넘어 공화주의를 실질적으로 고민하는 단계로 나아가고 있다. 험난한 민주화 과정을 거치면서 우리 사회는 마침내 공화주의의 가치와 당위성에 공감하는 수준에 이르렀다. 따라서 지금 과제는 이를 구현할 국민적 역량을 성숙시킬 합리적 방안을 마련하는 것이고, 그 점에서 민주시민교육에 대해 학문적으로 논의하고 다양한 실천방안을 모색하는 것은 시의적절한 일이다.

일반적으로 근대 민주공화국은 군주나 귀족이 주권자였던 군주제 사회를 무너뜨린 시민혁명과정에서 탄생하였다. 그런 까닭에 민주공화국의 탄생은 문화혁명을 동반하지 않을 수 없었고, 그 과정에서 국민을 주권자로 전환시키는 민주시민교육이 보통학교 교육으로 확립되었다. 민주공화국에서는 국민의 국가권력의 주권자로 기르는 보통교육이 국민의 인권이자 기본권이고 동시에 의무이기도 하다. 이런 관점에서 우리 교육을 돌아보면 민주시민교육으로서의 보통교육은 부실하기 그지없다. 장기간 권위주의 독재체제가 지속되면서 민주시민교육은 심각하게 왜곡되었고 심지어 공공연하게 부정되기도 하였다. 그런 까닭에 지금 우리사회에서 절실한 교육개혁은 단순한 민주화를 넘어 국민을 국가권력의 명실상부한 공화주의적 주권자로 기르는 보통교육체계를 확립하는 것이다.

이 연구는 이상과 같은 문제의식에서 도산 안창호의 민족교육운동에 주목하였다. 도산 안창호는 근대 민족지도자 가운데서 드물게 찾아볼 수 있는 공화주의 민족혁명가였다. 대한민국임시정부가 출범할 때 민주공화제를 정체로 채택했지만, 민족운동 과정에서 민주공화제를 실천하려 했던 지도자는 소수였다. 도산은 그러한 지도자 가운데서 단연 독보적인 존재였다. 도산은 공화제가 정치적 선언으로 실현될 수 있는 것이 아니고 주권자인 우리 민족이 공화제를 할 수 있는 정치적 역량을 가져야만 가능하다고 보았다. 그는 이를 위해 민족개조를 주장하였고, 그 방법으로 다양한 시민교육과 흥사단 운동을 전개하였고, 이상촌 건설운동을 전개하였다. 도산은 이러한 교육운동을 민족운동의 핵심 사업으로 중시하였다.[03] 공화주의의 구현이 사회적 화두가 된 지금 도산의 민족교육운동은 시공간적 간극에도 불구하고 우리 사회의 민주시민교육이 나아가야 할 길을 알려주는 이정표가 될 수 있을 것이다.

Ⅱ. 청년기 민족문제 인식과 국권회복운동

1. 청일전쟁의 경험과 국권회복운동 참여

도산은 1878년 평남 강서군 초리면에서 태어났다.[04] 그는 부모를 따라 여섯 살 되던 해에 평양으로 이사했고, 이후 미국 유학을 떠날 때까지 거의 대부분을 평양에서 생활하였다. 그의 집안은 가난했지만 선비 집안이었고, 그도 어릴 때부터 청년기에 이르는 기간에 가학家學 또는 서당에 다니면서 유학을 공부하였다. 그러나 그가 자란 평양은 전통적

---

03 김신일. 1993.「식민통치하의 도산의 교육운동」. 도산사상연구회.『안도산전서』하. 범양사.
한만길. 1993.「도산 안창호의 민족교육론」. 도산사상연구회.『안도산전서』하. 범양사.
이명화. 2008.「도산의 교육관과 초기 미주 한인사회의 교육 - 대한인국민회의 교육운동을 중심으로」.『한국독립운동사연구』31.
정경환. 2015.「도산 안창호의 교육철학에 관한 연구」.『민족사상』9.

04 안창호의 생애와 활동에 대해서는 이광수. 1947.『도산 안창호』. 흥사단출판부와 주요한. 1963.『안도산전서』. 삼중당 참조.

유풍이 강했던 기호나 삼남 지방과는 달리 상업이 발달하여 사람이나 물산의 교류가 활발하였던 까닭에 서양문물의 유입에 상대적으로 개방적이었다. 기독교 선교사들이 평양을 조선 선교의 교두보로 삼았던 것도 이런 요인 때문이었다. 평양의 개방적 기풍은 도산이 외세의 침략에 맞서 서양의 문명을 적극적으로 수용하게 만든 정신적 토대가 되었다.

도산이 민족문제에 눈을 뜨게 된 계기는 청일전쟁이었다. 동학농민전쟁이 일어나자 이를 진압할 수 없었던 조정이 청국에 원병을 요청하였고, 청군이 출병하자 오랜 기간 조선을 식민지로 차지하기 위해 침략을 준비했던 일본은 이를 빌미로 조선에 대규모 군대를 파견하고 조선에서 청국을 축출하기 위한 청일전쟁을 일으켰다. 이 전쟁에서 평양은 청군과 일군이 치열하게 교전한 전쟁터가 되어 무고한 시민이 살해되고 많은 건물이 파괴되는 등 막대한 피해를 입는다. 도산은 이 광경을 목격하고 엄청난 충격을 받는다. 청국과 일본 간의 전쟁이, 그것도 전쟁 당사국이 아닌 조선에서 벌어져 시가지가 파괴되고 무고한 조선인이 다수 살상되는 이 황당하고 어처구니없는 사태가 도대체 왜 일어난 것일까? 도산은 이 문제를 놓고 한문서당에서 만난 황해도 안악 출신의 청년 선각자 필대은과 밤새 토론을 벌인다. 이 토론을 통해 도산은 민족문제를 자신의 전존재를 던져 해결해야 할 필생의 과업으로 껴안게 된다.

필대은과의 토론에서 도산이 얻게 된 결론은 조선이 외세를 물리칠 힘이 없는 데서 이런 사태가 벌어진 것이고, 이러한 국력의 열세가 계속된다면 끝내는 나라의 주권마저도 빼앗기고 외세의 노예가 되고 말 것이라는 것이었다.[05] 생각이 여기에 미치자 도산은 외세의 침략을 막아 낼

05 주요한. 1963.『안도산전서』. 삼중당. 18쪽.외국인이 마음대로 우리 강토에 들어와서 설레는 것은 우리 나라에 힘이 없는 까닭이다.

힘을 기를 방도를 찾기 위해 바로 서울로 향하게 된다. 그가 판단하기에 외세를 물리칠 힘은 서양의 근대문명을 받아들여 서둘러 부국강병책을 추진하는 길 밖에 없고, 그렇게 하기 위해서 자신부터라도 앞장서 서양의 지식을 배워야 한다고 결심한 것이다. 도산은 16세 되던 해인 1895년 서울로 올라가 예수교 장로회 선교사 언더우드가 세운 구세학당에 입학한다. 보통학교 수준이었던 구세학당에는 당시 도산과 같이 위기의식을 느낀 청년들이 속속 모여들었다. 당시 이 학교의 분위기를 도산은 다음과 같이 회고하였다.

> 이 시대의 학도들의 기풍이란 것은 실로 지금 학생들로서는 상상도 할 수 없을 만큼 활발하고 씩씩하였던 것이다. … 누구나 자기를 위하고 각자의 향락을 취하고자 하는 사람은 한 명도 없었고 어떻게 하면 민족을 잘 인도하고 사회를 빛나게 할 수 있을까? 배운 후 자기의 몸을 민중을 위하여 바치겠다고 하는 불타는 생각뿐이었다는 것이 그 시대 학생의 분위기였다. 그래서 그 시대의 학생은 누구나 자기가 조선 안에서 공부를 하든가, 그렇지 않으면 외국에 가서 공부를 하는 목표가 전부 이 생각뿐이었고, 또 … 부모들이나 그 동리 사람들도 … 기대를 갖고 있었던 것이다.[06]

도산이 구세학당을 졸업할 무렵 서재필이 주도하는 독립협회운동이 일어났다. 당시 고종은 일본의 민비시해 만행을 겪고 신변의 위협을 느껴 러시아 공사관으로 피신해 있었고, 그 점을 악용해 러시아는 조선의 주권을 위협할 각종 이권들을 강대국들과 나눠 먹기식으로 탈취하고

---

06 「그들의 청년학도시대, 안창호 선생」, 『조선일보』, 1937.1.13.

있었다. 서재필은 이러한 위기상황에서 나라를 구하고 주권을 지킬 목적으로 독립협회운동을 일으켰다. 독립협회 운동은 조직되고 의식화된 근대적 시민운동으로 외세의 이권탈취를 저지하고 정부를 혁신하여 자주독립을 성취할 근대개혁을 관민협동으로 추진하려하였다.

도산 또한 이러한 필요성을 절감하였던 까닭에 1897년 독립협회에 가입하였고, 그 이듬해 여름 관서 지부 조직을 자임하고 평양으로 돌아와 쾌재정에서 만민공동회를 개최하였다. 1898년 7월 25일(음력) 독립협회 관서지부가 평양 쾌재정에서 개최한 만민공동회에는 평양감사와 진위대장을 위시한 고관들과 관서지부 간부들과 일반 시민들이 참여하였다. 도산은 연설자로 나서 18조목의 쾌재와 18조목의 불쾌를 설파하여 청중들로부터 큰 호응을 얻었다. 구체적인 연설 내용은 전하지 않지만 연설의 큰 흐름은 국가의 안위를 내팽개치고 오로지 일신의 명리만 쫓는 정부 관리들의 보신적 업무자세와 부정비리를 통렬하게 비판하고 개혁을 촉구한 것이었다고 한다.

그러나 독립협회운동은 그 해 11월 황국협회를 내세워 이 운동을 공화국을 수립하려는 음모로 몰아간 수구세력의 대대적 반격으로 좌절되고 만다. 대한제국 정부가 독립협회 지도부를 구속하고 협회 활동을 금지하자 독립협회 회원들과 시민들은 자발적으로 만민공동회를 결성해 정부 탄압에 저항하였다. 도산 또한 만민공동회에 적극 참여하였다. 그러나 1899년 정월 대한제국 정부는 독립협회를 영구 혁파하는 명령을 내리고 저항하는 시민을 물리적으로 제압하고 구속하여 이 운동을 해체하고 만다.

독립협회가 해산되자 도산은 강서지역으로 내려와 지역 유지의 후원을 얻어 점진학교를 설립하였다. 외세에게 주권을 유린당하지 않고 독립을 지키기 위해서는 근대적 지식에 입각한 실력양성이 급선무이고, 이를 위해 자신부터라도 근대교육에 앞장서려 한 것이다. 점진학교는 초등학교 수준의 지식을 교육하는 사립학교였고, 여자 교육도 반드시 필요하다는 그의 신념에 따라 남녀공학제도를 채택하였다. 점진학교는 관서지방에서 최초로 세워진 사립학교였고 가장 먼저 남녀공학을 실시한 근대식 학교였다. 도산은 이 학교의 교장을 맡았고, 최광옥, 이석원 등이 교원으로 학생을 가르쳤다.

2. 공립협회 조직과 신민회 운동

점진학교를 개교하고 3년 후 도산은 미국 유학길에 오른다. 그가 유학을 결심한 가장 큰 이유는 선교사로부터 전수받은 교육만으로는 자주독립에 필요한 근대적 힘을 기르는 데 절대적 한계가 있다고 판단하였기 때문이다. 그는 후일 당시의 선교사 교육에 대해 다음과 같이 비판하였다.

> 늦게 수입한 문화도 미국 선교사로 말미암아 왔습니다. 그런데 한국에 들어온 선교사들은 미국 사람들 중에 문화운동에 상당한 활동을 할만한 수양을 넉넉히 가진 이가 적었고 또는 그들의 정책이 단순한 종교만 전파하고 문화운동에는 매우 등한히 여겼습니다. 다시 말하면 우민정책을 썼다 해도 과언이 아닙니다.[07]

선교사들의 교육활동은 어디까지나 선교를 위한 방편이었을 뿐 조선의 자주독립에 필요한 근대 교육과 학문을 전파하기 위한 것은 아니었다는 것이다. 그런 까닭에 선교사의 교육은 근대 교육과 지식에 대한

---

07 「낙관과 비관」. 『기러기』. 1950년 5월호(통권 70호).

갈증을 일부 해소할 수는 있었지만 자주독립에 필요한 요구를 충족시키기에는 절대적으로 한계가 있었다. 도산은 이 한계를 극복하기 위해 미국 유학길에 오른다.

도산이 미국으로 유학을 떠난 것은 24세 되던 1902년 9월이었다. 그는 교육학을 전공하여 조선에서 근대교육을 제대로 실시하겠다는 각오로 미국 샌프란시스코로 향했다. 미국에 도착한 도산은 얼마 후 로스엔젤레스 리버사이드에 주거를 정하고 일자리를 구하는 한편 소학교에 등록하여 공부를 시작하였고, 동행한 아내 또한 학교에 입학시킨다. 그러나 도산은 샌프란시스코에서 조선인 인삼 상인들이 상권문제로 싸우는 것을 보고 교육학 공부보다 미국에 이민 온 조선인들을 상대로 시민교육을 실시하고 서로 상조하는 자치조직을 만드는 일이 급선무라 판단하였다.

도산이 교육학 공부를 미루고 조선인 교육과 조직화 사업에 뛰어든 데에는 두 가지 이유가 있었다. 하나는 이민 온 조선인들의 사회경제적 처지가 너무도 열악하여 눈으로 보고 그냥 지나칠 수 없었기 때문이다. 그는 청년교육에서 동포를 긍휼히 여기는 마음을 길러야 한다고 강조했듯이 그 자신이 동포들의 열악한 처지를 외면할 수 없을 정도로 긍휼심이 컸던 것이다. 다른 하나는 이민 온 조선인들이 미국 시민들 눈에 멸시받아 마땅한 비천한 존재로 보여서는 조선 독립에 필요한 외교적 지원을 얻기 어려울 것으로 판단하였기 때문이다. 그는 조선인 상인들끼리 싸우는 모습을 목격한 당시의 심경을 "이것은 국민의 수치다. 미국 사람들은 한국인을 야만으로 보고 한국은 독립할 자격이 없다고 볼 것이다. 이들을 잘 지도하여 모범이 되게 하여야만 한국이 독립자격이 있다는 것을 세계에 알릴 수 있다"고 술회하였다.

도산은 자신이 먼저 이민자들에게 다가가 필요한 도움을 주고 일자리를 주선하고 생활지도를 실시하였다. 이 일이 이민자들과 미국인들로부터 호평을 얻게 되자 그는 1903년 9월 23일 18명의 이민자들로 친목회를 조직하고, 하와이에서 샌프란시스코로 건너오는 조선인들을 이 친목회에 가입시키고 그들이 안착할 수 있도록 숙소를 제공하고 일자리를 주선하였다. 그는 친목회를 통해 조선인들에게 지속적으로 시민교육을 실시하고, 상부상조 정신과 민족정신을 고취하였다. 이를 토대로 도산은 1905년 한인친목회를 공립협회로 발전시켰다. 한인친목회와 공립협회의 차이점은 전자가 상부상조와 이민자 자치를 통한 생활상, 신분상 안정을 이루는 데 주안을 두었다면 후자는 거기에서 더 나아가 조국의 광복에 기여하는 것까지를 목표로 삼았다. 공립협회는 항일운동과 동족상애를 목표로 표방하였다. 도산은 공립협회가 창설되자 자신이 초대 회장을 맡아 회관을 건립하고, 순한글신문 공립신보를 발행한다. 1905년 11월에 창간된 공립신보는 회원들 간에 보다 원활한 의사소통을 매개하고 미국 내 다른 지역으로 공립협회를 선전하고 조직을 확대하는 데 기여하였다. 이러한 노력으로 다른 지역에서도 공립협회가 조직되었고, 그 조직들은 협의를 거쳐 샌프란시스코에 있는 공립협회의 지방회로 편입되었다. 공립협회는 그 조직을 중국으로까지 확대해 1908년 원동지회와 만주지회가 창립되었다.

도산이 미국에서 공립협회 운동을 전개할 무렵 러일전쟁에서 승리한 일본은 대한제국에 외교권 박탈과 통감의 내정간섭을 핵심으로 하는 을사조약을 강요하는 등 식민지화를 위한 침략을 급속히 확대하였다. 유학의 목적이 국권회복이었던 도산으로서는 이러한 위기를 보고 미국에 머물 수는 없었다. 도산은 일제의 침략이 확대되자 국내외의 민족운동단체들을 하나의 통일연합기관으로 결집할 것을 주창하고, 공립협회 회원들과 함께 캘리포니아주 리버사이드에서 '대한신민회'를 발기하고 이를 통일연합기관으로 발전시키고자 노력하였다. 대한신민회를 발기한 직후 도산은 1907년 공립협회의 전권위원의 자격으로 귀국하여 신민회 조직에 착수하였다.

귀국 후 도산은 몇 차례의 연설회를 통해 자신의 국권회복운동의 방안을 제시하였다.[08] 그는 독립은 타력으로 될 것이 아니라 민족 자체가 독립할 자격이 있은 후에라야 성취되는 것이요, 자기 힘으로 쟁취한 독립이라야 영구히 지닐 수 있는 독립이라 강조하였다. 이어 자력을 발휘하는 길은 국민 각개가 분발 수양하여 도덕적으로 거짓 없고 참된 인격을 갖추고, 기술적으로 지식이나 기능을 적어도 한 가지씩 연마해 유능한 인재가 되고, 나아가 그러한 개인들이 뭉쳐서 신의를 지키고 협동할 줄 알아 공고한 단결을 이루는 것이라 역설하였다. 그는 민족운동의 지도자들을 향해서는 애국적 선구자들이 자기 수양에 힘써 민중의 모범이 되어야 하고, 그러한 동지들이 굳게 단결하여 힘을 더욱 크게 해야 한다고 강조하였다. 또한 그렇게 결집된 힘으로 교육과 산업진흥에 전력하여 전 민족적 역량을 준비하여야 하며, 이러한 준비가 있을 때에만 앞으로 오는 독립의 기회를 놓치지 않을 수 있다고 하였다.

도산은 자신의 이러한 국권회복운동의 구상을 신민회 활동을 통해 추진하였다.[09] 도산은 귀국할 당시 미국에서 작성한 대한신민회통용장정과 취지서를 가지고 왔으며, 귀국 이후 대한매일신보의 총무 양기탁을 방문해 이를 보여주고 같이 신민회 조직에 대해 협의하였다. 국내의 신민회는 도산이 귀국한지 한 달 반 뒤인 1907년 4월초 경성에서 창립되었다. 국내의 신민회는 비밀조직으로 창설되었고, 최초 회원은 계몽운동가 중에서도 정예라 할 양기탁, 전덕기, 이동녕, 이동휘, 이갑, 유동

---

08 이후 도산의 민족운동에 대해서는 다음 연구 참조.
이명화. 1993.「도산 안창호의 독립운동과 노선」.『안도산전서』하. 범양사. 1997.「도산 안창호 연구의 성과와 과제」.『한국근현대사연구』6.

09 박만규. 1991.「한말 안창호의 신민회 조직과 준비론 주장」.『전남대 용봉논총』20.
신용하. 1993.「도산 안창호와 신민회 창립」.『안도산전서』하.
이명화. 2000.「도산 안창호의 이상촌운동에 관한 연구」.『한국사학보』8.

열과 안창호였다.

신민회는 ① 국민에게 민족의식과 독립사상을 고취할 것 ② 동지를 발견하고 단합하여 국민 운동의 역량을 축적할 것 ③ 교육 기관을 각지에 설치하여 청소년의 교육을 진흥할 것 ④ 각종 상공업 기관을 만들어 단체의 재정과 국민의 부력을 증진할 것 ⑤ 국외에 무관학교를 설립하고 독립군 기지와 독립군을 창설하여 독립전쟁에 대비할 것 등을 활동목표로 삼았다. 신민회는 비밀조직으로 운영되었다. 신민회를 비밀조직으로 만든 이유에 대해 도산은 후일 경찰에 검거되어 조사를 받을 때에 세 가지를 말했다. 첫째는 "당시 인민의 정도가 유치하여 이를 표면단체로 하면 사회의 반감을 사서 방해 받을 것"을 우려했고, 둘째는 공개할 경우 부적격자 및 불순분자가 침투할 우려가 있었고, 셋째는 일제의 경찰총감부에 의해 해산되는 것을 방지하기 위해서였다는 것이다.

신민회의 운동은 대성학교·청년학우회·태극서관·자기회사의 설립과 국외 독립운동기지 건설 등으로 전개되었다. 대성학교는 1908년 평양에서 유지 김진후와 선천유지 오치은의 후원으로 설립된 중등학교였다. 도산은 당시 명사였던 윤치호를 교장으로 초빙하고 자신은 대판代辦교장을 맡아 실질적인 업무를 주관하였으며, 장응진·차리석·문일평·이상재·황의돈 등 당대의 명사들을 교원으로 초빙해 교육을 담당시켰다.[10] 졸업생 김형식의 회고에 따르면 대성학교는 중등학교라 하지마는 중등학교보다 훨씬 고등교육을 실시해, 4학년 과정은 전문학교의 3학년 정도와 대등하였고, 특히 수학은 월등하게 고등하였다. 학교의 설비 또한 중등학교로서는 유례가 없으리만큼 완비하였다. 당시 국권회복운동의 일환으로 근대교육을 지향하는 사립학교가 전국에서 설립되었지만 초등학교 수준을 넘지 못했고 중등학교 설립은 매우 드물었다. 이

10 김신일. 1993. 앞의 논문.

런 사정으로 대성학교에는 사립학교를 졸업한 학생들이 전국에서 모여 들었다. 이 생도들은 20세에서 30세의 청년유지들로 모두 시국을 개탄하고 나라의 장래를 걱정하였고, 행동은 모두 민중의 지도자를 자부하였다. 대성학교는 이들을 상대로 소정의 학과 과정 외에 민족정신을 고취하고 민족지도자로서의 자질과 품성을 개발하는 교육을 실시하여 이들을 민족지도자로 양성하였다.[11] 신민회는 평양 외에도 서울·대구·광주 기타 중심 도시에 대성학교와 같은 중등학교를 세워 대대적으로 민족지도자를 양성하려 하였다.

신민회의 또 다른 교육사업이었던 태극서관은 서적의 판매와 출판을 담당할 목적으로 설립되었다. 태극서관은 서울·평양·대구에 설립되었고, 근대적 지식을 보급하고 민족정신을 고취하고 건전한 사회기풍을 조성하는 데 필요한 서적을 출판하였으며, 민족운동가들의 연락거점이 되기도 했다.

신민회는 교육, 출판사업을 전개하는 한편 1909년 청년학우회를 조직하는 사업에 착수하였다. 청년학우회는 청년 일반을 상대로 국민적 자각, 민족적 자각, 사회적 자각을 고취하고 이를 토대로 무실역행하는 실천기풍을 기르는 것을 설립 취지로 삼았다.[12] 청년학우회의 활동은 무실·역행·충의·용감의 4대 정신으로 인격을 수양하고, 단체 생활의 훈련에 힘쓰며, 한 가지 이상의 전문 학술이나 기예를 학습하여 직업인으로서의 자격을 구비하고, 매일 덕·체·지육에 관한 수양 행사를 한 가지

11 김형식. 「평양 대성학교와 안창호」. 『삼천리』 1932년 1월호.

12 주요한. 1963. 앞의 책. 99쪽.청년학우회를 창립할 당시 도산은 다음과 같은 내용의 취지서를 작성하도록 지시하였다고 최남선은 기록하였다. "우리 국가와 민족이 이렇게 쇠망한 근본적 이유가 진실한 국민적 자각, 민족적 자각, 사회적 자각을 못 가진 데 있다. 배일 운동이 있기는 하지만 그 중에는 그냥 비분강개에 그치는 수가 많고 믿을 만한 책임심이 결여되어 있다. 그러므로 우리가하는 청년운동은 어디까지나 '진실'을 숭상하여야 한다. 언변보다도 실행을, 형용보다도 내용을 존중해야 한다. 그것이 무실역행이다. 이상과 목적을 책임 있게 실행할 능력도 기르고 정신도 기르자"

씩 행하며 수련에 힘쓰는 것이었다. 청년학우회는 전국적 운동으로 전개되어 경성에 중앙조직이 있고, 그 산하에 지방조직을 두었다. 지방조직이 있었던 지역은 개성·안악·평양·안주·선천·곽산·용천·의주 등지였다.

다른 한편 신민회는 근대적인 경제실력양성운동으로 평양 마산동에 자기회사를 설립하였다. 이 자기회사의 설립은 근대적 기업문화를 도입하기 위한 시도였다.

이와 함께 신민회는 국외 독립군 기지 설치와 독립군 창건 문제를 검토하였다. 이 문제는 1907년 8월 대한제국 군대 해산을 계기로 검토하기 시작하였고, 1909년 봄에는 이를 실행에 옮기기 위한 논의를 본격화하였다. 이 논의는 미주 공립협회에도 전달되어 공립협회 또한 '원동사업'을 명목으로 그 사업에 필요한 자금을 조성하는 작업에 착수하였다.

신민회의 활동은 1909년 안중근 의사의 하얼빈의거가 일어나자 일제 경찰이 신민회 핵심인물 대부분을 검거하여 장기간 구금하며 조사를 벌임으로써 치명적 타격을 입는다. 도산도 이때 체포되어 용산헌병대에 수감되어 두 달 동안 귀국 후 전개한 국권회복운동과 하얼빈의거 연루여부를 조사받는다. 신민회의 주요 인물들도 대부분 체포되어 장기간 고초를 겪었다. 도산은 이 사건을 계기로 더 이상 지금까지와 같은 방식으로 독립운동을 전개하기 어렵다는 판단을 하게 된다. 1910년 3월 신민회는 긴급간부회의를 개최하여 국외 독립군 기지 건설과 독립군 창설 전략을 채택하고, 이를 위해 국내에서 독립군기지 개척사업을 지원할 자와 국외로 망명하여 기지개척에 앞장 설 자로 역할을 나눈다. 도산을 포함해 국외로 망명하기로 결정한 신민회원들은 1910년 봄 일경의 감시를 피해 중국으로 탈출하였다.

망명한 신민회원들은 중국 청도에서 모여 해외 기지개척과 독립운동 방침을 의논하였다. 도산은 청도회담을 끝내고 본격적인 기지 개척 후보지를 찾기 위해 러시아 블라디보스톡으로 향했다. 블라디브스톡에서 신민회원 내부에서 기지개척사업을 우선하자는 주장과 한족 군인 양성으로 독립전쟁을 일으키자는 주장이 대립하였지만 결국 만주의 길림성 밀산현에 농토를 매수하여 토지개간사업을 일으키고 무관학교를 설립하여 애국운동의 중심지로 만들며, 이를 위해 군사교관, 일반 과학 교수 및 농사전문가를 초빙하기로 합의 하였다.[13]

길림성 밀산현에서 기지 개척지로 선정된 곳은 봉밀산이었다. 부지 구입자금은 미국의 대한인국민회의 한 조직으로 설립된 태동실업주식회사로부터 조달되었고, 이 자금으로 봉밀산 기슭에 150여호, 100호, 50호가 모인 한인부락 3곳이 조성되었다. 그러나 봉밀산 기지는 당시 기지개척에 필요한 자금 중 3천달러를 출자하기로 하였던 이종호가 약속을 번복하고[14], 흉년이 계속되고, 이주 한인들이 풍토에 적응하지 못하면서 결국 실패하고 말았다. 도산은 기지 개척과 운영에 필요한 자금을 조달할 목적으로 다시 미국으로 돌아갔지만 봉밀산 기지를 회생시키기에는 역부족이었다.

도산은 1907년 귀국해 신민회를 조직하고 내실을 중시하며 국권회복운동을 적극 펼쳤지만 일제의 탄압과 조선 병탄으로 실패할 수 밖에 없었다. 그 과정에서 도산은 조선의 민족운동에도 중대한 두 가지 약점이 있음을 발견하였다. 하나는 유지들의 재력에 의지해 독립운동을 하는 한계였다. 그 방법은 쉽게 자금을 조달할 수 있는 장점이 있는 반면 유지들의 독립운동 의지가 흔들리거나 일제가 이를 간파하고 탄압하면 쉽사리 재정원이 차단될 수 있었다. 다른 하나는 민족운동가들이

13 이명화. 2000. 앞의 논문.
14 주요한. 1963. 앞의 책. 118쪽.

주도권 다툼으로 쉽게 분열하여 서로 시기하고 단합과 협동을 이루어 내지 못하는 한계였다. 도산이 신민회를 비밀조직으로 결성했던 중요한 이유도 여기에 있었다. 도산은 밀산현의 독립운동기지를 개척하는 계획이 좌절되는 과정에서 조선 독립운동의 이 두 가지 한계를 뼈저리게 경험하였다. 그 계획이 실패한 원인 가운데 하나가 자금을 제공하기로 한 이종호가 출자약속을 번복한 것이었는데 그 원인은 그의 동향출신들이 신민회 회원 대신 자신들과 사업하자고 적극 종용하며 방해하였기 때문이다. 이른바 '지방열'로 불린 이러한 연고주의의 한계는 이후에도 민족운동에 분열을 초래하는 중대한 원인으로 작용하였다.

Ⅲ. 공화주의 민족혁명론으로의 전환과 대한민국임시정부 수립운동

1. 공화주의 민족혁명론으로 전환과 대한인국민회 활동

도산은 1907년 조선으로 귀국하기 전 미국에서 동지들과 대한인 신민회를 조직하고 신민회 취지서와 장정을 작성하였다. 이러한 사전 준비가 있었기에 신민회는 국내에서 도산이 귀국하고 1달 반여만에 조직될 수 있었다. 그러나 국내에서 결성된 신민회의 목표나 활동은 도산이 미국에서 작성한 취지서나 장정과는 내용이나 성격이 달랐다. 미국에서 작성한 「대한신민회 통용장정」 제 3장에는 신민회의 목적과 방법을 다음과 같이 규정하고 있다.

본회의 목적은 아한(我韓)의 부패한 사상과 관습을 혁신하여 국민을 유신케 하며, 쇠퇴한 교육과 산업을 개량하여 사업을 유신케 하며, 유신한 국민이 통일 연합하여 유신한 자유문명국을 성립케 함.[15]

또한 「대한신민회 취지서」에도 그 활동 취지를 다음과 같이 제시하였다.

우리한인(我韓人)은 내외를 막론하고 통일연합으로써 기 진로를 정하고 독립자유로써 기 목적을 세움이니 차 신민회의 발원하는 바며 신민회의 회포하는 소이이니 약언하면 오즉 신정신을 환성하야 신단체를 조직한 후 신국가를 건설할 뿐이다.[16]

이 장정이나 취지서에는 "유신한 국민이 통일 연합하여 유신한 자유문명국을 성립케 함"이라는 구절과 "신국가 건설"라는 표현이 등장한다. 이는 당초 신민회의 목표를 기존의 대한제국과는 근본적으로 성격과 다른 새로운 국가건설, 곧 공화주의 근대국가 건설에 두었음을 의미한다. 도산은 그 길을 통해서만 일제의 침략을 극복할 민족적 역량이 형성될 수 있다고 보았던 것이다. 그러나 국내에서 만든 신민회의 목표에는 이러한 내용을 찾아 볼 수 없다. 도산은 귀국 후 양기탁을 만나 처음 신민회 조직을 제의할 때 이러한 내용도 같이 제시했을 것으로 보인다. 그러나 논의 과정에서 이러한 목표 제시가 오히려 불필요한 논란과 분열을 불러올 소지가 크다고 하여 드러내지 않기로 합의한 것 같

15 국사편찬위원회. 1965. 『한국독립운동사』 1. 1028쪽.
16 국사편찬위원회. 1965. 『한국독립운동사』 1. 1026쪽.

다. 당시는 한 사람이라도 더 국권회복운동에 힘을 모아야 하는 절체절명의 위기상황이었으므로 공화주의 신국가 건설을 내세울 경우 도리어 공연한 혼란과 분열을 불러올 소지가 있다고 판단했기 때문일 것이다.

그러나 신민회 운동이 좌절되는 과정에서, 특히 밀산현 독립운동기지 건설이 무산되는 것을 보면서 도산은 민족운동 내부의 한계를 절감하지 않을 수 없었다. 도산은 이 한계를 극복하는 방법을 자유 독립의 가치를 자각한 민족 구성원들의 통일 연합에 기반을 둔 민족혁명운동에서 찾았다. 그는 미국에서 신민회 장정과 취지문을 작성할 때 이미 공화주의 민족혁명운동이 민족운동이 발전해가야 할 방향이라 인식하고 있었다. 그의 이러한 인식 전환은 친목회를 공립협회로 발전시키는 과정에서 이루어졌다.

도산이 미국 유학길에서 처음 만난 동포들은 "대다수가 노동층에 있는 무식한 동포이었고, 신문화 수련을 받은 학생은 소수"였다. 그들은 미국으로 이민해 문명한 사회 속에서 생활하고 있었지만 "그 사회의 껍데기만 보았을 뿐이고 그 속살을 살필 능력"이 없었다. 그리하여 미국사회에 여러 해를 살았어도 그 사상은 "한국에서 가지고 온 옛 사상을 그대로 가지고 있었던 말하자면 무식한 하급의 사람들"이었다.[17] 도산은 그러한 동포들을 모아서 친목회를 만들고 시민교육과 자치활동을 통해 이를 공립협회로 발전시키면서 이들을 민족의 미래를 걱정하고 독립을 위해 의무금을 납부하는 명실상부한 민족구성원으로 성장시켜 갔다. 그 과정에서 도산은 공화주의적 각성에 의거한 우리 동포들의 통일과 연합이 정신적으로나 물질적으로 민족혁명의 강고한 토대가 될 수 있음을 확인하였다. 이 경험을 바탕으로 도산은 애초 신민회를 공화주의적 각성과 연합에 의거한 혁명조직으로 결성하려고 하였던 것이

17 「낙관과 비관」. 『기러기』. 1950년 5월호(통권 70호).

다. 하지만 그러한 계획을 조선에서 전면적으로 추진하는 것은 아직은 시기상조였다.

그러나 신민회 운동이 좌절되는 과정을 지켜보면서 도산은 자신의 공화주의 민족혁명론이 민족이 독립할 힘을 기르고 결집하는 데 가장 적합하고 진일보한 길임을 다시금 확인하게 된다. 도산은 미국이 강대국이 된 비밀은 다름 아닌 여기에 있다고 확신하였다.[18] 그리하여 미국으로 돌아오자 도산은 공립협회를 더욱 발전시킨 대한인국민회를 공화주의 민족혁명운동의 중심으로 발전시키는 데 온힘을 쏟았다.[19]

대한인국민회는 1905년 설립된 공립협회를 확대하고 여타 단체들을 통합하는 과정에서 탄생하였다. 공립협회는 설립 이후 본부 산하에 샌프란시스코·리버사이드·레드랜드·로스엔젤레스·락 스피링스·솔트레이크·새크라맨토·핸포드 등지에 지방회를 설치하였고, 1908년에는 시베리아 지역의 수청지회를, 1909년에는 해삼위지회를 설치하는 등 해외동포들이 거주하는 지역으로 조직을 확대하였다.[20] 빠르게 조직을 확대하던 공립협회는 1909년 2월 미국 본토의 지방회와 하와이의 한인협성협회를 통합하여 국민회로 개편되었다.

이러한 흐름과 관련해 주목되는 것이 1909년 11월 17일자 신한민

---

18 「해외 한인의 주의」. 『신한민보』 1916.6.22. 1면.
저 미국사람을 보면 저들은 시로 개인주의가 풍부한 사람이니라. 저들이 개인 생활상에 힘쓰는 것과 기타의 단독 행동을 볼진대 특종 공동에는 다시 뜻이 없는 것 같은데 실상은 그렇지 아니하여 상업, 농업, 공업 등 기업상 단체에 힘을 아울러 쓰는 동시에 공동 생활을 보존하는 공심의 력(힘)이 넉넉하여 학교 건축과 병원 설립과 도로, 공원의 수축과 박물원, 도서 종람소 등의 박애관을 구비하고 무거운 담보로 육해군을 확장하여 전체 행복을 도모함에 게을리 하지 않나니 이것이 미국 사람의 미국 사람된 원인이라 하노라.

19 윤병석. 1995. 「미주에서의 도산 안창호의 민족운동」. 『도산안창호의 사상과 민족운동』(도산사상연구 3집). 학문사.
정경환. 2011. 「도산 안창호의 국가론에 관한 연구」. 『민족사상』 5(3).

20 김도훈 외. 2008. 『1910년대 국외항일운동 Ⅱ-중국·미주·일본』. 한국독립운동사연구소. 126~135쪽.

보의 논설이다. 「국민설」이라는 제목으로 발표된 이 논설은 이해 결성된 국민회에 대해 "국민의 뜻을 아는 자는 나라를 보존하고 국민의 뜻을 알지 못하는 자는 나라를 보전치 못하고" 타인의 노예가 되는 까닭에 국민회는 "이천만 동포 민족으로 하여금 국민이란 뜻을 두뇌 속에 부어 넣기" 위해 조직된 단체라고 하였다. 이 논설은 국민을 다음과 같이 정의하였다.

> 남에게 정복당한 백성을 노예라 하며, 전제정치에 눌리운 백성을 신복臣僕이라 하며 입헌 군주국 백성을 신민臣民이라 하며 공화민주국 백성을 인민人民이라 하니니 입헌과 공화를 물론하고 그 백성의 공론으로 그 나라 정치를 행하는 자라야 이를 국민이라 하느니라. 입법에 언론권이 없는 나라 백성은 국민이라 할 수 없으며, 법률에 스스로 보호하는 권리가 없는 나라 백성은 국민이라 할 수 없으며, 국내 국외를 물론하고 행동의 자유권이 없는 자는 국민이라 할 수 없으며, 전국재정을 관리하는 권리가 없는 백성은 국민이라 할 수 없으며, 완전한 독립국의 권리가 없는 백성은 국민이라 할 수 없나니 국민이란 것은 하늘이 품부하여 주신 인류의 권리를 온전히 가져 털끝만치라도 타인의 침탈을 받지 아니한다.[21]

곧 군주와 귀족의 지배로부터 벗어나 완전한 입법·행정·사법의 자치권과 개인의 자유를 확보한 동시에 외세의 간섭으로부터 완전히 자유로운 인민만이 국민이라 부를 수 있다는 것이다. 나라를 되찾고 보존하는 길은 오로지 우리 민족이 이와 같은 국민이 되어 국민의 의무를

21 「무엇을 국민이라 하나뇨」. 『신한민보』 1909.11.7. 1면.

다하고 국민의 권리를 온전히 행사하는 데 있으므로 이러한 목적을 위해 국민회가 결성되었다는 것이다. 말하자면 이 논설은 국민회는 대한제국의 신복이던 우리 민족을 자주권과 자치권을 갖는 국민으로 재탄생시키고 공화주의로 그 힘을 결집시켜 독립을 쟁취하려는 공화주의 민족혁명론의 전형을 제시하고 있다.

국민회는 그 이듬해인 1910년 대동보국회와 통합하여 대한인국민회를 출범시켰다. 대한인국민회는 1910년부터 그 이듬해까지 그 산하 지역조직들을 북미지방총회, 하와이지방총회, 멕시코지방회, 시베리아지방총회, 만주지방총회로 재편하였고, 1912년 11월 네 곳의 지방총회 대표자를 샌프란시스코에 소집하여 정식으로 중앙총회를 조직하였다. 그 방식은 지역별로 해외 한인들의 대표를 뽑고, 그 대표들이 한 자리에 모여 중앙총회를 결성해 최고 의결기구를 구성함으로써 해외 한인들을 통할하는 대표성과 권위를 지닐 수 있게 한 것이다.

도산은 이러한 통합과정에 직접 참여하여 대한인국민회 중앙총회를 출범시키는 산파역할을 담당하였다. 1911년 9월 미국에 도착한 안창호는 11월 대한인국민회 상항지방회 대의원으로 북미 지방총회 대의회에 참석하였고, 1912년 1월 북미 지방총회의 순행위원으로 선정되어 각지에 특파되었다. 그는 북미 지방총회의 대의회에서 강번과 함께 총회세칙 기초위원으로 선임되었다. 또한 도산은 미국으로 돌아오기 전 만주와 시베리아 지역에서 국민회 지방회 창설에 관여하였는데 그 연고로 미국에 돌아와서도 만주지방총회의 대표원으로도 계속 선임되었다. 이 시기 도산의 국민회 활동에서 가장 주목되는 점은 1912년 11월 중앙총회 대표원 의회에서 「국민회장정」을 수정하여 헌장 76조목을 제정할 헌장수정위원으로 선임된 것이다. 이 수정은 일제의 병탄으로 대한제국이 멸망하자 국민회가 해외 한인의 최고기관으로, 다시 말해 그 중앙총회를 설치하여 임시정부를 대신하는 무형정부로 역할을 하겠다고 자임하면서 그러한 역할에 부합하도록 1909년에 만들어진 「국민회장정」을 수정하는 것이었다. 당시 중앙총회 대표원 의회는 헌장수정위원으로 안창호와 박용만·박상하 등 3인을 선임하였고, 이들에게 수정의 전권을 부여한 것과 다를 바 없는 권한을 부여하였다.[22]

대한인국민회의 성격은 중앙총회 결성 선포문에 잘 나타났다.

> 중앙 총회 결성 선포문
>
> 대한인국민회가 중앙 총회를 세우고 해외 한인을 대표하여 일할 계제에 임하였으니, 형질상 대한제국은 이미 망하였으나 정신상 민주주의 국가는 바야흐로 발흥되며 그 희망이 가장 깊은 이때 일반 동포는 중앙 총회에 대하여 일심이 있기를 믿는 바이다.
>
> 1. 대한인국민회 중앙 총회를 해외 한인의 최고 기관으로 인정하고 자치 제도를 취할 것
> 2. 각지에 있는 해외 동포는 대한인국민회의 지도를 받을 의무가 있으며, 대한인국민회는 일반 동포에게 의무 이행을 장려할 책임을 가질 것.
> 3. 금후에는 대한인국민회에 입회금이나 회비가 없을 것이고, 해외 동포는 어느 곳에 있든지, 그 지방 형편에 의하여 지정되는 의무금을 대한인국민회로 보낼 것.[23]

이 선포문을 보면 단연 주목되는 것이 "대한제국은 이미 망하였으나 정신상 민주주의 국가는 바야흐로 발흥된다"는 구절이다. 곧 일제의 병탄으로 대한제국은 멸망했지만 이를 계기로 민족운동에서는 바야흐로 의병운동의 근왕적 사상이 청산되고 대신 민주주의 국가를 건립

22 최기영. 2002. 「도산 안창호와 대한인국민회」. 『도산학연구』 8.

23 주요한. 1963. 앞의 책. 135쪽.

하려는 정신적 지향이 깊이 일어나고 있다는 것이다.

황제가 통치했던 대한제국 대신 민주공화국을 수립해야 한다는 움직임은 미주지역에서는 대한제국 멸망 이전에 이미 일어나고 있었다. 공립협회는 1906년 2월 일제가 을사늑약을 근거로 해외한인을 일본영사가 보호하라는 명령을 내리자 하와이 에와친목회와 함께 이를 규탄하는 재미한인공동대회를 개최하고 "보호조약을 체결할 때에 그 황실 그 정부는 이미 한국이 아니오 의연히 한국으로 남아있는 것은 오직 2천만 민족이라"고 선언하며 "2천만 민족"을 국권회복 주체로 결집할 방안을 모색하기 시작하였다. 이후 공립협회는 통일연합론에 의거해 1907년 1월 통일연합기관 설치를 결의하고 '대한인신민회'를 발기하였는데 그 궁극적 목적은 국권회복과 자유문명국인 '공화정체의 독립국' 건설이었다.[24] 말하자면 북미 지역에서는 '대한인신민회' 발기를 즈음하여 공화국 건설운동이 본격적으로 시작되었던 것이고, 그 연장선상에서 공립협회의 국민회 나아가 대한인국민회로의 개편이 추진되었던 것이다. 다른 한편 이 무렵 중국에서도 쑨원이 이끄는 국민당 주도로 신해혁명이 일어났고, 그 영향으로 중국에 망명한 조선인 독립운동가들 사이에서도 공화주의 혁명운동에 대한 공감이 확대되고 있었다. 1912년 신규식이 상하이에서 조직한 동제사同濟社는 민족운동가들 사이에서 공화주의 혁명사상을 확산하는 중심이 되었다.

대한국민회 중앙총회의 결성선포문은 대한제국의 멸망을 전후해 북미지역을 위시해 중국, 러시아 등지에서 일어난 민족운동의 새로운 흐름 곧 공화주의 민주국가 건립을 추구하는 정신적 지향 위에 해외한인들을 대표하는 최고기관으로 대한인국민회 중앙총회를 조직한 것이라 선언하고 있다. 이는 곧 중앙총회 결성을 계기로 이제 해외 한인들

24 김도훈. 2008. 앞의 책. 127~131쪽.

의 독립운동은 공화주의 민족혁명운동으로 전환할 것이라 선언한 것이었다.

이러한 정신에 따라 대한인국민회는 미국의 공화정체와 연방제도를 모델로 자치를 실시하는 입법·행정기관을 두고 중앙총회와 지방회를 결합하였으며, 76개조의 헌장을 민주적으로 제정하여 그 헌장에 의거해 모든 행정이 이루어지게 하였다.[25] 중앙정부에 해당하는 중앙총회는 해외 한인들을 의사를 결집한 대표성을 띨 수 있도록 지방총회에서 파견된 대표들로 구성되었다. 중앙총회 산하에는 네 개의 지방총회를 두었고, 지방총회에는 총 116개의 지방회가 소속되어 있었다. 대한인국민회는 116개 지방회 관할 지역에 거주하는 한인들을 전부 자동적으로 국민회원이 되게 하고 지정된 의무금을 납부하게 하며 자치제도를 실시하도록 선언함으로써 제한적이지만 새로운 공화국을 수립하려 시도한 것이었다.

중앙총회는 독립운동의 방향을 공화주의 민족혁명운동으로 전환하면서 종전의 입회금과 회비 제도를 폐지하고 대신 의무금 제도를 도입하였다. 종전의 회비는 입회한 자에게만 선택적으로 부과되는 것이었다. 이에 비해 의무금은 국민회 관할하에 있는 해외에 거주하는 동포라면 전부 의무적으로 그 지방형편에 따라 지정되는 금액을 납부해야 하는 것이었다. 중앙총회가 해외 한인의 최고 대표기관으로 조직되어 국가에 준하는 역할을 할 수 있게 되었으므로 국민회 관할지역에 거주하는 해외 한인은 전부 자동적으로 국민회원이 되는 것이고, 국민이면 세금납부의 의무가 있듯이 국민회원은 전부 의무금을 납부해야 한다는 것이다.

이상의 구성과 운영에서 보듯이 대한인국민회는 중앙총회 산하에

---

25 「국민회정치론」, 『신한민보』 1915.12.9. 1면.

해외 한인을 망라하는 대한인국민회를 인적, 물적 토대로 삼아 일제로부터 해방을 쟁취하는 독립운동과 민족국가건설운동을 완수하려 하였다. 국민회가 이렇게 구성되고 대표성을 행사할 수 있게 되자 미국·멕시코·러시아 정부는 국민회를 준정부기관("나라없는 정부처럼 되어")으로 인정하여 국민회가 교민들의 여행권 발부나 신분을 보장받는 활동을 할 수 있도록 허용하였다.

그러나 대한인국민회는 국제정세의 변화와 해외 한인사회의 사회적, 경제적 역량의 미성숙으로 그 활동이나 조직을 오래 이어가지는 못했다. 중앙총회 결성 2년만인 1914년 7월 만주 지방총회가 그 지역 한인사회의 취약성으로 말미암아 해체되었고, 그 이듬해 러시아 제국이 유럽대전에 참여하면서 총동원령을 내려 외국인 단속을 강화하면서 시베리아 지방 총회도 폐지되었다. 미주지역에서만 대한인국민회가 활동을 이어갈 수 있었지만 1913년 이승만이 하와이로 진출해 박용만을 배제하고 주도권을 장악하려는 파벌싸움을 벌이면서 하와이 지방총회는 정상적인 기능을 발휘할 수 없게 되었다.

도산은 1912년 대한인국민회 중앙총회 결성을 주도하였고, 1915년 4월에는 제 3대 중앙총회장으로 선출되었다. 이후 1919년 4월 대한민국 임시정부에 참여하기 위해 중국으로 떠날 때까지 중앙총회장으로 재임하면서 대한인국민회가 공화주의에 의거한 해외 한인 최고기관이 되도록 노력하였다. 도산은 국민회가 공화주의 민족혁명운동의 이끄는 해외 한인 최고기관으로 출범했음에도 불구하고 이후 부진을 면치 못했던 원인을 두 가지로 분석하였다. 하나는 국민회원들의 개인적 실력이 달리 말해 개개인의 국민적 민족적 각성과 경제적 자립, 자활능력이 기대한 만큼 성장하지 못했던 것이고, 다른 하나는 회원들 간의, 지역 간의 단결과 협동이 원활이 이루어지지 못했던 것이다.[26] 도산은 이러한 진단에 의거해 대한인국민회의 활동을 국민회원들의 인격 수련, 즉 신용 있고 협동 할 줄 아는 국민성을 기르는 방향과, 동시에 국민회원들의 경제적 안정과 향상으로써 장래의 독립운동의 경제적 기반을 닦는 방향으로 이끌었고, 이를 기반으로 해외 각 지방 즉 시베리아나 만주 등지에 나가 있는 모든 한인 사회의 조직과 단결력을 기르는 활동에도 힘을 기울였다.

2. 대한민국 임시정부 수립운동

도산은 제1차 세계대전이 끝난 1918년까지도 우리 민족이 일제를 상대로 전면적인 독립투쟁을 시작하는 것은 시기상조라 인식하였다. 자신이 판단하기에 힘을 기르기 가장 좋은 조건인 미주에서조차 민족혁명의 역량의 성장이 부진했기 때문이었다. 그러므로 아직은 본격적인 독립운동을 전개하기에 앞서 민족혁명의 인적, 물질적 역량을 준비하는 데 온 힘을 쏟아야 한다고 보았다.

그러나 도산의 이러한 생각은 국내에서 3·1운동이 폭발했다는 소식을 접하고 급격히 바뀌게 된다. 도산이 조선에서 3·1운동이 거세게 확산되고 있다는 소식을 접한 것은 3월 9일이었다. 이 소식을 접하자 그는 기쁨과 동시에 슬픔이 차올라 피가 끓어오르고 마음을 진정할 수 없었다. 소멸한 줄만 알았던 우리 민족의 독립의지가 열화처럼 분출하는 것을 보고 뛸듯이 기뻤고, 동시에 일제의 탄압으로 동포들이 겪게 될 엄청난 고통과 희생을 생각하며 너무도 마음이 아프고 슬펐다. 그

26 「중앙총회장 연설대지」, 『신한민보』 1915.7.8. 1면.

는 3월 13일에 개최된 샌프란시스코 대한인국민회 중앙총회 위원회에서 다음과 같이 연설하였다.

> 우리가 독립선언의 대사건이 발생하기 전에는 내지 동포의 내정을 몰라 앞뒤를 돌아보며 주저하였지마는 오늘 전국 민족이 나라를 위하여 생명을 바치는 때에는 대한 민족의 일분자가 된 우리는 재주와 힘을 다하여 생명을 희생하여 죽기까지 용감하게 나아갑시다.[27]

그 직전까지도 도산은 독립운동에 직접 나서기보다 독립할 역량을 쌓고 결집하는 준비에 힘을 쏟자고 주장하였다.[28] 그러나 3·1운동의 소식을 접하자 태도를 바꾸어 민족의 일분자이면 지금 당장 각자의 재주와 힘을 다하여 생명을 희생하여 죽기까지 용감하게 싸워야 할 것이라 역설하였다. 다시 말해 조선에 있는 동포들의 내정을 몰라 행동에 나서기를 주저하며 준비론을 주장했던 것이나 이제 일제의 총칼 앞에서도 만세시위를 대대적으로 일으키는 민족의 저력과 독립의지를 확인한 이상 주저할 필요 없이 전면적으로 독립운동을 펼쳐야 하고, 그렇게 싸우면서 저력을 기르고 통일시켜 갈 방안을 찾아야 한다는 것이었다.

3·1운동이 국내외에서 대대적으로 일어나자 분산적인 독립운동을

---

27 「중앙총회장안창호씨의 주견」. 『신한민보』 1919.3.20. 1면.

28 「전쟁 종결과 우리의 할 일」.(1918.10. 1차대전 휴전이 성립되었을 때 홍사단우들에게 한 연설) 『전서』 중. 83~88쪽.
독립을 무슨 방면으로 운동하겠는가 하면, 두 가지로 말하리니, 하나는 독립 전쟁을 일으키자, 둘은 윌슨 대통령게게 한국의 독립 승인을 요구하자 함이라.…… 폐일언하고 한국이 독립하려면 한국 민족이 정신상 독립과 생활상 독립부터 먼저 되어야 하겠거늘 오늘 우리 민족의 정신상과 생활상 두 방면이 다 어떠한 것을 여러분은 밝히 아시는 바라 독립의 운동을 생각하는 것이 요행을 바라는 이의 일이라 하노라. 우리는 이 앞날에 우리를 향하여 오는 독립을 잘 맞기 위하여 우리 민족으로 정신상 독립이 되도록 생활상 독립이 되도록 또는 대동단결이 이루어지도록 준비에 노력을 더하고 더 함이 가하다 하노라.

연합해 통일적으로 지도하고 동시에 대외적으로 독립외교를 펼칠 수 있는 임시정부 수립운동이 국내외에서 일어났다. 임시정부는 당장 독립운동을 확대 강화할 필요에서도 요구되었지만, 보다 근본적으로는 독립운동을 통해 달성할 목표인 근대적 민족국가의 체제와 내용을 제시할 수 있다는 점에서 절실하였다. 임시정부를 어떠한 체제와 내용으로 구성하느냐는 민족독립의 역량을 누구를 상대로 어떻게 결집해 갈 것인가를 제시하는 것이기도 했다. 그러했던 까닭에 임시정부 수립운동이 일어나자 도산은 새롭게 수립될 임시정부가 대한인국민회가 추구해온 공화주의 민족혁명노선을 계승하고 발전시켜 가기를 간절히 바랐고, 이를 위해 서둘러 임시정부수립운동이 일어나고 있던 중국 상하이로 떠났다.

도산은 1919년(41세) 3월 15일 긴급히 소집된 국민회 중앙총회 미주 하와이 멕시코 재류 동포 전체회의에서 대한민국임시정부 수립에 참여할 공식 대표로 선임되었다. 이 전체회의는 "원동에 대표를 파송하여 대한민국임시정부 수립에 봉사하게 한다"는 것과, 원동에서의 독립운동에 필요한 경비를 조달하기 위해 대표회의 소속 일반 동포에게 애국 특연금을 거둘 것을 결의하였다.[29] 도산은 이 전체회의의 결의에 따라 4월 5일 정인과·황남진을 대동하고 중국 상하이로 출발하였다. 그는 상하이로 가는 도중 호주에서 임시정부가 조직되고 자기가 내무총장에 선임되었다는 소식을 들었다.

상하이에 도착한 도산은 내무총장에 취임하는 것을 잠시 뒤로 미루고 동포들을 상대로 두 차례의 연설회를 가지고 임시정부가 나아갈 방향에 대해 자신의 입장을 표명하였다. 그는 이 연설회에서 우리민족은 비록 서양문명을 늦게 받아들여 식민지 지배를 받게 되었지만 결코 열등한 민족이 아니며 공화주의 정신으로 실력을 기르고 연합 통일하

---

29 주요한. 1963. 앞의 책. 197쪽.

면 독립을 달성하는 것이 얼마든지 가능한 일이라고 역설하였다.[30] 그는 이 연설회에서 공화국을 건설하는 운동이 독립운동을 발전시키는 중요한 계기가 된다는 점과 무엇보다도 단합이 중요하다는 점을 강조하였다.[31] 도산은 6월 28일 내무총장 취임 연설에서도 이 점을 되풀이하여 강조하였다. 이 연설에서 그는 대한민국임시정부 수립의 의의를 첫째 우리의 주권을 되찾는 것이고, 둘째 한반도에 모범적 공화국을 세워 이천만으로 하여금 천연의 복락을 누리게 하는 것이고, 셋째는 신공화국 건설로 동양평화를 견고하게 하고 나아가 세계 평화를 돕는 것이라 하였다.[32]

그러나 공화국은 이를 단지 대내외적으로 선포하는 것만으로 저절로 이루어지는 것은 아니었다. 조선인 가운데 심지어 해외로 망명한 민족운동가들 가운데서도 명실상부한 공화주의를 목격하거나 경험한 자는 일부에 지나지 않았다. 그들 대다수는 대한제국 치하에서든 일제의 조선총독부 치하에서든 신민臣民으로서 살았던 정치적 경험 이상을 가지고 있지 못했다. 그러했던 만큼 공화국이나 공화주의는 아직 생소하고 이질적이었다. 따라서 이 한계를 극복하고 해결하는 길을 찾는 것이 공화주의 민족혁명운동을 발전시키는 관건이 되었다.

내무총장을 맡아 임시정부를 공화주의 정부로 발전시킬 과제를 맡게 된 도산은 이 과제를 해결할 돌파구로 개조론을 적극 주장하였다. 그는 공화주의를 실현하려면 그 주체가 될 국민 곧 민족 각자가 주권자가 되는 것이 절실하며 이를 개조의 핵심적 과제로 보았다.

---

30 「제1차 북경로 예배당 연설」(1919.5.26.). 도산기념사업회. 1990. 『안도산전서』 중. 범양사. 91쪽. (이하 『전서』 중. 으로 표기)

31 「제 2차 북경로 예배당 연설」(1919.6.4.). 『전서』 중. 93쪽.

32 「내무총장에 취임하면서」(1919.6.28.). 『전서』 중. 100쪽.

나는 저 스마일스의 "국민 이상의 정부도 없고 국민 이하의 정부도 없다"는 말이 참된 말이라 하오. 그런즉, 이 우리 민족을 개조하여야 하겠소. 이 능력 없는 우리 민족을 개조하여 능력 있는 민족을 만들어야 하겠소. 어떻게 하여야 우리 민족을 개조할 수 있소? 한국민족이 개조되었다 하는 말은, 즉 다시 말하면 한국 민족의 모든 분자 각 개인이 개조되었다 하는 말이오. 그런고로 한국 민족이라는 한 전체를 개조하려면 먼저 그 부분 각 개인을 개조하여야 하겠소. 이 각 개인을 누가 개조할까요? 누구 다른 사람이 개조하여 줄 것이 아니라 자기가 자기를 개조하여야 하겠소.… 그러면, 내 자신에서는 무엇을 개조할까. 나는 대답하기를 "습관을 개조하라"하오. 문명한 사람이라는 것은 그 사람의 습관이 문명스럽기 때문이요. 야만이라 하는 것은 그 사람의 습관이 야만스럽기 때문이외다.[33]

이 주장에 따르면 공화국에서는 국민의 수준이 정부의 수준을 결정하기 때문에 우리 민족을 능력 없는 민족에서 능력 있는 민족으로, 야만한 민족에서 문명한 민족으로 개조하는 것이 가장 절실한 과제가 된다. 그러나 민족 개조는 민족을 통째로 개조하는 것이 아니라 각자가 자기 자신의 습관을 개조하는 것이어야 한다. 그러한 개조가 이루어지고 하나로 힘을 모을 때 민족이 개조되는 것이다. 도산은 이러한 개조를 통해 행복이 없는 한국, 문명되지 못한 한국을 이천만이 천연의 복락을 누리는 문명한 한국을 만들어야 한다는 것이다. 그렇다면 그 개조는 구체적으로 어떤 것이어야 할까? 도산은 그 구체적 방향을 다음과 같이 제시한다.

33 「개조」(1919. 상하이). 『전서』 중. 118쪽.

> 오늘날 우리나라에는 황제가 없나요? 있소. 대한 나라에는 과거에는 황제가 일인밖에 없었지마는 금일에는 이천만 국민이 다 이 황제요. … 황제란 무엇이요? 주권자를 이름이니 과거에는 주권자가 유일이었으나 지금은 제군이 다 주권자외다. 과거에 주권자가 일인이었을 때는 국가의 흥망은 일인에 있었지마는 지금은 인민 전체에 재하오. 정부 직원은 노복이니 이는 정말 노복이오. 대통령이나 국무총리나 다 제군의 노복이외다. … 황제 되는 여러분이 주의할 것은 여러분이 나누면 개인이 되어 주권을 상실하고 합하면 국민이 주권을 향유하는 것이외다. 그러므로 여러분은 합하면 명령을 발하는 자가 되고 나누이면 명령에 복종하는 자가 되는 것이오.[34]

그 개조는 과거에 신민으로 살았던 습관을 스스로 황제가 되는 습관으로, 따라서 인민 전체가 주권자가 되는 습관으로 개조해야 하는 것이다. 주권자가 되는 습관개조에서 도산은 국민의 개병주의皆兵主義·개업주의皆業主義·개납주의皆納主義를 역설하였다. 독립전쟁을 수행하기 위해서는 개병주의가 필요하고, 그 전쟁자금을 조달하기 위해서는 반드시 개납주의가 필요하며, 개납주의를 실현하자면 개업주의로 각자가 세금을 납부할 경제적 능력을 가져야 한다는 것이다. 우리 민족이 주권자가 되기 위해서는 반드시 민족혁명을 이루어야 하고, 민족혁명은 이를 위한 민족운동 단계에서부터 국민 개병주의皆兵主義·개업주의皆業主義·개납주의皆納主義를 실천해야 이룰 수 있다는 주장이다.[35]

도산은 우리 민족 각자가 자기 삶의, 자기 나라의 주인이 되는 습

---

34 「6대사업(시국대강연)」(1920.1.3.~5.). 『전서』 중. 127쪽.
35 「6대사업(시국대강연)」(1920.1.3.~5.). 『전서』 중. 136쪽.

관으로 개조하기 위해서는 일상 생활세계의 모든 분면에서 개조가 이루어져야 한다고 주장하였다. 도산은 정치와 법제는 물론이고 교육과 종교, 농업, 상업, 토목, 풍습과 습관, 음식, 의복, 거처, 나아가 도시와 농촌, 강과 산까지도 개조해야 한다고 주장하였다.[36] 우리민족이 이러한 개조를 통해 문명한 공화국으로 재탄생해야만 자력으로 독립을 달성할 역량을 가질 수 있게 되고, 그렇게 되면 국제연맹이나 우리민족에 우호적인 다른 국가의 지원을 얻을 수 있다고 하였다. 그런 관점에서 독립외교는 반드시 필요하다고 보았지만 국제연맹이나 미국에만 의지해 독립하려는 외교독립론은 스스로 독립할 자격이 없음을 자백하는 것과 다르지 않다고 하여 비판하고 배격하였다.[37]

또한 도산은 공화주의를 발달시키기 위해 연설을 장려해야 한다고 주장하였다. 그는 "연설이 무슨 필요로 생겨난 것인가 또 어느 시대에 산출한 것인가" 묻고 연설은 신권神權시대나 군권君權시대가 아니라 군권 시대말 민권民權 시대 초에 시작하여 민권 시대에 성행하였다고 하였다. 곧 연설은 공화정치 민주정치의 필요에서 탄생한 것이라 보았다. 신권시대나 군권시대에는 신의 의사, 군주의 의사나 소수인의 의사에 다수 인민이 복종해야 할 뿐 민의 의사는 소용이 없으니 연설이 필요 없었다. 그러나 공화의 시대에는 국가의 사업을 그 국민 전체 의사에 따라 결정하기 때문에 국민 각자가 의사를 표시해야 하고 그 가운데서

---

36 「개조」(1919. 상하이). 『전서』 중. 115쪽.
여러분! 우리 한국은 개조하여야 하겠소. 이 행복이 없는 한국! 이 문명되지 못한 한국! 반드시 개조하여야 하겠소.… 우리 한국을 문명한 한국으로 만들기 위하여 개조의 사업에 노력하여야 하겠소, 무엇을 개조하잡니까? 우리 한국의 모든 것을 다 개조하여야 하겠소. 우리의 교육과 종교도 개조하여야 하겠소. 우리의 농업도 상업도 토목도 개조하여야 하겠소. 우리의 풍습과 습관도 개조하여야 하겠소. 우리의 음식, 의복, 거처도 개조하여야 하겠소. 우리 도시와 농촌도 개조하여야 하겠소. 심지어 우리 강과 산까지도 개조하여야 하겠소.

37 「6대사업(시국대강연)」(1920.1.3.~5.). 『전서』 중. 131~134쪽.

전체의 의사를 수렴해야하기 때문에 의사소통의 방법으로 연설이 필요한 것이다. 그런 까닭에 공화제를 하자면 누구나 연설을 할 수 있도록 장려하고 훈련해야 한다는 것이다.[38]

도산은 또한 공화주의에서는 다양한 의견과 행동을 민주적 방식으로 통일하는 훈련도 반드시 필요하다고 강조하였다. 그는 주권자가 되기 위해서는 단지 주인의식을 갖는 것만으로는 부족하며 독불장군식 자기중심적인 습관을 다른 인민들과 서로 연합하여 의견의 통일을 이루는 방향으로 개조할 필요가 있다고 하였다. 그는 민족적 통일 없이는 독립을 성취할 수 없다고 전제하고 독립을 달성하자면 반드시 통일을 이루기 위해 노력해야 한다고 거듭 거듭 강조하였다. 그는 서로 다른 견해를 통일하는 방법은 두 가지가 있다고 하였다. 하나는 전 민족적 통일기관을 설치한 중앙 최고기관에 전 국민의 마음과 힘을 집중하여 중앙의 세력을 확대시키는 것이고, 다른 하나는 사회의 공론을 세우고 사회성원 모두가 그 공론에 따르게 하는 것이다. 도산은 이 둘 가운데 우리 민족과 관련해서는 특히 문제가 되는 것은 후자라 하였다.

도산은 우리나라 사람들은 민주정치를 경험한 적이 없기 때문에 공론에 복종할 줄도 모르고, 공론을 세우는 방법조차도 모른다고 비판하였다. 상하이에 모인 민족운동가들이 의견이나 행동 통일을 이루어내지 못하고 계속 파쟁을 벌이는 이유는 여기에 있다는 것이다. 각자 자기주장만 고집할 뿐 공론을 도출하려 노력하지 않고, 그 방법조차 모르기 때문에 소모적 파쟁이 계속되고 동지애마저 식어간다는 것이다. 도산은 공론이란 그 구성원 다수가 지지하는 의사를 지칭하는 것이고, "그 어느 편이든지 옳은 편으로 따라서 그 옳은 편에 다수의 의사가 집중"하면 형성되는 것이라 하고, 그 결정에 모두가 따르게 하는 것이 공론을

38 「정부에서 사퇴하면서-시국대연설」(1921.5.12., 17.). 『전서』 중. 157쪽.

세우는 것이라 하였다.[39] 말하자면 토론을 통해 민주적으로 다수의 동의를 얻는 의사결정을 하고, 모든 성원이 그 결정에 따르는 것이 공론을 세우는 것이고, 그렇게 할 때 분열이 극복되고 통일을 이룰 수 있다는 것이었다.

도산은 공론을 세워 민주적으로 통일을 이루어가려 할 때 당장 청산해야 할 것으로 사적인 연고나 인정, 의리에 구애된 전근대적 파당주의를 지목하였다. 그 대표적인 것이 임시정부 내부의 분열요인으로 작용한 기호파니 서북파니 하는 '지방열'로 불리던 지역적 파당주의였다. 도산은 이러한 사적인 파당주의를 타파하지 못하면 통일을 이루기 어렵다고 단언하였다.

> 우리도 남과 같이 통일을 요하거든 한 의형제적 수단으로 사교를 짓거나 교제적 수단으로 접대의 잘하고 못함과 통정을 한다 안 한다 하는 그 따위 수단으로 통일을 취하려면 백년을 가더라도 얻을 수가 없으리다. 우리 사회의 현상을 보면 하급은 말할 것 없거니와, 소위 중류 이상 고등 인물까지도 국가사업의 통일을 한 교제적 수단으로 이루기를 꾀하니 유치한 것이 어찌 한심치 않으리오? 이제부터 크게 각오하여 공론을 세우고 공론에 복종하는 것으로 통일의 도를 이루어야 하겠습니다.[40]

곧 오랜 당쟁의 유습으로 국민일반에서도 그러하지만 심지어 민족운동가들까지도 "의형제적 수단"이나 "교제적 수단"으로 세를 불려 자신의 의사를 다수 의사로 만들려하고 그렇게 사적인 관계를 형성하지

---

39 「정부에서 사퇴하면서-시국대연설」(1921.5.12., 17.). 『전서』 중. 165쪽.
40 「정부에서 사퇴하면서-시국대연설」(1921.5.12., 17.). 『전서』 중. 167쪽.

않은 사람은 결코 신뢰하지 않기 때문에 도무지 통일을 이룰 수 없다는 비판이다. 이에 도산은 지금부터라도 공론을 세우고 공론에 복종하는 훈련을 쌓아 민주적으로 통일을 이루려 노력해야 한다고 역설하였다.

도산의 이상과 같은 연설들은 새로 출범한 대한민국 임시정부가 공화주의 정부로 발전하고, 그 기조 위에서 독립운동을 통일 지도하여 민족혁명을 달성하도록 이끌기 위한 노력이었다. 이 연설들은 국민 일반을 상대로 주장을 펼치는 형식을 띠지만, 주된 청중이었던 상하이에 모인 민족운동가들의 정치문화 혁신에 초점을 맞추어 이루어졌다. 도산은 독립운동을 이끄는 민족지도자들이 모범적인 공화주의자로 전환해야만 대한민국임시정부가 공화주의 민족혁명론에 충실한 독립운동의 사령탑이 될 수 있을 것으로 판단한 것이다.

다른 한편 도산은 임시정부에 참여하면서 임시정부가 국내외의 민족운동가들과 국민들로부터 대표성을 인정받는 통일정부로 만들기 위해 헌신적으로 노력하였다. 비록 임시정부가 공화주의 민족혁명의 지도부로 내실을 갖추더라도 국내외의 민족운동가들로부터 대표성을 인정받지 못하면 한계를 지닐 수밖에 없기 때문이었다. 그 노력은 국내외 각지에서 영수급으로 인정받는 민족운동지도자들이 내정된 임시정부의 각료에 취임하도록 여건을 조성하는 것이었다. 이를 위해 상하이임시정부를 통합정부로 재구성하였고 이를 위해 자신은 내무총장에서 물러나 그 보다는 직급이 낮은 노동국총판에 취임하는 것을 주저하지 않았다. 이러한 노력 덕분에 자타가 영수급 지도자로 인정했던 민족운동가들이 상하이로 모여 각료로 취임하여 대표성 있는 정부가 구성될 수 있었다.

그러나 임시정부는 초대 국무총리로 추대된 이승만이 대통령제와 외교독립론을 고집하며 심각한 분열 상태에 빠졌다. 이승만은 한성정부 집정관총재로 추대되자 그 직권으로 그해 8월 25일 워싱턴에 구미위원부를 설치하고 미국 대통령에게 위임통치를 청원하는 외교활동을 벌였다. 이로 말미암아 임시정부는 심각한 내분에 휩싸여 기능이 마비되기에 이른다. 이 사태로 어렵사리 각료로 취임한 민족지도자들이 임시정부를 떠나는 사태가 벌어지자 도산도 임시정부에서 사퇴하면서 이 위기를 타개할 방도로 국민대표회의 개최를 추진하였다.

국민대표회의 개최운동은 1921년 2월 김창숙·박은식·원세훈 등 독립운동가 15인이 무능한 임시정부를 비판하고 통일정부와 독립운동 방향을 새롭게 수립할 국민대표회의를 개최하자는 격문을 발표하면서 시작되었다. 임시정부의 개조가 필요하다고 판단하였던 도산은 국민회의 개최를 지지하였다. 국민대표회의는 오랜 준비과정을 거쳐 1923년 1월 3일에 개막되었다. 이 회의에는 국내·상하이·만주일대·북경·간도일대·노령·미주 등의 135개 독립운동단체, 158여 명의 대표들이 모였으며 최종적으로 125명의 대표가 확정되어 임시정부의 개혁을 논의하였다. 도산은 국민대표회의의 부의장으로 선출되어 회의 진행을 주관하였다. 도산은 국민대표회의를 거쳐 대한민국임시정부가 국내외 민족운동가들로부터 그 대표성을 인정받는 통일된 민족운동의 최고 지도기관으로 재탄생하기를 간절히 바랐다. 그러나 국민대표회의는 임시정부 창조파와 개조파 사이의 이견을 좁히지 못하고 결국 아무런 결정도 내리지 못한 채 실패로 끝났다.

국민대표회의가 아무 성과 없이 끝나자 도산은 임시정부를 떠나 남경, 북경, 북중국의 화북지역과 만주 나아가 내몽고·동남아 방면을 답사하면서 독립운동의 기지가 될 이상촌 건설을 추진하였다. 안창호의 독립운동기지 건설운동은 신민회 운동시절에 시작되었다. 1910년대 초반 길림성 밀산현 봉밀산의 독립운동기지 건설이 그것이었다. 이 당시부터 안창호가 구상한 독립운동기지는 구성원의 개업주의로 경제자립을 이루고 이를 기반으로 군대를 양성해 독립전쟁을 준비하는 공화주의적 자치체였다. 신민회 해체와 봉밀산 기지경영의 실패로 미주에서 독립운동에 전념하였던 도산은 임시정부운동에 참여하게 되면서 독립운동기지를 건설하려는 운동을 재개하였다. 그가 임시정부운동과 결합해 독립운동기지 건설운동을 재개한 것은 임시정부운동의 국민적 기반을 조성할 필요가 절실했기 때문이다. 임시정부가 독립운동의 최고 사령탑으로 기능하자면 대표성 확보에 못지않게 그 활동에 필요한 재정과 군대를 확보해야 했다. 임시정부의 재정과 군대는 국내에서 조달하는 것이 거의 불가능했기 때문에 망명한 동포를 상대로 확보할 수밖에 없었다.

도산은 동포의 절대 다수가 망명해 흩어져 살고 있는 중국 만주와 러시아 지역을 대상으로 이들을 거점별로 결집시켜 생활을 안정시키고 임시정부의 국민 역할을 하게 할 목적으로 이상촌 건립운동을 전개하였다. 도산이 구상한 이상촌은 서간도 부민단이 만든 백서농장과 유사한 것으로 산과 강이 있고 토질이 비옥한 지역에 토지를 매입해 200호 정도의 집단부락을 조성하고 망명한 동포들을 결집하여 독립운동기지로 만드는 것이었다. 도산은 이상촌에 동포를 결집시켜 생활을 안정시키고 이들을 정부의 민적에 등록시켜 국민개병國民皆兵과 국민개납國民皆納의 의무를 지도록 할 계획이었다.[41] 그는 이러한 방식으로 임시정부의 재정을 안정시키고 군사준비를 추진하고자 하였다. 동시에 그는 이러한 이상촌을 민주적인 공화주의 자치제로 운영하도록 함으로써 민주공화국 건설의 기초단위가 되게 하였는데 이는 그가 미주에서 만든 대한인국민회와 공통된 성격을 갖는 것이었다. 요컨대 도산의 공화주의 민족혁명운동은 한편으로는 임시정부 자체를 공화주의 정부로 만들고, 이와 결합해 다른 한편으로는 이상촌 건립운동을 통해 공화주의적 국민 기반을 형성하려 노력하는 방향으로 전개되었다.

---

41 이명화. 2000. 앞의 논문.

3. 민족유일당 운동과 한국독립당 창당

민족운동의 분열을 극복하고 통일을 이룩하는 것은 독립운동의 강화와 발전을 위해 절대적으로 필요한 과제로 상하이임시정부 참여 이래 도산의 오랜 숙원이자 가장 많은 노력을 기울인 일이었다. 1917년 소비에트 혁명정부가 출현한 이후 사회주의 사상이 급속히 민족운동에 수용되어 1920년대 초반에 이르면 국내외를 막론하고 사회주의자들이 민족운동 내부에서 다수를 점하게 되었다. 그리하여 민족운동은 민족주의계와 사회주의계로 분열되어 독립운동의 방법을 놓고 대립하게 되었다. 1923년에 개최된 민족대표자회의가 결렬된 근저에는 이러한 분열이 원인으로 작용하였다. 그러했던 까닭에 1920년대 중반 이후에는 이 분열을 극복하고 민족통일전선을 구축하는 일이 민족운동의 중심과제로 떠올랐다.

도산은 민족운동의 분열을 극복하고 통일을 이루기 위해 1926년 7월 8일 상하이 삼일당에서 열린 공개강연회를 통해 임시정부의 유지를 전제로 대독립당을 조직하자고 제안하였다. 그는 이 연설에서 민족운동의 당면과제는 일제의 통치를 파괴하고 신국가를 건설하는 일이고, 이를 위해 주의와 사상의 차이를 잠시 뒤로하고 일제와의 투쟁에 공동 협력해야 한다고 역설하였다. 그러나 그는 자치론자나 실력양성론자는 독립을 포기한 자들이므로 협력대상에서 배제하였다. 오로지 무단적 힘에 의한 혁명으로 독립을 달성하겠다는 독립운동가만 주의의 차이를 넘어서 협력대상이 된다고 하고 이들로 대독립당을 조직할 것을 제안하였다.

도산은 이어 북경과 천진, 만주의 여러 지역을 왕래하면서 유일당의 필요성을 주장하였고, 원세훈과 협의해 그 해 10월 먼저 북경에서 대독립당조직촉성회를 결성하였다. 당시는 중국에서도 국민당과 공산당의 국공합작이 이루어져 있었고, 국내에서도 이 제안 직후에 신간회

운동이 시작되었다. 이를 배경으로 중국 관내 지역과 만주 지역에서 활동하던 다수의 민족운동가들이 좌우를 망라하고 도산의 제안에 호응하였다. 이러한 가운데 다수 지역에서 속속 유일당촉성회가 결성되었고, 마침내 1927년 11월 상하이에서 한국독립당관내촉성회연합회가 조직되었다.

그러나 1927년말 중국의 국공합작이 깨지고 국민당이 공산당을 공격하여 내전이 일어났다. 국공합작의 파탄은 즉각 도산이 추진하던 민족유일당운동에 부정적 영향을 미쳤다. 사회주의 계열이 유일당운동에서 이탈해 독자적으로 세력을 확대하는 방향으로 급선회하였던 것이다. 사회주의 계열과의 연합전선 형성이 좌절되자 도산은 민족주의 진영 내에서만이라도 통일된 정당을 만들 것을 제안하여 1928년 3월 25일 한국독립당을 결성하였다.

도산은 1919년 임시정부 수립이 논의될 당시 정부형태의 조직보다 정당형태의 조직을 만들자고 주장하였다. 당장은 민족운동을 통일하고 지도할 최고 조직이 필요하므로 정부 형태보다는 정당 형태가 더 적합하다고 판단했던 것이다. 그러나 독립외교를 전개할 필요성 때문에 임시정부안을 수용했고, 임시정부에 참여해 공화주의 민족혁명운동을 발전시키고자 노력하였다. 하지만 그렇게 출범한 임시정부는 결국 다양한 노선을 가진 민족운동가들의 집합소가 되어 분열과 갈등만 되풀이하다가 끝내는 식물정부로 전락하고 말았다. 도산은 임시정부가 민족운동의 최고 사령탑으로서의 위상을 되찾자면 그 엔진 역할을 할 정당이 필요하다고 보았다. 그리하여 민족유일당을 임시정부의 엔진 역할을 할 정당으로 조직하려 하였던 것인데, 그것이 무산되자 차선책으로 민족주의 세력을 통합해 한국독립당으로 조직하였던 것이다.[42]

---

42 박만규. 1985.「삼균주의 정립의 민족운동사적 배경 고찰」.『변태섭박사화갑기념사

도산은 한국독립당을 대한민국임시정부의 여당으로 조직하고, 이를 통해 공화주의 민족혁명을 달성하고자 하였다. 한국독립당의 당의黨議와 당강黨綱은 그러한 목적에 부합하게 제정되었다. 한국독립당의 당의와 당강은 창당 다음 해인 1929년 3·1절을 기념하여 발표되었다. 먼저 그 당의를 살피면 일제의 침략과 압제로 "민족의 자존을 득하기 불능하고 세계적으로 공영을" 도모할 수 없게 되었으므로 "이에 본당은 혁명으로써 원수 일본의 모든 침략세력을 박멸하여 국토와 주권을 완전 광복하고, 정치·경제·교육의 균등을 기초로 한 신민주국을 건설하여서 안으로는 국민 각개의 균등생활을 확보하며 밖으로는 족여족族與族·국여국國與國의 평등을 실현하고 나아가 세계일가世界一家의 진로로 향"[43]한다고 규정하였다. 한국독립당의 당강은 다음의 7개조항으로 이루어져 있다.

① 국민의 혁명의식을 환기하고 민족의 총역량을 집중함.
② 엄밀한 조직 아래 민중적 반항과 무력적 파괴를 적극 진행함.
③ 우리의 광복운동에 대해 우호적으로 원조하는 국가 및 민족과는 절실히 연락함.
④ 보선제普選制를 실시하여 국민의 참정권을 평등하게 하고 국민의 기본권리를 보장함.
⑤ 토지와 대생산기관을 국유로 하여 국민의 생활권을 평등하게 함.
⑥ 생활상의 기본지식과 필수기능을 충분히 얻을 수 있도록 공비共費에 의하여 의무교육제를 실시하여 국민의 구

학논총』.

43 국사편찬위원회. 1965.『한국독립운동사』 3. 396쪽.

학권求學權을 평등하게 함.

⑦ 국제평등과 세계공영을 도모함.[44]

한국독립당의 당의와 당강을 같이 검토하면 주목되는 것은 민중적 반항과 무력적 파괴라는 혁명론으로 독립을 이룬다는 노선을 명확히 한 것과 민주 공화주의를 실현하기 위해 요구되는 정치·경제·교육의 평등을 제도적으로 보장하고 실현하려 한 점이다. 공화주의 민족혁명에 성공하려면 독립을 간절한 염원하는 민족 성원 각자의 자발적이고 적극적인 참여가 필수적이다. 민족의 자발적 참여를 이끌자면 민족의 독립이 민족 성원 각자의 정치적, 경제적, 사회적, 문화적 해방을 성취하는 것이어야 한다. 한국독립당은 독립의 목표를 "국민 각개의 균등생활"을 확보하는 "정치·경제·교육의 균등을 기초로 한 신민주국을 건설"로 제시하였다. 정치·경제·교육의 평등은 일제하 우리 민족의 간절한 염원이기도 했지만 동시에 독립한 민족국가에서 공화주의를 명실상부하게 구현할 사회적 조건이기도 하였다.

도산의 임시정부수립운동은 한국독립당 창당에 이르러 마침내 조선의 현실을 반영하여 구체성 있는 공화주의 민족혁명운동으로 진일보하였다.

44 위와 같음.

Ⅳ. 공화주의 시민교육과 흥사단

도산은 교육운동가로 불릴 만큼 민족운동에서 교육운동을 중시하였다. 그의 교육운동은 청년기 1899년 평양 강서군에 점진학교를 설립하면서 시작되었다. 그는 국권회복을 위해 교육학을 전공할 목적으로 미국유학을 떠났고, 1907년 귀국해 신민회 운동을 전개할 때에도 그는 대성학교를 설립하고 청년학우회를 만들었다. 한말까지 그의 민족운동은 국권회복을 위해 실력양성에 목표를 두었던 교육운동이라 해도 과언이 아니었다.

그러나 신민회 운동이 좌절되고 미국으로 돌아가 대한인국민회 결성을 추진하면서 도산은 독립운동의 노선을 공화주의 민족혁명운동으로 완전히 전환하였다. 공화주의 민족혁명운동은 민족의식을 가진 일부 선각자나 민족유지에 의해 주도되는 독립운동이 아니라 민족구성원 일반을 주권자로 각성시켜 그 권리와 의무를 실천하게 함으로써 민족혁명운동을 성취하는 것이었다. 그러한 까닭에 공화주의 민족혁명운동에서 그 중심 동력은 시민적 덕성으로 불리는 주권자로서의 권리 및 책임에 대한 국민적 각성과 실천이며, 따라서 이것을 개발하는 시민교육은 필수불가결한 핵심 사업이 된다. 이러한 필요에 따라 도산의 교육운동도 한말의 실력양성운동에서 민족혁명을 목표로 한 공화주의 시민교육운동으로 전환해 갔다.[45]

당시 조선인 대부분은 왕권국가의 신민臣民으로만 살았던 까닭에 공화주의 민족혁명운동을 전개하자면 시민교육이 특히 절실하였다. 도산은 공화주의적 국민의식을 일깨우는 시민교육이 다양한 분야에서 매

45 한만길. 1993. 앞의 논문.

우 적극적으로 이루어져야 할 것을 생각하였다. 그 각성은 중세적 신민에서 근대적 국민으로 전환하는 것을 의미하는 것으로 도산은 이를 인격혁명, 민족개조란 용어로 표현하였다. 민족개조의 핵심은 민족 각자가 먼저 공화국의 주권자임을 명확히 각성하고 그 책임을 다하는 것이고, 이를 바탕으로 민족혁명의 중핵이 될 국민의 의무 곧 개병주의皆兵主義·개업주의皆業主義·개납주의皆納主義를 실천하는 것이었다. 도산은 이러한 혁신을 위해 생활문화 전반의 개조가 필요하다고 보았다. 그는 개조의 대상을 "모든 것"이라 표현하였다. 곧 사람의 의식형성에 영향을 미치는 교육과 종교, 물질적 생존방식인 농업, 상업, 토목 등의 경제활동, 사회적 관계방식인 풍습과 습관, 음식, 의복, 거처 등 일상생활, 공동생활의 관계망인 농촌과 도시, 나아가 모든 문명의 토대가 되는 산과 강 등의 자연환경까지도 개조해야 한다는 것이다. 그러한 만큼 교육시설 또한 여러 방면에서 많이 만들어져야 한다고 보았다.[46]

도산은 그러한 교육시설을 기능에 따라 강습소·강연회장·도서관·박물관·구락부·학교 등으로 분류하였다.[47] 청소년 교육과 전문적 연구가 이루어지는 교육시설이 학교라면 강습소나 강연회장은 일반 시민을 대상으로 한 교육시설이었다. 도서관이나 박물관은 학생이나 일반시민 모두가 이용할 수 있는 공통시설이었다. 구락부는 실천에 중심을 두고 교육과 학습이 이루어지는 교육시설이었다. 도산은 근대 민족으로 각성시키는 교육이 온전히 이루어지기 위해서는 이러한 교육시설이 동리마다 갖추어져야 할 것으로 생각하였다.

도산이 미국에서 민족운동을 하면서 조직한 한인친목회나 공립협회, 대한인국민회의 주요 활동 가운데 하나는 이러한 교육을 실시하는

46 김신일. 1993. 앞의 논문.
47 이광수. 1947. 앞의 책. 141쪽.

것이었다. 특히 공화주의 민족혁명노선을 전면적으로 표방한 국민회는 그 출발부터 이러한 목표를 명확히 하였다. 국민회 결성을 축하하기 위해 『신한민보』 창간호에 기고한 국민회원 한국승은 국민을 "그 나라의 주인으로서의 백성 곧 주권자인 백성"을 의미하는 용어라 해석하고 국민회의 역할을 "국민의 자격을 양성하는 학교이며 국민의 의무를 실행하는 공소이며 국민의 권리를 확장하는 의회"[48]라고 정의하였다. 다시 말하면 국민회는 국민의 자격 곧 공화주의 덕성을 양성하는 시민교육 기구이고 이를 바탕으로 국민의 의무를 실행하고 권리를 확장하는 공화주의 민족혁명단체였던 것이다.

국민회는 무엇을 교육하는 것으로 국민의 자격을 길렀던가? 국민회는 국민의 자격을 갖추기 위해서는 국민으로서의 권리와 의무에 대한 각성이 마치 사람의 영혼과 육신의 관계와 같이 불가분하게 균형적으로 이루어져야 한다고 보았다. 곧 국민에게 제일 중요한 것은 그 나라를 보존하는 것인데, 그 나라를 보전하자면 국민으로서의 의무와 권리를 다 해야 하는 것이다. 그러한 국민의 의무로는 "그 나라에서 제정할 법률을 순복順服하며, 그 나라 공무에 직분을 다하며, 그 나라에 납세를 받치며, 그 나라에 위태한 때에 죽는 것을 상관치 않고 몸소 일하는 것"이다. 나라를 보존하는 국민의 권리란 "그 나라를 치리治理하는 데 필요한 의안을 제출도 하고, 그 나라에 방해될 의안이 제출될 때에 반대하는 것이며, 그 나라 관리를 선거하는 표결권과 관리에 선거되는 권리며, 그 나라 정부에 보호청구와 각색(각 분야에 -인용자) 필요한 일을 청구하는 것"[49]이다. 국민회는 이러한 의무와 권리를 국민회 헌장 제60조와 61조에 명시하고 이를 시민에게 각성시키고 실천하게 함으로써

48 「국민회를 축하함」. 『신한민보』. 1909.2.10. 1면.
49 「국민의 의무와 권리」. 『신한민보』. 1913.9.12. 1면.

국민의 자격을 기르는 학교 역할을 했던 것이다.[50]

또한 도산은 자신의 시민교육 구상을 이상촌 모델을 통해 제시하기도 하였다.[51] 그가 해외 독립운동기지로 구상한 이상촌은 200호 정도가 집단부락을 이루는 규모였는데 다양한 교육시설을 구비하였다. 이상촌의 공동시설 가운데는 교육시설로 이용되는 것으로는 공회당·학교·운동장·협동조합이 있었다. 먼저 공회당은 그 안에 담화실·도서실·오락실·부락사무소를 두어 협동생활의 훈련기관이 되게 하였다. 이를 통해 민주공화제에 부합하는 주권자의 덕성과 소양 곧 자치와 협동정신을 배우고 실천하는 것이었다. 다음으로 운동장에는 아동 유희장을 부설하고, 신식 체조경기시설을 설비하고, 태껸·태극권·태극검·그네·널뛰기 등 지·덕 교육과 결합된 체육을 연마할 수 있게 하였다. 도산은 이러한 시설을 통해 체력을 증진하고 용감한 정신을 배양함으로써 개병주의皆兵主義에 대비하려 하였다. 다음으로 학교는 민주시민의 덕성과 소양을 함양하는 보통교육 기능을 기본으로 직업인으로서 훈련하는 직업교육을 담당하였다. 도산은 민주시민이 되기 위해서는 주권자로서의 덕성과 소양 못지않게 경제적으로 자립하는 것이 필수적이라고 보아 학교에는 반드시 농업·양잠·임업·원예·목축의 학과를 설치하고, 공업방면으로는 건축·토목·요업·식료품가공·농구제조·목공·철공·농촌상업을 전문적으로 가르치게 하였다. 이를 통해 국민 개업주의皆業主義를 달성하려 하였고, 이를 토대로 국민 개납주의皆納主義를 실현하려 하였다. 말하자면 도산은 공화주의적 민족혁명에 필요한 민족 개조를 위해서는 최소 이러한 수준의 교육은 이루어져야 할 것으로 보았다.

---

50 앞의 자료.
대한인국민회헌장
제 60조 회원의 의무 1. 헌장에 복종 2. 공부에 복역 3. 의무금납입 4. 집회에 출석.
제 61조 회원의 권리 1. 의견제출 2. 가부표결 3. 임원선거 4. 보호청구.

51 이광수. 1947. 앞의 책. 156~159쪽.

그러나 도산은 우리 민족 일반을 대상으로 한 공화주의 시민교육만으로 공화주의 민족혁명을 준비하는 것은 충분치 않다고 보았다. 공화주의 사회에서는 구성원 각자가 주권자로 사회운영의 주체가 되는 것 못지않게 개인이나 집단 사이의 다양한 견해를 민주적으로 수렴해 다수가 합의하는 공론을 형성할 수 있는 역량이 반드시 필요하였다. 도산은 다양한 의견을 민주적으로 통일하기 위해서는 세 가지 조건이 필요하다고 보았다. 첫째는 다수 동포가 대동 집합할만한 상식이 있어야 하고, 둘째는 큰 단체를 옹호할만한 중추력이 있어야 하고, 셋째는 중추의 중심으로 단체 전부를 통어할 만한 지도자가 있어야 하는 것이다.[52] 첫째가 공화주의의 필요조건이라 한다면 둘째, 셋째는 충분조건이었다. 따라서 공화주의 민족혁명을 추진하기 위해서는 민족 일반을 대상으로 한 공화주의 시민교육에 더해 공화주의의 중추세력을 형성할 보다 고차적인 시민교육이 필요하였다.[53] 도산을 이를 위해 흥사단을 창설하였다. 도산은 중추를 중견세력으로 표현하기도 하였는데 흥사단의 목표를 민족사회의 혼과 같은 중견역할에 두었다.[54]

---

52 「전쟁 종결과 우리의 할 일」(1918.10. 1차대전 휴전이 성립되었을 때 흥사단우들에게 한 연설). 『전서』 중. 85쪽.

53 장리욱. 1987. 『나의 사랑 한반도야』. 흥사단출판부. 31쪽. 장리욱은 도산의 교육사업을 세 가지 종류로 나누어 ① 제도상의 정규교육, ② 갖가지의 사회적 시설을 통한 교육, ③ 사회 각 방면에서 지도적 역할을 할 수 있는 정수분자를 양성하는 특수조직책의 조직과 육성으로 정리하였다. 이 분류에 따르면 흥사단은 ③에 해당한다.

54 「건전한 인격자와 신성한 단결」(1926년 도산이 상하이에서 미국으로 건너가 흥사단 단우회 석상에서 한 연설). 『전서』 중. 210~211쪽.
넷째는 어느 민족이든지 모두 그 민족의 중견이 있습니다. 한 민족 가운데 사람마다 지식이나 경제력이나 기타 모든 힘이 꼭 같지 못합니다. 그리하여 유식계급과 무식계급, 유산계급과 무산계급 등 분간이 있게 됩니다. 지식이나 도덕이나 기타의 힘을 많이 가진 무리가 그 사회의 중견이 되는 것은 면치 못할 형세입니다. 이 중견 분자가 선량하면 그 전민족이 행복을 누리게 되고, 이 중견 분자가 선량치 못하면 그 민족이 패망을 받게 됩니다. 그러므로 그 민족 사회의 중견은 그 민족 사회의 혼과 같습니다.

흥사단은 신민회 운동시절 청년학우회 운동을 계승한 것이었다. 당시 도산은 평양에 대성학교를 설립해 실력양성운동을 펼치면서 이와는 별도로 청년학우회를 조직하였다. 청년학우회는 실력양성교육을 통해 국민적, 민족적, 사회적 자각을 이루어가는 청년들 가운데서 정예분자를 선발해 철저히 무실역행 정신에 입각해 이상과 목적을 책임 있게 실행할 능력과 정신을 기르는 청년운동단체였다. 도산은 청년학우회 운동을 통해 장차 민족운동의 중심이 될 중견세력을 키우고자 하였다. 그러나 일제의 탄압과 조선 병탄으로 신민회 운동이 좌절되자 도산은 미국으로 건너가 대한인국민회를 조직하여 공화주의 민족혁명운동을 전개하면서 동시에 청년학우회를 계승하는 흥사단을 조직하였다.[55]

흥사단 운동은 도산이 1911년 미국으로 돌아와 하상옥·정원도·강영소 등 세 청년과 함께 동맹수련을 시작하면서 시작되었다. 도산은 이때부터 여러 달을 고심하여 선정한 한국 8도를 대표하는 8명의 정예단원으로 1913년 5월 13일 샌프란시스코에서 흥사단을 조직하였다. 흥사단의 창단을 발기한 8명의 청년은 경기도 홍언, 강원도 염만석, 충청도 조병옥, 황해도 김항주, 경상도 송종익, 평안도 강영소, 함경도 김종림, 전라도 정원도 등이었다.[56] 도산이 직접 작성한 흥사단의 설립 목적은 "무실역행으로 생명을 삼는 충의 남녀를 단합하여 정의를 돈수하고 덕·체·지 삼육을 동맹 수련하여 건전한 인격을 작성하고 신성한 단결을 조성하여 우리 민족 전도 대업의 기초를 준비"하는 것이었다. 여기서 명확히 드러나듯이 흥사단은 민족의 독립과 발전을 가장 중요한 가치로 삼는 청년들로 구성된 고등한 수양단체로 동맹수련의 방법으로 무실역행의 인격혁명을 완성하고 신성단결을 훈련하는 것을 목적으로

55 이명화. 2008. 앞의 논문.
56 이광수. 1947. 앞의 책. 113쪽.

삼았다. 후일 도산은 흥사단의 설립목적을 "혁명을 중심으로 한 투사의 인격을 훈련하고, 혁명투사의 결합을 위한" 것이라 명확히 하였다.[57] 말하자면 그는 우리 민족의 전도대업 곧 민족혁명을 달성하기 위해 반드시 필요한 민족운동의 중견을 기르기 위해 흥사단을 창립한 것이다.

그러했던 까닭에 흥사단은 그 단원 선발과정부터 매우 엄격하였다. 도산은 자신이 직접 심사위원이 되어 장시간 질의문답을 하며 자격과 정신적 각오를 엄격히 심사한 연후에 입단을 승인하였고, 일단 입단이 되더라도 예비 단우의 자격으로 6개월 이상 의무를 이행하게 한 다음 다시 문답식과 서약례를 거쳐 정식 단우의 자격을 주었다.

흥사단 교육은 철저히 무실역행정신에 의거해 이루어졌고 건전한 인격을 기르고 단결을 훈련하는 데 집중하였다. "건전한 인격"과 "신성한 단결"은 도산이 가장 중시한 구국운동의 방법론이었다. 도산은 입버릇처럼 "나라를 사랑하느냐, 그렇거든 먼저 네가 건전 인격이 되어라"고 하며 인격 수양을 강조하였다. 건전 인격이란 스스로 무실역행하는 자립·자율적 공화주의자가 되는 것이자 외세의 지배로부터 민족을 독립시키고 이천만 동포의 평등과 자유 실현을 가장 소중한 가치로 여기는 실천적 민족주의자가 되는 것이었다.[58] 도산은 "건전한 인격" 수양에서 정신적 각성 못지않게 공화주의적 의무의 실천으로 개병주의皆兵主義·개업주의皆業主義·개납주의皆納主義를 중시하였다.[59] 흥사단원은 정직하게 실천하는 민족운동가가 되어야 하고 직업을 가지고 성실히 노동하며 그 수입으로 의무금을 납부하는 데 모범을 보여야 했다.

---

57 국회도서관. 1998. 『항일독립운동관계 도산안창호자료집(조선총독부 경무국소장 비밀문서)』. 124쪽.

58 한만길. 1993. 앞의 논문.

59 흥사단의 교육내용의 핵심을 보여주는 것은 입단문답이다. 이광수. 1947. 앞의 책. 114~143쪽. 참조.

도산은 이러한 인격수양과 함께 민족의 힘을 하나로 뭉칠 수 있는 단결훈련을 중시하였다. 도산은 신민회 운동의 좌절을 경험하면서 고질적 파당주의의 폐해를 뼈저리게 절감하였다. 그러했던 까닭에 개개인의 인격 혁명에 더해 서로의 이견을 민주적으로 해소하고 통일을 이루는 단결훈련이 오랜 파당주의 문화 속에서 살아온 조선인들에게는 특히 필요하다고 보았다. 그러한 관점에서 신성단결이라는 표현을 사용할 정도로 단결과 협동을 중시한 것이다.

흥사단은 건전 인격과 신성 단결이라는 교육목표를 흥사단만의 독특한 전문 교육법인 동맹수련을 통해 달성하려 하였다. 도산은 동맹수련이 필요한 이유를 먼저 기존 전통이 파괴되고 보잘 것 없기 때문에 청년들이 제 손으로 새로운 전통을 세우는 것이 불가피한 상황이고, 이 경우 단독으로 수련하는 것보다 동맹을 만들어 수련하는 것이 보다 성공적이기 때문이었다. 다음으로 동맹수련은 조선인들에게 특별히 필요한 단결력의 훈련에 더 없이 좋은 방법이기 때문이었다.[60]

흥사단은 정식 회원에 대해서도 동맹수련과 단우의 의무를 성실히 이행하지 않을 경우 출단 처벌을 내리는 등 회원관리도 엄격하게 하였다. 단우의 의무사항에는 단우회·월례회 등 집회 때마다 각자의 활동상황을 보고하는 통상보고 의무와 의무금 출연, 동맹저축, 동맹독서 등이 있었다. 또한 흥사단은 그 조직 구성과 운영도 일반 사회단체와는 달랐다. 평소 활동에서도 단우 8명으로 반을 구성해 반장을 두고, 3반으로 1중반, 3중반으로 1대반으로 편성하여 운영하였다. 또한 지역 단위로 지방회를 두었고, 지방회는 흥사단 창립요일인 매주 금요일마다 정기집회를 개최하게 하였다. 이러한 조직편성과 운영은 군대조직에 준하는 것으로 그렇게 운영한 것은 유사시에 기동성 있게 대처하기 위해

60 「건전한 인격자와 신성한 단결」. 『전서』 중. 210쪽.

서였다.

이와 같이 도산은 공화주의 민족혁명을 달성하기 위해 민족 일반을 상대로 한 보통교육 수준의 공화주의 민족교육과 혁명운동의 중추가 될 선별된 정예 민족운동가를 대상으로 동맹수련 위주의 보다 고차적이고 강도 높은 흥사단 교육을 실시하였고, 특히 후자에 많은 힘을 쏟았다. 그는 이러한 교육사업을 독립운동이 치열하게 전개되는 시기에도 절대로 소홀히 해서는 안 되는 민족운동의 중심사업의 하나로 중시하였다.[61] 그가 추구한 것이 공화주의 민족혁명이었고, 그 혁명의 동력을 강력하게 만드는 것이 바로 주권자로서의 민족적 각성이었기 때문이다.

도산의 교육운동은 그가 상하이임시정부 수립운동에 참여하던 시기에도 변함없이 지속되었다. 도산은 1919년 4월 상하이에 도착한 직후부터 수시로 연설회를 개최하며 상하이로 망명해 있던 동포와 민족운동가들을 상대로 공화주의 민족교육을 실시하였다. 중국으로 망명하였던 동포들은 미국의 동포들과는 달리 공화주의에 대한 경험이나 식견이 거의 없었다. 그러했던 까닭에 상하이에서 도산은 동포들을 상대로 공화주의를 계몽하고 교육활동에 더욱 치중할 수밖에 없었다.

이와 함께 미국에서 흥사단 활동을 하였던 정인과, 박선, 김항주를 데려와 상하이에서 흥사단을 설립하는 활동에 착수하였다. 도산은 미국에서 시행한 흥사단 입단 방법에 따라 단원을 선발하여 동맹수련을 시작하였다. 그렇게 입단한 단원이 증가하자 1920년 9월 미국의 흥사단 본부에 청원하여 '흥사단 원동 임시 위원부'를 설치하였다. 원동위원부는 중국·연해주·일본·국내 지역을 포괄하는 흥사단 조직으로 발전

---

61 「6대사업(시국대강연)」(1920.1.3.~5.). 『전서』 중. 134쪽. 독립운동 기간에 우리는 교육에 힘씀이 마땅할까요? 나는 단언하오. 독립운동 기간일수록 더 교육에 힘써야 한다고. 죽고 살고 노예되고 독립됨이 판정되는 것은 지력과 금력이오.… 독립을 위해 공부를 게을리 아니 하는 이야말로 독립의 정신을 잃지 아니하오. 국가를 위하여 독립을 위하여 시간 있는 대로 힘써 공부하시오.

하였고, 독립운동의 최일선에 설치되었던 특성을 반영해 민족혁명운동의 중추가 될 인물을 양성하는 교육기관으로서 뿐만 아니라 적극적으로 독립운동을 지원하고 실천하는 역할을 수행하였다.[62]

당초 흥사단은 민족혁명운동의 중추를 형성할 목적으로 설립되었고, 교육과정 또한 동맹수련 위주로 전문적이고 고차적이었다. 도산은 흥사단 단우들이 민족혁명운동의 중추가 될 기본 준비가 되었다고 판단되자 1919년경부터 흥사단의 최고 유일의 목적을 "조선독립"으로 변경하였고, 한국독립당 활동을 시작한 1929년 2월에는 흥사단을 "혁명을 중심으로 하는 훈련단체"로 전면 전환한다고 선포하였다.[63]

V. 맺음말

도산은 평양에서 벌어진 청일전쟁을 목격하면서 민족문제에 눈을 뜨게 되었다. 그는 이 전쟁을 목격하면서 조선이 외세를 물리칠 힘이 없음을 뼈저리게 자각하고 실력양성운동에 참여하게 된다. 그는 서울로 올라가 선교사가 세운 구세학당에 입학하여 근대학문을 배우고 독립협회운동에 참가하였으며 평양에서 점진학교를 설립하여 서구의 근대교육을 확산하기 위해 노력하였다. 그의 이러한 노력은 미국유학으로 나

---

62 이명화. 1994.「흥사단원동임시위원부와 도산 안창호의 민족운동」.『한국독립운동사연구』 8.
장석홍. 2005.『임시정부 버팀목 차리석 평전』. 역사공간.
박수현. 2014.『임시정부와 흥사단을 이끈 독립운동계 재상 차리석』. 역사공간.

63 국회도서관. 1998.『항일독립운동관계 도산안창호자료집(조선총독부 경무국소장 비밀문서)』. 127쪽.

아가고, 러일전쟁을 계기로 일본의 침략이 급속히 확대되자 귀국과 더불어 시작된 신민회운동으로 이어졌다. 신민회의 운동은 대성학교·청년학우회·태극서관·자기회사의 설립과 국외 독립운동기지 건설 등으로 전개되었다.

그러나 도산의 국권회복운동은 일제의 신민회 탄압과 조선병탄으로 좌절되고 말았다. 그 과정에서 도산은 일제의 탄압뿐만 아니라 조선의 민족운동에도 이 신민회운동을 좌절시킨 중대한 두 가지 약점이 있음을 발견하였다. 하나는 유지들의 재력에 의지해 독립운동을 하는 한계였다. 다른 하나는 민족운동가들이 주도권 다툼으로 쉽게 분열하여 서로 시기하고 단합과 협동을 이루어내지 못하는 한계였다. 도산은 이 한계를 극복하는 방법을 자유 독립의 가치를 자각한 민족 구성원들의 통일 연합에 기반을 둔 민족혁명운동에서 찾았다. 그의 이러한 인식 전환은 친목회를 공립협회로 발전시키는 과정에서 이루어졌다. 그 과정에서 도산은 공화주의적 각성에 의거한 우리 동포들의 통일과 연합이 정신적으로나 물질적으로 민족혁명의 강고한 토대가 될 수 있음을 확인하였다.

그는 1907년 미국에서 귀국하기 직전 대한인신민회를 조직하고 장정과 취지문을 작성할 때 이미 공화주의 민족혁명운동이 민족운동이 발전해가야 할 방향이라 인식하고 있었다. 그는 신민회 운동의 실패를 경험하면서 이를 확고히 하고 미국으로 건너가 공립협회를 발전시킨 대한인국민회 운동을 전개하였다. 대한인국민회는 1912년 11월 중앙총회를 발족시키면서 해외 한인들의 독립운동이 공화주의 민족혁명운동으로 전환하였음을 선포하였다. 대한인국민회는 중앙총회 출범 당시 116개 지방회 관할 지역에 거주하는 한인들을 전부 자동적으로 국민회원이 되게 하고 지정된 의무금을 납부하게 하며 자치제도를 실시하도록 선언함으로써 제한적이지만 새로운 공화국을 수립하려 시도한 것이었다. 도산은 해외 한인을 망라하는 대한인국민회를 인적, 물적 토대로 삼아 일제로부터 해방을 쟁취하는 독립운동과 민족국가건설운동을 완수하려 하였다.

이와 함께 도산은 흥사단을 창단하였다. 도산은 흥사단을 "혁명을 중심으로 한 투사의 인격을 훈련하고, 혁명투사의 결합을 위한" 달리 말해 공화주의 민족혁명운동의 중견세력을 형성할 목적으로 설립하였다. 도산은 공화주의 민족혁명운동의 힘은 민족의 대동단결에서 형성되는 것이라 하고, 대동단결을 이루려면 그 구심이 될 중추세력과 지도자가 필요한데 이를 길러내기 위한 조직이 흥사단이었다.

1919년 국내외에서 3·1운동이 거세게 일어나자 도산은 미주 동포들이 전면적으로 독립운동을 펼쳐야 한다고 주장하고 대한민국 임시정부 수립운동에 참여하였다. 대한민국 임시정부는 그 정체로 민주공화제를 채택하였다. 도산은 임시정부의 내무총장과 노동부총판을 맡아 각료의 일원으로 참여하면서 임시정부가 공화주의 민족혁명운동을 이끄는 명실상부한 민족운동의 최고 사령탑이 될 수 있도록 노력하였다. 그의 활동은 다양한 연설기회를 활용해 상하이에 모인 민족지도자들이 공화주의 혁명가가 되도록 이끄는 한편 임시정부가 민족운동의 최고지도부로서 대표성을 가지도록 만드는 방향으로 전개되었다.

도산은 민족운동의 발전을 위해 시급한 것은 과거에 신민으로 살았던 습관을 스스로 황제가 되는 습관으로, 따라서 인민 전체가 주권자가 되는 습관으로 개조해야 하는 것이라 역설하였다. 이와 함께 도산은 다양한 의견과 행동을 민주적 방식으로 통일하는 훈련이 반드시 필요하다고 강조하였다. 그는 민족적 통일 없이는 독립을 성취할 수 없다고 전제하고 독립을 달성하자면 반드시 통일을 이루기 위해 노력해야 한다고 거듭 거듭 강조하였다.

그러나 이러한 노력에도 불구하고 임시정부가 끝내 분열을 극복하지 못하고 국민대표회의도 성과 없이 끝나자 도산은 임시정부를 떠나 남경, 북경, 북중국의 화북지역과 만주 나아가 내몽고·동남아 방면을 답사하면서 독립운동의 기지가 될 이상촌 건설을 추진하였다. 이상촌 건설운동은 망명지에서 임시정부운동의 국민적 기반을 조성할 필요가 절실했기 때문이다. 도산은 이상촌에 동포를 결집시켜 생활을 안정시키고 이들을 정부의 민적에 등록시켜 국민개병國民皆兵과 국민개납國民皆納의 의무를 지도록 할 계획이었다. 그는 이러한 방식으로 임시정부의 재정을 안정시키고 군사준비를 추진하고자 하였다. 동시에 그는 이러한 이상촌을 민주적인 공화주의 자치제로 운영하도록 함으로써 민주공화국 건설의 기초단위가 되게 하였는데 이는 그가 미주에서 만든 대한인국민회와 공통된 성격을 갖는 것이었다.

도산의 공화주의 민족혁명운동을 발전시키려는 노력은 이후 민족유일당 운동과 한국독립당 창당으로 이어졌다. 러시아의 소비에트 혁명이후 민족운동에도 사회주의가 큰 세력을 형성하였고, 이로 말미암아 분열이 일어나면서 민족통일전선을 구축하는 일이 민족운동 발전의 중심과제로 떠올랐다. 도산은 1926년 7월 8일 상하이 삼일당에서 열린 공개강연회를 통해 임시정부의 유지를 전제로 대독립당을 조직하자고 제안하였다. 그의 제안은 민족·사회주의 양 진영으로부터 큰 호응을 받았으나 1927년 중국의 국공합작이 파탄나면서 유일당 결성은 결국 실패하였다. 유일당 조직이 실패하자 도산은 민족주의 진영 내에서만이라도 통일된 정당을 만들 것을 제안하여 1928년 3월 25일 한국독립당을 결성하였다.

한국독립당은 민주 공화주의를 실현하기 위해 요구되는 정치·경제·교육의 평등을 제도적으로 보장할 것을 강령으로 정했다. 공화주의 민족혁명에 성공하려면 민족 성원의 자발적이고 적극적인 참여가 필수적이다. 민족의 자발적 참여를 이끌자면 민족의 독립이 민족 성원 각각의 정치적, 경제적, 사회적, 문화적 해방을 성취하는 것이어야 한다. 한국독립당은 독립의 목표를 "국민 각개의 균등생활"을 확보하는 "정치·경제·교육의 균등을 기초로 한 신민주국을 건설"로 제시하였다. 도산의 임시정부수립운동은 한국독립당 창당에 이르러 마침내 조선의 현실을 반영하여 구체성 있는 공화주의 민족혁명운동으로 진일보하였다.

도산은 대한인국민회 중앙총회 발족 이후 줄곧 공화주의 민족혁명운동을 주창하고 실천하는 데 온 힘을 쏟았다. 공화주의 민족혁명운동은 민족의식을 가진 일부 선각자나 민족유지에 의해 주도되는 독립운동이 아니라 민족구성원 일반을 주권자로 각성시켜 그 권리와 의무를 실천하게 함으로써 민족혁명운동을 성취하는 것이었다. 그러한 까닭에 공화주의 민족혁명운동에서 그 중심 동력은 시민적 덕성으로 불리는 주권자로서의 권리 및 책임에 대한 국민적 각성과 실천이며, 따라서 이것을 개발하는 시민교육은 필수불가결한 핵심 사업이 된다. 이러한 필요에서 도산은 민족운동에서 시민교육운동을 특히 중시하였다.

도산은 공화주의적 민족혁명운동을 발전시키기 위해서는 근대적 민족의식을 일깨우는 시민교육이 다양한 분야에서 이루어져야 할 것을 생각하였다. 근대적 민족의식의 각성은 중세적 신민에서 근대적 국민으로 전환하는 것을 의미하는 것으로 도산은 이를 인격혁명, 민족개조란 용어로 표현하였다. 그 개조의 핵심은 민족 각자가 민주공화국의 주권자임을 명확히 각성하는 것이고, 이 각성을 바탕으로 민족혁명의 동력이 될 국민의 의무이자 책임인 개병주의皆兵主義·개업주의皆業主義·개납주의皆納主義를 실천하는 것이었다. 도산은 이러한 혁신을 위해 생활문화 전반의 개조가 필요하다고 보았다. 도산의 이상촌 건설운동 또한 이러한 문제의식 아래서 구상되었다.

도산은 이를 기반으로 민족혁명을 달성하기 위해 반드시 필요한 민족운동의 중견을 육성할 목적으로 1912년 흥사단을 창설하였다. 공화주의 사회에서는 구성원 각자가 주권자로 사회운영의 주체가 되는 것 못지않게 개인이나 집단 사이의 다양한 견해를 민주적으로 수렴해 다수가 합의하는 공론을 형성할 수 있는 역량이 반드시 필요하다. 흥사단은 이러한 공론을 형성하고 통일을 이루어 낼 중추세력과 지도자를 양성하는 보다 고차적이고 강도 높은 교육조직이었다. 흥사단 교육은 철저히 무실역행정신에 의거해 동맹수련에 의거해 건전한 인격을 기르고 단결을 훈련하는 데 집중하였다. 건전 인격이란 스스로 무실역행하는 자립·자율적 공화주의자가 되는 것이자 외세의 지배로부터 민족을 독립시키고 이천만 동포의 평등과 자유 실현을 가장 소중한 가치로 여기는 실천적 민족주의자가 되는 것이었다. 도산은 "건전한 인격" 수양에서 정신적 각성 못지않게 공화주의적 의무의실천으로 개병주의皆兵主義·개업주의皆業主義·개납주의皆納主義를 중시하였다.

도산은 민족 일반을 상대로 한 보통교육 수준의 공화주의 민족교육과 혁명운동의 중추가 될 선별된 정예 민족운동가를 대상으로 한 흥사단 교육을 독립운동이 전개되는 모든 시기에 시행해야 할 민족운동의 핵심사업으로 중시하였다. 도산의 민족교육운동은 1920년 9월 흥사단 원동위원부를 설치하는 등 상하이임시정부 수립운동에 참여하였던 시기에도 변함없이 지속되었다. 흥사단 원동위원부는 도산이 피체된 이후에도 조직을 유지하였고 해방을 맞을 때까지 활동을 이어갔다.

참고문헌

1. 자료집

『공립신보』

『신한민보』

『조선일보』

국사편찬위원회. 1965. 『한국독립운동사』 1·3.

국회도서관. 1998. 『항일독립운동관계 도산안창호자료집(조선총독부 경무국소장 비밀문서)』.

도산기념사업회. 1990. 『안도산전서』 상·중·하. 범양사.

이광수. 1947. 『도산 안창호』. 흥사단출판부.

주요한 편. 1963. 『안도산전서』. 삼중당.

흥사단. 1950. 『기러기』 70호.

2. 참고문헌

김도훈 외. 2008. 『1910년대 국외항일운동 Ⅱ-중국·미주·일본』. 한국독립운동사연구소.

김신일. 1993. 「식민통치하의 도산의 교육운동」. 도산사상연구회. 『안도산전서』 하. 범양사.

김형식. 「평양 대성학교와 안창호」. 『삼천리』 1932년 1월호.

박만규. 1985. 「삼균주의 정립의 민족운동사적 배경 고찰」. 『변태섭박사화갑기념사학논총』.

박만규. 1991.「한말 안창호의 신민회 조직과 준비론 주장」.『전남대 용봉논총』 20.

박명림·김상봉. 2011.『다음 국가를 말하다–공화국을 위한 열세 가지 질문』. 웅진 지식하우스.

박수현. 2014.『임시정부와 흥사단을 이끈 독립운동계 재상 차리석』. 역사공간.

신용하. 1993.「도산 안창호와 신민회 창립」. 도산사상연구회.『안도산전서』 하.

윤병석. 1995.「미주에서의 도산 안창호의 민족운동」.『도산안창호의 사상과 민족운동』. 학문사.

이명화. 1993.「도산 안창호의 독립운동과 노선」.『안도산전서』 하. 범양사.

이명화. 1994.「흥사단원동임시위원부와 도산 안창호의 민족운동」.『한국독립운동사연구』 8.

이명화. 1997.「도산 안창호 연구의 성과와 과제」.『한국근현대사연구』 6.

이명화. 2000.「도산 안창호의 이상촌운동에 관한 연구」.『한국사학보』 8.

이명화. 2008.「도산의 교육관과 초기 미주 한인사회의 교육–대한인국민회의 교육운동을 중심으로」.『한국독립운동사연구』 31.

장리욱. 1987.『나의 사랑 한반도야』. 흥사단출판부.

장석홍. 2005.『임시정부 버팀목 차리석 평전』. 역사공간.

정경환. 2011.「도산 안창호의 국가론에 관한 연구」.『민족사상』 5(3).

정경환. 2015.「도산 안창호의 교육철학에 관한 연구」.『민족사상』 9.

조승래. 2010.『공화국을 위하여』. 도서출판 길.

최기영. 2002.「도산 안창호와 대한인국민회」.『도산학연구』 8.

한만길. 1993.「도산 안창호의 민족교육론」. 도산사상연구회.『안도산전서』 하. 범양사.

한국 민주시민교육의 현황과 과제

심성보

한국 민주시민교육의 현황과 과제

—

심 성 보

Ⅰ. 민주적 시민성을 위한 민주시민교육의 요청

시민市民(citizen)[01]이란 정치, 경제의 행위 주체자로서의 각성된 개인이며, 이들 시민은 공동체적 자치를 일구는 실질적인 국가의 구성원이다. 시민은 그런 사회를 구성하는 주권적, 주체적 개인이며, 이해갈등과 계급적 대립으로 파열하기 쉬운 사회질서를 공적 담론과 공적 기구를 통하여 유지·존속시켜 나가는 근대적 개인을 말한다. 근대 이후의 시민혁명을 거친 근대적 개인은 사회를 구성하는 주체이면서 시민사회의 일원이 되는 것이며, 개인과 사회가 근대성을 획득해가는 과정에서 개인은 시민으로 발전한다. 이렇게 시민이 된다는 것은 국가의 불합리한 통제와 개입을 물리치고 천부인권을 부여받은 시민이 도덕과 공익에 의거하여 자율적으로 통치해 나가는 의미로 발전해가는 것을 뜻한다. '시민'은 민주주의 주체로서 자유와 권리를 인식하고 공동의 문제에 관심을

01 '시민'의 가장 간단한 의미는 '도시의 거주민'이다. 즉, 市民은 '市'의 '民'이다. 그런데 원래 도시의 거주민을 뜻하는 라틴어 'civis'라는 어원에서 처음 출발한 시민은 당시 '도시라는 장소에 거주하는 사람'이라는 의미에 한정되지는 않았다. 그것은 단순히 아테네와 로마에 거주하는 사람을 의미하지 않고, 특정한 지위와 정치적 권리를 가진 사회집단을 의미하였다. 즉 시민은 법 제정자/입법자로 자처하는 존재다. 시민은 종교적 통치로부터 자유롭고, 개인됨을 바탕으로 정치 제도화에 참여할 권리를 갖춘 사람을 의미하였다.

갖고 참여하는 주체를 의미한다.

그런데 민주주의는 민주주의자인 '시민' 없이는 작동할 수도 유지될 수도 없다. 그리고 이 시민은 사람이 나면서부터 저절로 되는 것이 아니다. 사람은 민주주의를 작동시킬 수 있는 역량을 갖추어야 비로소 시민이 될 수 있다. 또 자신의 권리가 무엇인지를 알 뿐만 아니라 자신의 의무나 갖추어야 할 덕목이 무엇인지도 배워야 한다. 그러한 역량과 권리와 의무 및 덕목인 '시티즌십(citizenship: 시민성)'을 갖춰야 비로소 민주적 시민이 될 수 있다. 따라서 시민성에 민주주의 정신을 더욱 강조한 민주적 시민성(democratic citizenship)은 민주주의를 지지하는 사회구성원으로 살아가는 모든 사람이 평생에 걸쳐 실천 행위를 통해 추구해야 할 가장 넓은 의미의 가치라고 할 수 있다.

민주적 시민성은 다음과 같은 세 가지 가치를 추구한다. 첫째, 자기가 속한 공동체에 개인적으로 책임지는 시민성(personal citizenship)으로서 개인의 도덕적 책임, 인격, 정직, 성실, 자제력, 근면 등의 가치를 추구한다. 둘째는 참여하는 시민성(participatory citizenship)으로서 지역사회 참여, 공적 문제와 지역사회의 사회적 삶에 적극적으로 참여함, 관계성, 공동의 이해, 신뢰와 집단적 헌신, 그리고 특정의 공동체 문제나 기회를 넘어서려고 한다. 셋째는 정의를 추구하는 시민성(justice-oriented citizenship)으로서 사회적 이슈에 대한 비판적 분석, 사회적 불의의 해소, 구조적 비판, 자선과 자원봉사를 넘어서는 사회운동을 통한 체제의 변화 등을 시도한다(Biesta, 2011: 28-31; Westheimer & Kahne, 2004: 237-269).

민주시민성은 태어날 때부터 그리고 지금부터 시작되는 것이다. 아이들의 민주시민성은 또래들 사이 그리고 그들과 관계를 맺고 있는 어른들과의 상호작용 속에서 이루어지는 학습과정의 결과이다. 아이들의 시민성은 아이와 어른의 서로 '주고-받는' 상호의존의 관계 속에서 만들어진다고 할 수 있다(Liebel, 2012: 37). 아이들이 성숙한 어른으로 자라나도록 하기 위해서는 그들이 민주적 시민성을 지니도록 필요한 지식과 기술을 체계적으로 학습하게 하지 않으면 안 된다. 그리고 그것은 저절로 만들어지는 것이 아니라 노력과 실천을 통해 이루어지는 것이다. 왜냐하면 민주시민성은 어려서부터 보고 배우는 지속적이고 의도적인 훈련과 습관의 결과이기 때문이다.

아이들의 민주적 시민성을 길러주는 데서 제일 중요한 관건은 아이들을 미래의 생산적 시민[02]으로 준비시키는 동시에 현재의 시민으로 대우하는 일이다(Piper, 2012: 148-152). 아이들은 '지금의 시민'이라고 할 수 있다(Ross, 2012: 41). '시민으로서의 아이들' (child as citizen/citizen child)은 아이들을 단순히 미래의 시민이 아니라 '현재-이곳의 시민'으로 대우해야 나중에 시민이 될 수 있다는 것이다. '비-시민'인 학생이라는 존재가 순식간에 민주시민이 될 수 없다. 사실 아이들은 그동안 신민의 노예처럼 시민으로서 자격을 누리지 못하였다. 따라서 현재의 아이를 권리를 가진 시민, 참여적이고 능동적 시민으로서 현재의 시민으로 인정하지 않으면 안 된다. 아이들을 현재의 시민으로 대우하지 않으면 아이들은 나중에 어른이 되어서도 시민으로 변화되지 않기 때문이다.

그러기에 미성숙하고 약자의 처지에 있는 아이들은 상처받기 쉬운 취약성(vulnerability)을 갖고 있기 때문에 더욱 조심스럽게 다루지 않으면 안 된다. 아이들을 시민으로 대우한다는 것은 그들에 대한 특별한 돌봄과 존중이 요구된다는 말이다. 그렇지 않으면 아이들의 악함이 더욱 자라 폭력적인 아이가 되기 쉽고 나아가 민주적 시민으로 자랄 수

---

02 아이들에 대한 '미래의 생산적 시민' 이미지는 앞으로 '되어가는' 노동자로서 미래의 직업을 가진 시민이 되기 위해 준비하는 것을 말한다.

가 없다. 따라서 배우는 과정에 있고 아직 미성숙하다는 이유로 학생을 함부로 취급해서는 안 된다.

오늘날의 민주주의 위기는 교사의 시민적 지식, 기술, 그리고 자질의 결여 때문이 아니라, 개방적인 민주적 실험을 수행하지 못하는 데 있다. 그러기에 기존 사회에 적응시키는 사회화를 위한 학습을 할 것이 아니라, 더 좋은 시민을 위해 더 많은 민주주의와 더 좋은 민주주의를 필요로 하는 '주체화를 위한 학습'을 할 필요가 있다. 교육의 민주주의를 더욱 공고화하기 위해 '민주적 주체성'을 강고하게 구축해야 한다. 민주적 주체성은 민주적 인간(democratic person)에 대한 개체적/인격적 개념(칸트, 피아제, 콜버그 등),[03] 사회적/공동체적 개념(마가렛 미드, 존 듀이),[04] 정치적/폴리스적 개념(한나 아렌트)[05]을 갖는 것이다(Biesta, 2006: 127-135).

이렇게 볼 때 학교교육은 아이들이 민주적 인간에 대한 세 가지 속성이 융합된 주체성을 경험하도록 해주어야 한다. 이러한 학습 과정은 아이들의 능력이 발달되어 일어나는 것이 아니라, 아이들이 필요로 하고

---

03 민주적 교육에 대한 '개체적(individualistic)' 개념은 타인에 의해 이끌리는 것이 아닌 스스로 생각하고 판단하는 자율성과 비판적 사고를 소중하게 여기는 합리적 주체/자율적 주체를 강조한다. 합리적 자율성을 바탕을 둔 자유주의자들의 주체성 이해가 민주적 교육에 상당한 영향을 미쳤지만, 이들의 개인주의와 합리주의는 강한 비판을 받았다. 칸트의 개체적 개념은 주체성의 사회적 물질적 그리고 정치적 조건을 묻지 않고 있다.

04 민주적 교육에 '사회적(social)' 개념을 제창한 듀이는 마음은 원초적 자료에 있는 것이 아니라 습득되는 것이라고 하였다. 듀이에게 있어 민주적 인간에 대한 사회적 개념은 사회적 조건이 설정하는 교육에 의해 만들어진다. 공동의 삶의 양식을 형성하기 위한 소통을 강조하지 현실적으로 존재하는 계급간의 갈등과 불평등을 말하지 않고 있다.

05 아렌트는 정치란 자유롭고 평등한 시민 사이에서 일어나는 상호작용이기 때문에 인간 활동에서 가장 중요한 형태라고 말한다. 그리하여 정치는 삶에 의미를 부여하고 각 개인이 지니고 있는 개성을 확인하는 것이다. 여기서 더 나아가 모든 시민의 직접적이고 지속적인 참여를 통해서만 국가를 공공선에 묶어 둘 수 있기 때문에 정치와 민주주의는 정당 민주주의 속에 갇혀서는 안 되며, 국가라는 틀을 넘어서려는 전복적 에너지를 가지고 있어야 한다.

스스로 사회생활에 참여하는 구체적 경험에 의해 일어나고 자신의 중요성을 자각하면서 생기는 것이다. 이러한 학습과정은 아이들의 자력화와 스스로의 자존감/자신감의 육성을 향한 교육적 프로젝트 또는 아이들 스스로 조직하거나 관리하는 활동—때로는 연대를 통해 행동하는 어른들의 지원에 의한—의 결과라고 보아야 한다. 아이들의 시민성은 어른의 세계와 마주하고 있는 '사회적 위치'로부터 시작한다. 기본적으로 어른들의 말을 고분고분 듣는 순종적 태도를 갖는 것도 중요하지만, 때로는 어른의 행위에 도전하고 저항하지 않으면 안 되는 경우도 많이 있다. 이럴 경우 어른들에 의해 만들어진 것이 아닌, 아이들 스스로 자신의 정치적 공간을 만들어야 한다. 어른들이 미리 규정한, 이미 만들어놓은 공간에 한정해서는 안 된다. 이런 의미에서 '아래로부터 시민성'을 구성하는 것이 매우 중요하다(Liebel, 2012: 38-42).

민주적 시민성을 함양하고자 하는 '민주시민교육'(education for democratic citizenship)은 민주주의의 민주주의다움을 보장하는 가장 기초적인 필수 전제라고 할 수 있다. 모든 민주주의 국가는 다양한 차원에서 그리고 다양한 방법과 수단을 통해 그러한 시민을 길러내기 위한 교육의 체계를 갖추지 않을 수 없다.

그동안 민주시민교육이 무엇인가를 중심으로 한 개념 논쟁이나 민주시민교육 전개과정을 중심으로 한 주도성 논의가 일부 이루어지고, 미국, 독일, 영국, 스웨덴을 중심으로 한 외국의 민주시민교육 사례와 함의 등이 소개되는 정도였다. 또 민주화의 진전과 함께 시민사회가 활성화되면서 시민단체를 통한 주민참여와 시민교육을 위한 여러 프로그램이 진행되기는 하였으나 체계적 작업이 진행되고 있는 것은 아니었다.

그리고 기존의 연구는 아이들을 현재의 시민으로 인정하지 않고 어른의 관점이 강하다. 가정, 학교, 지역사회의 유기적 연계성을 논의한 연구도 부족하다. 그래서 민주시민교육에 대한 새로운 이해를 바탕으로 한국 민주시민교육에 대한 동향, 즉 학교교육과 평생교육의 현황을 살펴보고자 한다. 나아가 한국 민주시민교육의 과제를 제시하고자 한다.

Ⅱ. 한국 민주시민교육의 현황

1. 학교교육에서의 민주시민교육 현황

우리나라는 역사적으로 일제 식민지 지배, 오랜 냉전적 억압과 군사독재로 인하여 시민의 사회참여, 정치참여의 기회가 극도로 제한을 받아왔다. 그로 인해 국민들은 신민적 태도를 내면화해 왔기에 순응적인 태도를 보였다. 국민윤리교육, 국민정신교육, 이데올로기 교육, 사회정화교육, 반공안보교육 등 다양한 이름의 길들이기 교육을 받았다. 그러던 것이 1987년 6월 민주화 항쟁으로 교육민주화에 대한 요구가 커져가면서 체제유지적 공민교육은 약화되거나 변화의 모습을 보였다. 그 결과 풀뿌리지역사회에서의 시민교육, 자기주도학습, 참여학습, 체험학습, 학습동아리의 결성과 연대적 실천, 참여자 중심의 교수방법 등의 민주시민교육방법이 제창되었다. 처음 '민중교육'으로부터 시작된 민주시민교육은 시민사회의 발전과 함께 민주시민교육에 대한 관심은 커져갔다. 특히 1995년 문민정부의 등장 이후 '민주시민교육'이라는 이름으로 사회과나 도덕과 또는 자율재량활동 등을 통해 활성화되기 시작하였다.

오늘날 1990년대 후반에 시작하여 최근에 이르기까지 20대 국회에까지 민주시민교육 제도화를 위한 법제화의 노력이 국회에 상정되고 폐기되기를 반복하고 있다. 이후 권위주의 정권이 들어서면서 학교폭력 사태가 빈발하자 2014년 5월 26일 〈인성교육진흥법〉이 발의되었다. 그런데 이 법의 탄생을 둘러싸고 끊임없이 논란이 일어났다. '인성교육진흥법'이 개인의 품성 함양에 초점을 두었기 때문이다. 특히 민주시민교육을 중시하는 지역의 진보교육청을 중심으로 반발이 심했다. 효, 예, 애국심 등 봉건적/수직적 질서로 회귀하는 소극적 시민성을 중시하는 중앙정부의 정책과 인권과 민주주의 등 적극적 시민성을 강조하는 지역교육청의 갈등이 심했다. 2014년 진보교육감이 대거 출현하면서 그 정도는 더 심했다.

그러던 것이 2017년 권위주의 정권을 밀어낸 촛불정권이 출범하면서 민주시민교육은 국가교육정책으로 설정되면서 인성교육정책은 밀리기 시작하였다. 교육부는 '포용적 민주주의'[06]를 실현할 성숙한 민주시민을 양성하기 위해 〈교육부의 민주시민교육활성화를 위한 종합계획(2018. 12.)〉을 발표하기에 이르렀다.[07] 교육부는 민주시민교육의 개념을 "비판적 사고력을 가진 주체적인 시민이 민주주의의 가치를 존중하고 서로 상생할 수 있도록 민주시민으로서의 역량을 향상시키는 교육"으로 정의한다. 민주시민의 역량으로는 민주주의의 기본원리와 핵심가치에 대한 지식과 이해, 타인의 권리와 존엄성을 존중하고 다원성을 인

---

06 차별과 혐오가 없는, 누구도 배제하지 않는 '포용적 민주주의'를 실현하기 위해 민주시민교육이 그 어느 때보다 필요한 상황이다.

07 〈교육부의 민주시민교육활성화를 위한 종합계획〉의 취지는 급격한 사회변화와 사회적 신뢰 부족으로 계층·세대·성별·이념 간의 갈등과 혐오문제가 어느 때보다 복잡다양한 형태로 발생하여 사회통합을 위협하고 있다는 문제의식에서 출발한다. 사회적 갈등은 불가피한 측면이 있고 사회발전을 유도하는 순기능도 있으나, 지나친 갈등은 사회의 존립자체를 위협할 수 있지만, 지나친 갈등은 사회의 해체를 초래할 수 있다. 우리나라는 최근 이러한 문제의식을 가지고 성숙한 민주시민 양성을 위한 민주시민교육 정책 및 과정을 편성·운영하고 위해 각종의 정책과 방안을 내놓으며 실천을 모색하고 있다.

정하는 시민적 관용, 공공생활에 적극적으로 참여하고 실천하는 시민적 효능감, 사회·정치적 문제를 객관적으로 파악하는 비판적 사고력, 대화와 토론으로 문제를 해결할 수 있는 능력과 기술, 약자를 보호하고 정의와 상생의 원칙에 따른 협력과 연대 등을 중시하고 있다.

그런데 학교 및 사회의 민주화 담론이 소개된 지 30여년의 역사가 흘렀지만, 민주시민교육의 실천은 큰 진척을 보이지 못하고 있다. 외형적으로는 민주시민교육을 주창한다고 하더라도 현실에서는 여전히 순응적 시민 기르기 수준에 머물러 있다. 학생들이 민주시민으로서 갖추어야 할 덕목들이 태도나 행동양식으로서 내면화되고 있지 못하고 있는 것이다. 이는 학생들을 둘러싼 가정과 학교, 사회의 비민주적 시스템과 문화, 입시경쟁구조 등에서 기인한 필연적 결과라고 할 수 있다(정영철, 2014). 극심한 입시경쟁교육으로 인한 교육의 도구화로 말미암아 민주시민교육활동에 대한 학생들의 자발적 참여도가 낮아 활발한 동아리 활동, 학생회와 같은 학생자치활동, 독서교육, 봉사활동 등 교과 이외에 이루어지고 있는 활동이 교과 수업에 비해 매우 부수적인 활동으로 취급되어 시간 채우기 내지 점수 따기의 수단으로 변질되고 있는 현실이다.

민주시민교육이 국민교육 차원에서 강조된 질서와 준법정신에 기초한 인성교육과 동일시되는 경우가 많았으며, 교사들 역시 민주시민교육의 필요성을 원론적으로는 인정하지만 시민 관련 지식과 태도, 가치 등의 핵심 요소가 수업 위주로 이루어지고 있어 이를 학교교육 전반에 체화시키는 데는 어려움이 있다. 우리나라의 민주시민교육은 그 당위성과 교육적 요구에도 불구하고 여전히 사회 전반의 관심과 인식이 결여되고 있다고 볼 수 있다. 학교에서 배운 민주시민 관련 교육은 머릿속에서 암기된 지식으로만 그치고 실천적인 측면에서 취약성을 드러내고 있음도 인정하지 않을 수 없다. 학교교육은 대학입시라는 선발 기제에 압도되면서 단순지식을 암기하는 훈련장으로 변질됨으로써 '민주시민교육'은 구호 또는 문서로만 남은 것이다. 이러한 딜레마 상황은 일차적으로 대부분의 교육활동이나 학교 구성원들 간에 분명한 교육목표나 기준을 공유하고, 관련자들 간에 충분한 토론이나 협의에 의하여 실행되는 것이 아니라, 일방적으로 내려오는 교육과정에 근거하여 학교교육이 운영되고 있기 때문이다. 즉 학교 구성원들이 학교의 구체적이고 특수한 환경이나 조건을 고려하여 교육 계획을 세우고 실천하지 못하는 비민주적 학교구조 및 문화에서 비롯되는 것이라 할 수 있다. 이런 현상은 비단 학교문화에만 나타나는 특성이라기보다는 우리 사회가 전반적으로 민주주의를 형식이나 절차로만 이해하고 있는 현실을 그대로 반영하고 있기 때문이다. 또 봉사활동이나 학생회 활동의 형식적 운영 및 교실수업이 아닌 야외 활동 정도로 간주되는 학생들의 낮은 인식 수준이 걸림돌로 작용하고 있다.

게다가 민주시민교육의 목표, 내용 등에 대한 사회적 합의 부재, 관료주의 교육행정체제와 교육과정의 결여, 민주시민교육을 위한 교사훈련의 미비와 교사의 전문성 부족 및 민주적 의식 결여, 민주시민교육을 과거의 교화/의식화 프로그램으로 오해, 교사의 정치적 자유 부재, 기성세대의 저항과 학부모의 보수적 교육관 등은 민주적 시민을 양성하는 데 있어 또 다른 장애물로 작용하고 있다. 그래서 아이들은 권위주의적이고 관료적인 학교 체제와 문화 속에서 민주시민으로 자라지 못한 것이다. 즉, 학생들이 '민주시민으로서의 체험'을 하지 못하고 있다. 학생들이 학창시절 민주주의 경험을 하지 못할 때 성인이 되어서도 민주적 삶을 실천할 수가 없다. 미성숙한 학생이 순식간에 곧바로 성숙한 시민이 될 수가 없는 것이다. 그것은 종국적으로 어른의 '민주시민적 결손'으로 나타날 것이다.

이러한 열악한 조건에서 민주시민교육의 새로운 변화의 조짐이 일어났다. 최근 몇 년간 진보교육청을 중심으로 민주시민교육과[08]를 신설하는 등 민주시민교육이 활성화되기 시작하였다. 무상급식을 실시하고, 학생인권조례를 제정하였고, 체벌금지를 시행하는 등 종전의 교육정책과 획기적으로 구별되는 정책도 도입하였다. 물론 이러한 참신성과 의외성으로 인해 또 다른 한편으로 학교현장 및 일반시민들의 찬반 논의를 불러오기도 하였지만, 이들 혁신적 교육정책에 대한 논란과 고조된 관심 그리고 토론의 과정은 역설적으로 우리 국민이 더 이상 외면해서는 안 되는 시대의 과제라는 점을 광범위하게 인식시켜주었다.

2. 평생교육에서의 민주시민교육 현황

학교 안의 민주시민교육은 국가 혹은 정권 차원에서 정치사회화의 시각에서 주로 이해되었기에 민주시민의 양성에 거의 기여를 하지 못하고 있다. 그리고 지역사회는 밥 먹는 곳, 잠만 자는 곳, 물리적 공간의 의미 밖에 갖고 못하기에 민주시민을 기르는 환경이 되지 못하고 있다.

더욱이 산업화가 성숙기에 접어들고 민주화가 어느 정도 성취되는 1990년대부터 신자유주의가 사회 전반에 지배되기 시작하면서 중앙집권적 권력의 지배로부터 시장자유주의적 자본권력의 지배로 빠르게 이행하였다. 경제뿐 아니라 사회, 문화, 교육을 포함한 모든 영역에서 자유경쟁이 기본적 사회적 원리가 강요되면서 개인주의적 경쟁 방식이 확산되고 약육강식의 세계가 전개됨에 따라 사람들은 생존을 위하여 개인적 '각자도생'으로 내몰렸다.

---

08 일부 교육청의 경우 인성교육과 속에 민주시민교육을 포함시켜 시행되는 경우가 있다. 인성교육과 시민교육의 공통성과 차이점을 잘 구별하지 못하고 혼재하여 사용하는 경우도 보게 된다.

게다가 기업들과 정부는 사람들을 개별화시킴으로써 공동체적 집단화를 통한 세력화를 막는 데 힘을 쏟았다. 기업들이 노동조합의 결성을 막으려고 시민단체 활동과 지역사회자치 강화에 드러내는 정부의 부정적인 자세가 그것이다. 각자도생에 내몰리는 이러한 상황에서 개인적 경쟁력 강화에 대한 욕구가 커지고, 얼마 전까지 강요되던 집단동원 체제에 대한 반발로 개인의 자아실현 욕구가 분출되면서 '개인 지향 학습'이 확대되기 시작했다. '개발 지향 학습'을 벗어나 '개인 지향 학습'으로 향하고 있는 것이다(김신일, 2016: 12-13).

그리하여 처세술, 자기계발, 심성훈련, 건강보건, 체력운동, 경제지식, 재산관리, 교양 등에 대한 학습요구가 증가한다. 현재 한국사회에는 이런 것에 대한 교육과 시민강좌 그리고 도서가 넘쳐 나고 있다. 각종 평생학습 프로그램에도 이러한 내용이 대부분을 차지하고 있다. 또한 인문학의 가치가 고조된 데는 산업화를 통한 물질적 풍요 속에서 그동안 소외되어온 인간의 정신과 인간 존재의 가치에 대한 관심과 의문을 정립하고 규명하고자 하는 물음으로부터 시작되었다고 할 수 있다. 게다가 1980년대 밀어닥친 세계화의 흐름과 1997년 IMF 외환위기와 함께 경쟁과 효율성을 강조하는 신자유주의의 태동으로 인해 인간성 상실과 공동체성의 붕괴를 더욱 부채질한 것도 한 원인이 되었다고 볼 수 있다.

그런데 '개인 지향 학습운동'은 지역사회를 활성화시키고 주민이 주인이 되는 사회를 만들지 못할 것이다. 한국인들이 자녀들에게 강요하거나 방치된 경쟁 중심적 학교교육에 이어 평생학습까지 개인적 경쟁력을 위한 학습에 중심을 두는 것은 또 다른 비극이다. 인문학이 붐을 타고 풍성해졌지만, 인문학의 본래적 목적과는 거리가 먼 처세술이나 실용학문 또는 사교 모임의 둥지가 되어가는 것은 바람직하지 않다. 이런 상품화된 인문학을 극복하기 위해 평생교육운동은 민주시민교육과의 접목을 시도하였다. 시민운동 부문에서 민주시민교육을 강조하기 시작한 것은 이런 위험성을 극복하자는 데서 출현하였다고 할 수 있다. 평생교육은 지역사회를 기반으로 한 민주시민교육의 확장을 모색하면서 일상과 학습의 연결, 학습의 일상성에 대한 연구도 꾸준히 늘어나갔다(김민호, 2011; 이은미·진성미, 2014).

인권과 평화, 민주주의, 환경 등 다양한 주제를 가지고 포럼과 토론회, 워크숍, 심포지움, 박람회 등의 형식이 있는가 하면 오픈 테이블/스페이스, 학습모임 등 다양한 접근과 통합이 이루어지면서 평생교육 분야와 민주시민교육의 새로운 접점이 모색되고 있다. 교육공동체에 대한 생태학적 접근, 학습생태계로의 교육공동체 연구를 통해 공진화(co-evolution)[09] 학습의 필요성을 제기하기도 하였다(김용련, 2015). 추상적인 시민성 및 민주시민교육에 대한 논의가 지역에 기반을 둔 일상 생활세계에서의 구체적 시민성으로 연결시켜나갔다. 1990년대부터 시민교육이 붐을 이루면서 시민사회와 시민운동의 과제를 최일선에서 충실히 수행해왔던 시민단체들을 중심으로 한 주체들도 끊임없이 분화되었고 시민교육의 주제와 방식도 다양해졌다. 그리고 중간 지원조직 중심의 민주시민교육, 국내외 정당 관련 정치재단, 연구단체, 공공영역(민주화운동기념사업회, 중앙선관위 산하 선거연수원, 기초자치단체) 등 다양한 영역에서 민주시민교육운동이 일어났다.

평생학습 현장에서 주목하고 있는 새로운 현상으로 이전에 비해 민주시민교육 활성화를 위한 각종 프로젝트나 프로그램 공모사업이 많이 만들어지고 있다. '요람에서 무덤까지'라는 평생학습의 이념이 누구나, 언제 어디서나, 뭐라도 가르치고 배울 수 있는 것으로 확장되면서

---

09 공진화 학습은 학습의 과정과 결과가 학습자에게 내재되기도 하지만 학습환경, 즉 지역과 사회에 다시 환원된다는 것을 의미한다고 할 수 있다. 마을을 통한, 마을에 관한, 마을을 위한 교육이 실천된다고 본 것이다.

통합과 접점을 위한 시도가 늘어나고 있다. 수원의 '누구나학교', 은평의 '숨은고수교실', 광명의 '느슨한학교'가 그 예이다. 학교 이름이나 운영하는 형태가 조금씩 다르지만 추구하는 가치는 비슷하다. '지역사회학교'보다 더 마을로 들어간 '마을학교'이고, 시민들이 함께 만들어가는 '시민학교'이며, '시민자조학습', '자기주도학습' 모델이다. 민주시민교육의 철학적 기초가 되는 이론을 공부하는 세미나, 자발적 학습모임도 많이 생겼고, 민주시민교육 관련 이론서 등도 출간되고 있다. 또한 주민자치, 학습마을 만들기, 사회적 경제, 문해교육 자원 봉사팀, 학습축제 준비팀, 마을공동체 사업과의 결합을 통해 마을에서 시민되기, 지역에서 시민되기를 넘어 세계시민교육(global citizenship education/cosmopolitan education)으로 확장되고 있다(김미란, 2017: 123).

이들 시민주도 평생학습 현장은 가르침과 배움의 경계선이 허물어지면서 다양한 역동성을 보이고 있다고 이해할 수 있다. 내 집 앞의 가까운 지역에서 평범한 사람들이 문자화된 지식과 정보의 전달을 넘어 자신의 경험과 지혜를 담담하게 나누고, 학습의 소비자로 대상화되었던 시민들이 스스로 학습의 생산자, 주인공이 되어 서로가 가진 재능을 기부하는 등 새로운 공간 만들기 운동이 벌어지고 있다. 전통적인 강의실을 넘어 일상의 공간이 학습공간으로 탈바꿈하고 있다. 지역사회의 숨은 자원과 공간이 발굴되고 연계되고 있다.

최근 한국의 평생학습운동에 있어 학습도시, 평생학습관, 시민대학, 문화센터, 도서관, 대학평생교육 등을 비롯한 모든 학습지원기관이 운영하는 프로그램들이 모름지기 자기주도적 시민학습을 통한 공동체 주권을 지향하는 학습운동이 활발하게 일어나고 있다(김신일, 2016: 13). 주민 및 다른 이해관계자와의 관계 증진을 위한 의사소통, 대인관계, 설득, 협상, 프로젝트 매니지먼트 등의 다양한 역량을 갖추는 노력이 나타나고 있다. 이제 평생학습은 강의장에서만 이루지는 것이 아닌 것으로 발전하고 있다. 지난 몇 년 사이 주체와 지역을 막론하고 마을학교, 마을과 학교의 상생, 마을결합형학교 등 마을과 학교의 분업적 협업을 통해 교육문제를 해결하려고 하는 새로운 정책 패러다임이 확대되고 있다.

학습 관련 모임에 많은 사람이 참여하여 함께 인식을 공유하고 지역사회의 변화를 시도하는 '학습 동아리(study circle)를 만들거나(Anderson & Laginder, 2103: 99-121)'[10] 또는 '학습 공동체화(learning community)' 계획(정민승, 2012: 373)은 평생학습도시의 성패를 좌우한다고 할 수 있다. 이것은 권력 관계와 이익에 의해 왜곡된 의사소통의 과정을 바르게 잡는 생활세계의 보존 방식이기도 하다. 이런 시각의 전환은 지난한 일이지만 명확히 민주주의를 진전시키는 일이기도 하다. 시민은 자신의 시민성을 지역사회 안에서, 그리고 지역사회 사이에서 실천하는 주체이다. 따라서 시민을 주체화하기 위해 지역사회의 민주주의 복원이 매우 중요하다. 지역사회의 주체가 공고하게 형성되어야 시민사회의 교양화가 가능할 것이다. 따라서 새로운 사회의 태동을 예고하는 지역공동체운동의 발흥에 조응하려면 민주적 시민이 탄생되어야 한다. 지역사회의 시민적 주체 역량을 갖는 것이 민주주의의 필수요소이다. 학교를 둘러싸고 지역사회 주민의 시민적 성장 없이 마을교육공동체운동은 성공할 수 없다. 법과 제도를 성장시키고 개혁하는 데 있어 지역민의 시민적 성장 없이는 불가능하다. 지역사회의 주체를 형성하는 민주시민교육이 중요한 이유가 여기에 있다. 그런 면에서 최근 활성화되고 있는 '서울혁신교육지구사업'[11]은 매우 유의미한 지역

---

10 '학습 동아리(study circles)'는 스웨덴의 성인학습의 일환으로 많이 사용하는 민중교육의 한 방법이다. 학습 소집단을 구성하여 환경, 평화, 인권 등에 대한 이슈에 대한 자료를 함께 읽고 비판적 판단과 결정을 내리는 것이다. 이런 활동은 개인의 성장과 사회의 변화를 동시에 추구하는 협동적 학습이다.

11 한국형 마을교육공동체운동은 지역사회교육운동으로부터 출발하기 때문이다. 오늘

사회교육운동이라고 할 수 있다. 혁신교육지구사업은 학교혁신을 넘어서 학교와 지역이 함께 성장하는 '지역사회 기반 학습생태계 구축'을 위하여 확산되고 있는 추세를 보여주고 있다(김용련, 2016).

민주시민교육은 3C가 잘 융합되어야 그 효과를 발휘할 수 있다. 민주시민교육은 교육과정(curriculum), 문화(culture), 지역사회(community)가 잘 융합되어야 한다는 말이다. 민주적 시민성 함양을 위한 지식/교육과정은 인간적이고 민주적 학교문화/분위기의 조성 속에서 이루어져야 하는 것이며, 나아가 지역사회/마을공동체의 참여 속에서 이루어져야 한다. 결국 아이들의 민주적 시민성은 어른들(부모, 교사)과의 관계 속에서 길러지는 것이기에 학생들의 민주적 시민성 형성 못지않게 어른들의 민주적 시민성 형성도 중요하다. 민주시민교육은 학생들이 공부하는 학교사회에 머물지 않고 그들이 생활하고 있는 지역사회 어른들의 주인의식, 즉 주권의식 속에서 형성될 것이다. 지역사회에 대한 주민들의 주권의식이 바탕에 형성되어야 지역사회 전체가 힘을 가질 수 있다. 이것이 바로 '지역사회 활력화'(community empowerment)(김신일, 2016: 13), 또는 '지역사회 조직화 운동'(Hargreaves & Shirley, 이찬승 외역, 2015: 150)이다. 지역사회

날 사회가 급속하게 변동하고 있고 지식과 정보의 폭증에 대응하기 위해서는 끊임없이 자기갱신을 해야 하고 이에 적응하기 위해서는 새로운 학습을 필요로 한다. 오늘날과 같이 급격한 변화의 시대에 적절히 대응하기 위해서는 지역사회로부터 고립된 공간으로부터 '지역사회 중심의 학교'로 전환되어야 한다. 그러나 지역과 가정이 학교교육에 협력하지 못하고 있으며, 학교와 교사도 사회에 대해 방어적인 태도를 견지하면서 상호간의 의사소통이 단절된 상태에 있다(양병찬, 2016: 7). 서울시는 2010년부터 혁신교육기구 사업 계획을 수립하였으며, 경기도는 2013년부터 '혁신학교 시전 2'로 명명한 혁신학교 일반화를 본격적으로 추진하였다. 혁신학교 운동에 지방자치단체가 호응함으로써 학교교육과 지역사회의 대변동이 일어나고 있다. 혁신학교에 대한 주민들의 관심이 커지면서 혁신교육지구사업으로 발전하고 있다. 마을에서 시작된 작은 교육 프로그램의 경험이 단초가 되어 혁신교육지구 사업을 통해 '학교 울타리'를 넘어서는 것이다. 즉, 학교를 '고립된 섬'이 아니라 '바다에 둘러싸인 섬'으로 존재하도록 하는 교육 생태계 운동이라고 할 수 있다.

와 공공 네트워크 전체가 합심하여 동원되는 활동인 지역사회 활성화와 조직화가 어느 정도 이루어지면 이전에 정치에서 소외되었던 지역주민들에게 세운 '시민적 역량(civic capacity)'을 높여주기에 도시 전체의 권력 역학은 변화될 수 있다. 오늘날 또 다른 교육개혁의 흐름으로 단위학교 혁신보다는 지역사회/지역교육청을 중심으로 지역의 교육적 역량을 강화하는 경향을 보이고 있다. 지금 혁신학교의 전국적 확산과 함께 벌어지고 있는 '마을교육공동체운동(community school movement)'[12]의 발흥은 지역사회의 새로운 변화를 보여주는 중대한 징후라고 할 수 있다(심성보, 2019).

우리가 '마을'을 다시 호명한 것은 기계화와 자동화 등 산업화 사회가 만들어낸 인간소외의 문제에서 비롯된 것이다. 이 문제를 해결하는 데 있어 사회복지제도의 고도화만을 가지고서는 한계에 직면한 것도 한 원인이 될 것이다. 사실 압축적 근대화, 산업화 과정에서 정서적 생활공동체로서의 마을은 쉽게 무시되거나 파괴되었던 것이다. 따라서 고도의 산업화로 비롯된 상품화와 물신화 현상은 사람과 사람의 관계 회복에서 찾지 않으면 안 된다. 학교 안에서 사회의 위험이나 문제로부터 학생들을 보호하는 것도 중요하지만, 그들을 온실 속의 화초로 기르는 것은 과잉보호이며 무인도의 삶을 경험하게 하는 것이나 다름없다. 따라서 파편화된 조각으로 불안하게 서성이다 거대한 고도 관리 체

12 '마을교육공동체운동' 또는 '지역사회교육운동'은 공교육 혁신과 지역-학교를 연결하는 데 새로운 가능성으로 제시되었다. 지역사회교육은 교실, 학교운동장 그리고 지역사회 간의 울타리를 넘어서려는, 제도로서의 학교를 넘어 확장되고 있는 지역사회의 틀 속에서 사회적 행동 양식이다(Corson, 1998: 25-26). 지역사회교육운동은 학교와 그 학교가 존재하고 있는 지역사회와 공고하게 연계시키려는 현대적 노력이다. 지역사회교육운동은 지역성, 즉 독특한 장소의 특별한 역사, 환경, 문화, 경제, 문학, 예술 등에 기반을 두고 있다. 지역사회/장소 기반 교육은 학습을 위한 맥락을 제공하며, 학생의 작업은 지역사회의 필요와 흥미에 초점을 맞추고, 지역사회의 구성원은 지역사회교육을 위한 자원과 동반자로서 기능을 한다.

제에 포획되지 않으려면 최소한의 안정성을 확보하는 상황을 만들어야 한다. 아이들을 안전하게 키울 수 있는 마을, 사람들의 다양함이 존중되는 마을, 강도 높은 노동에 시달리던 노동자가 휴식하고 치유할 수 있는 마을, 아파트밖에는 기억하지 못하는 아이들과 만들어 가야할 마을이 존재해야 한다(조한혜정, 2007).

조한혜정 교수는 2007년 『다시 마을이다-위험사회에서 살아남기』를 통해 '선진국 따라잡기'에 급급한 나머지 개발 국가의 '국민'으로서 숨 가쁘지 않게 지낸 적이 별로 없었던 사람들의 탈선을 지켜보며 불안이 영혼을 잠식하는 위험사회가 오고 있음을 직감하면서 '마을' 이야기를 하기 시작했다. 조 교수는 2014년 '자공공自共公'[13]을 통해 우정과 환대의 마을살이의 가능성과 희망을 지구살이, 마을살이, 세대살이로 나누어 이야기하는 마을공동체운동을 역설하고 있다(조한혜정, 2014). 조교수는 지금이 애벌레에서 나비로 변신하는 대전환기라고 강조하면서 대재앙의 충격을 전 지구적 전환의 계기로 만들어내는 '나비 문명의 새벽'을 맞을 준비를 하자는 제안을 한다. 그리고 망가져 가는 세상을 살리고 피로와 패배감에 젖은 스스로를 살리며 지속가능한 삶으로 전환하기 위한 시작이 바로 '창의적 공공 지대'를 회복하려는 노력에 함께하는 것, 즉 돌봄 공간으로서 '마을'을 되찾자는 운동을 할 것을 역설한다.

마을공동체의 민주적 주체를 확고하게 세우는 마을교육공동체운동이 국가와 시장에 대해 견제와 감시를 잘할 수 있는 성숙한 시민사회(civil society)[14] 건설의 선도주자가 돼야 한다. 마을교육공동체운동은

13 '스스로 돕고自助 서로를 도우면서共助 새로운 공공성을 만들어 가자公助'는 의미인 '자공공'은 실천적 문화인류학자 조한혜정이 그간 지속가능한 세상을 그리며 한국 사회에 발언해 온 내용을 함축적으로 담은 말이다. 『자공공』에서 저자는 지속가능한 지구살이를 위한 마을살이를 제안하고 있다.

14 '시민사회'란 국가와 경제 바깥에 존재하는 자유로운 결사체의 영역(NGO, 사회운

국가사회의 민주화를 넘어 지역사회의 민주화를 돕는 일에 새로운 열정을 쏟아야 한다. 이 운동은 지역사회의 주체를 형성하는 일이기도 하다. 혁신교육지구 사업이 제대로 추진되고 있는지의 핵심 지점은 주체화와 네트워크 구축 여부에 있다. 마을이 교육공동체가 되려면 마을 안의 다양한 교육 주체들이 연대해야 한다. 마을의 민주적 진지가 공고히 뿌리내리지 않으면 국가의 폭력이나 종편의 선동에 놀아나고 말 것이다. 권위주의 유령이 다시 살아나지 않도록 해야 한다. 지금 우리에게는 지역에 뿌리내리지 못한 우중愚衆을 민주적 공중公衆으로 변화시키는 지역공동체교육운동이 절실하다.

Ⅲ. 한국 민주시민교육의 과제

지금까지 한국 민주시민교육을 학교교육과 평생교육을 중심으로 현재적 동향을 살펴보았다. 한마디로 그동안 우리의 학교교육은 대중화되고 보편화되었지만 입시 위주의 교육과 관료화된 학교교육으로 인해 민주적 삶을 경험하게 하지 못한 실정임을 확신할 수 있었다. 민주시민은 저절로 만들어지는 것이 아니라 노력과 실천, 때에 따라 싸움을 통해 만들어내는 투쟁의 산물이라고 할 수 있다. 이런 문제의식을 가지고 다음과 같은 한국 민주시민교육의 과제를 제시하고자 한다.

동 등)을 말한다. 제 3의 자율 영역인 시민사회가 공고화되려면 첫째, 국가와 시장을 감시하고 견제하는 자발적 결사체(voluntary association)가 활성화되어야 한다. 둘째 사회적 규범으로 이루어진 좋은 사회(good society)가 활성화되어야 한다. 셋째, 공공 영역(public sphere)으로서 시민사회가 활성화되어야 한다(Edwards, 2011; 2018). 물론 시민사회의 세 유형은 상호 연계되어 있다.

첫째, 민주시민교육을 활성화하기 위해서는 그것의 바탕이 되는 한국 민주주의 현실에 대한 반성과 성찰이 요구되며, 그 속에서 민주시민교육의 방향성을 설정할 필요가 있다. 이제는 나와 우리 이웃, 사회와 국가, 그리고 세계와 인류를 생각하며 살아갈 수 있는 그런 생기 넘치고 약동하는 패러다임의 변화가 필요하다. 민주시민교육은 그 내용과 정의가 매우 폭 넓고 상이하다. 따라서 민주시민교육을 시행하는 주체와 이 교육을 받는 당사자 등이 민주시민교육에 접근하는 데 공동의 의견을 모으기가 어렵다는 문제를 가지고 있다. 이 문제를 해결하기 위해 다른 국가들의 사례를 보아도 국가별 접근 방식도 상이하고 강조하는 영역도 다르다. 각각 다른 정치체계와 역사성을 가지고 있어, 민주시민교육의 내용과 방법도 다른 형태를 취하고 있다. 이와 같이 다양한 교육방법들 중에서 일정하고 표준화된 민주시민교육의 개념을 찾기가 어려운 현실이다. 그렇다면 우선적으로 민주시민교육은 헌법[15]과 교육기본법[16]에서 민주시민성의 근거를 찾을 필요가 있다.

둘째, 민주시민교육은 특정 정권이나 정치 세력의 유지·강화 등을 위한 수단이 아니라 민주국가를 강화하는 방향으로 나아가야 한다. 우

---

15 •헌법 제1조2항: 대한민국의 주권은 국민에게 있고, 모든 권력은 국민으로부터 나온다. •헌법 제7조1항: 공무원은 국민전체에 대한 봉사자이며, 국민에 대하여 책임을 진다. •헌법 제10조: 모든 국민은 인간으로서의 존엄과 가치를 가지며, 행복을 추구할 권리를 가진다. 국가는 개인이 가지는 불가침의 기본적 인권을 확인하고 이를 보장할 의무를 진다.•헌법 제34조1항: 모든 국민은 인간다운 생활을 할 권리를 가진다.•헌법 제65조3항: 탄핵소추의 의결을 받은 자는 탄핵심판이 있을 때까지 그 권한행사가 정지된다.•헌법 제119조2항: 국가는 균형있는 국민경제의 성장 및 안정과 적정한 소득의 분배를 유지하고, 시장의 지배와 경제력의 남용을 방지하며, 경제주체간의 조화를 통한 경제의 민주화를 위하여 경제에 관한 규제와 조정을 할 수 있다.

16 우리나라 교육기본법 제2조 "교육은 홍익인간弘益人間의 이념 아래 모든 국민으로 하여금 인격을 도야陶冶하고 자주적 생활능력과 민주시민으로서 필요한 자질을 갖추게 함으로써 인간다운 삶을 영위하게 하고 민주국가의 발전과 인류공영人類共榮의 이상을 실현하는 데에 이바지하게 함을 목적으로 한다."고 명시하고 있다.

리는 어두웠던 권위주의 시대에 편향된 정치교육의 폐해를 적나라하게 경험한 바 있다. 한국적 민주주의라는 미명하에 '정통성이 없는 정권'을 정당화하기 위하여 악용된 사례는 대표적이다. 또 반대로 이른바 진보적 민주시민교육 사회단체를 '민주화 운동 세력'으로 묶어세우고 이들이 진영을 강화하기 위한 활동이라는 의심을 거두지 않는 것도 큰 걸림돌이다. '의식화' 또는 '우민화' 어느 쪽도 바람직하지 않다. 그러나 민주시민교육은 정치적 성향에 관계없이 누구나 평생 동안 참여가 장려되고, 접근이 용이하며, 다양한 견해와 해석들이 존중받을 수 있도록 설계하고 그것을 보장하는 사회적 합의와 제도적 장치가 필요하다. 사회적 합의의 한 방법으로 '보이텔스바흐 합의'[17]를 시도할 필요도 있다. 왜냐하면 우리사회가 진보와 보수의 이념 대결이 사회에 만연하고 있기 때문이다. 민주시민교육이 주는 이미지는 진보적 이념교육으로 비춰질 개연성이 크다. 이로 인해 자신의 신념을 훼손할까 염려하는 사람들이 꺼려하는 경향이 있다. 이것은 사실은 민주시민교육을 잘 알지 못해서 생기는 일이기도 하다. 따라서 민주시민교육이 이념교육이 아닌 시민교육으로서 이미지 쇄신과 함께 민주시민교육이 무엇인지 적극적으로 홍보를 할 필요가 있다. 이렇게 보면 인성교육/인격교육과의 접목도 가능할 것이다. 영국의 시민성교육이 사회적·도덕적 책임(인격성), 지역사회 참여(공동체성), 그리고 정치적 문해력/교양(시민성)을 구성요소로 하듯 인격성과 시민성은 공존시킬 필요가 있다. 개인적 인간성과 공동체적 시민성이 결합된 인간 주체를 길러내는 민주주의 교육을 해야 한다. 새는 좌우의 날개가 있어야 날 수 있듯 보수와 진보의 가치를 공존

17 보수와 진보의 이념적 갈등이 더욱 첨예화되자 독일의 보이텔스바흐 지역에서 보수학자와 진보적 학자가 모여 몇 일간 토의 끝에 최소한의 합의를 한 것으로서 사회적으로 논쟁적인 주제일수록 교실에서도 논쟁적으로 다루어야 한다는 '논쟁성 재현'의 원칙을 말한다.

시킬 필요가 있다. 발달단계상으로는 인격성(character)을 토대로 하여 그 위에 시민성(citizenship/civility)의 가치를 쌓아갈 필요가 있다. 루소의 생각대로 사람다움과 시민다움을 동시에 기르는 것이 가능할 것이다(Boyd, 김안중·박주병 역, 2013: 13-14).[18]

셋째, 민주시민교육은 학습자인 시민들의 요구나 필요를 충분히 반영해야 한다. 시·도 지방자치단체는 민주시민교육을 시행하면서 시민의 민주주의 원칙을 구현해야 한다. 민주시민의 교육의 효과 또는 성과를 위하여 '특정한 행동을 위한 특정한 강좌'가 주를 이루지 않도록 주의를 기울일 필요가 있다. '민주시민이라는 것은 이런 것'이라는 당위적 정의 아래 진행되는 일방적 학습이 과연 민주시민교육인지 의문을 갖게 한다. 학습자가 원하는 교육과정보다는 용어적 정의를 실현하고자 하는 공급자 위주의 프로그램 개발이 주를 이루어지고 있기 때문이다. 이것은 학습자의 참여가 미흡하다는 교육과정 운영상의 문제와 함께, 철학적으로는 교육내용의 일방적 전달이라는 더 근본적인 문제를 안고 있다. 이것은 시민들의 요구를 분석할 수 있는 다양한 프로그램의 개발이 필요한 이유이다.

넷째, 민주시민교육의 시작의 단계에 있는 우리사회는 민주시민교육의 활성화를 전체를 민주주의화 하지 않으면 안 된다. 학생시절부터 시작하여 권리와 의무를 인식하는 시민이 되어서도 생활 속에서 직면한 시민 스스로 문제 해결할 수 있도록 지원하는 인프라 또는 조건, 제도 등을 형성·구축할 필요성이 있다. 민주시민교육을 실행하는 제 주체들은 민주시민교육에 대한 다양한 입장을 가지고 있다. 학계라고 칭할 수

---

18 루소는 시민교육의 가장 근본이 되는 원칙을 주권(sovereignty)이 인민(people)에게 있고, 인민이 주권을 행사해야 하며, 주권은 양도할 수 없다는 것이다. 인민들은 각자 살 수 없으므로 통치를 위하여 주권을 '양도'하는 것이 아니라 '위임'하여 정치체(body politics)를 구성한다. 그것은 도덕적 집합체로서의 주권국가(sovereign state)이다(이기범, 2015: 153).

있는 평생교육분야에서의 민주시민교육, 진보-보수 시민사회 단체에서의 민주시민교육, 지역사회교육 단체들의 민주시민교육, 선거연수원을 비롯한 국가기관의 민주시민 교육, 교육부에서 바라보는 민주시민교육이 존재한다. 모두 이해관계가 같은 듯 보이지만 서로 다르다. 내용적인 측면으로 보면, 세계시민교육, 갈등관리교육, 토론교육, 기본 시민소양교육, 젠더교육, 인권교육, 문자 및 디지털 해득교육 등 그 종류도 다양하다. 한편, 지극히 정치교육에만 국한하는 입장도 있다. 큰 그림에서 본다면, 마을공동체 운동 과정에 일어나는 교육도 민주시민교육이다. 학교협동조합운동[19]도 민주시민교육이 전제되지 않으면 운영하기 어렵다.

다섯째, 민주시민교육의 주체로서 학교를 통한 교육만으로는 한계가 있다. 시민사회의 다양한 기제에 의해 다양한 형태의 교육이 이루어져야 한다. 학교 밖의 다양한 기관과의 교육 프로그램을 운영하고 가정과 지역사회에서 민주적 활동에 참여하여 경험하면서 실제적으로 민주적 태도와 기능을 익히도록 하는 여러 가지 교육을 전개하는 기반을 조성해야 한다. 민주시민교육의 활성화를 위해서는 민주시민교육의 지형을 제대로 파악하고 관련사업과 동향을 모니터하고, 이를 정책에 반영하고 피드백할 수 있는 구조를 마련해야 한다(김미란, 2017: 133). 그것도 아주 구체적인 집 가까이에서의 생활 단위에서 민주시민교육의 판을 재구성하지지 않으면 민주시민교육의 활성화는 요원할 것이다. 민주시민교육의 발전을 위해 고민하고 연구하는 학자와 연구자는 물론 현장에서 발로 뛰는 실무자들의 역량 강화를 위한 네트워크를 만들고, 지속적으로 교류하는 체계를 만드는 인프라 조성에 힘써야 한다. 민주

---

19 학교협동조합은 마을교육공동체를 안착시키고 지속가능한 틀을 만들어주는 데 있어서 핵심적인 요소이다.

시민교육의 판을 재구성하기 위한 민주시민교육의 허브, 플랫폼[20] 기능을 강화할 수 있는 방향으로 추진되어야 한다. 프로그램이 아닌 시스템으로 접근해야 한다. 이를 위해서는 국가단위, 시도단위, 기초 시군구 단위에서의 다양한 접점 만들기, 교육지원청과 구청의 연계사업의 활성화, 그리고 국가 단위의 민주시민교육 활성화 전략을 필요로 한다.

여섯째, 적극적 시민성을 기르는 시민교육은 생애의 전 기간에 걸쳐 이루어지는 평생학습의 과정으로서 사회의 변화와 함께 그 내용과 방법을 끊임없이 개선해 가야 한다. 한 사람의 성인이 문명화/교양화/시민화 과정에 기여하기 위해서는 아주 오랜 시간이 요구될 뿐 아니라 사회가 움직이고 있는 방향과 전망을 잘 파악해야 한다. 시민적 학습을 민주시민교육의 핵심에는 마을과 함께 하는 삶을 아름답게 가꾸는 '인문학적 평생학습'이 자리해야 한다(양은아, 2010). 인문학적 평생학습은 개인으로서 가족과 공동체의 구성원으로서 시민으로서, 생산자로서, 기술자로서, 창의적 상상가로서 자신의 표현 기술 및 다양한 임무를 모두 풍요롭게 하는 것이다. 이전에 인간을 산업화의 도구로 보는 비즈니스를 위한 '인간자본론(human capital)', 즉 노동자를 새로운 기술에 적응시키기 위한 사회적 투자로서 직업기술교육을 하려는 입장을 넘어서야 한다. 개인의 재능에 투자하는 개별적 인적 자본이 아니라 집단적이고 사회적인 자본으로서 전문적 자본(professional capital)[21]으로 나

---

20 플렛폼으로서 민주시민교육활동은 시민이 쉽게 갈아탈 수 있는 환승역이 되는 것이다.

21 오늘날 일반학교에서 가르치는 직업/교직의 혁신을 위해 비즈니스 자본을 넘어서는 '전문성 자본(professional capital)'이 강조되고 있다. 전문적 자본은 세 가지 종류의 인간 자본(human capita; 1960년대, 경제적 생산성, 개인의 능력), 사회 자본(social capital; 1980년대 이후, 상호작용, 사회적 관계, 협력, 집단적 역량), 의사결정 자본(decisional capital; 신중한 판단, 교사 개개인의 축적된 경험과 실습 그리고 성찰적 사고를 통해 장기간에 걸쳐 형성되는 전문직으로서의 교원)으로 구성된다. 전문적 자본의 가르침에 대한 관점은 좋은 학습이란 좋은 가르침으로부터 나오며, 장기간의 훈련과 교육을 필요로 하며, 계속적인 계발을 통해 완성되며, 증거

아가야 한다(Hargreaves & Fullan, 2012, 1-14). 인문학적 평생학습은 '개인 지향 학습운동'에서 '공동체 지향 학습운동'으로 나가는 것이다.[22] 권위주의적 권력과 자본은 집단의 결속을 약화시켜 사람들을 개별화한다. 즉 공동체를 약화시키고 결국은 해체한다. 여기에서 관계의 위기가 발생하면서 사람들은 개별화되고 개인 간 경쟁이 심화된다. 여기에서 벗어나는 길은 '공동체[23]의 강화'이다. 지역사회활동 속에서 사람들이 서로 돕고 유대감을 느끼면서 결속력을 높이면서 공동체의 목표와 의미를 만들며 발생된 문제에 공동으로 대응하는 것이다.

일곱째, 부단히 이웃 공동체들과 연대해 나아감으로써 목표에 다가갈 수 있을 것이다. 민주주의란 주민들이 자기 지역의 주체가 된 상태에 다름 아니다. 따라서 평생학습의 진정한 목적은 시민세력화의 핵심적 동력이다. 학습이 모든 공간에서 나름의 방식으로 전개될 수 있도록 돕는 것, 각 지역의 차이가 차별/소외로 연결되지 않도록 하는 것이 평생학습의 목표가 되어야 한다. 평생학습과 관련된 지역사회교육은 더욱 포용적 사회와 더 포용적 민주주의를 지향하는 방식으로 결정되어야 한다(Tett, 2010: 27, 50).

여덟째, 학교와 마을의 만남, 민관학 거버넌스를 마련하여 제도적인 만남의 장을 만들고 협의와 합의를 통해 자신들의 일을 우리들의 일로 만들어갈 필요가 있다. 이러한 문제의식으로부터 출발한 마을교육

와 경험에 입각한 사려깊은 판단을 포함하고, 집단적 성취와 책임을 중시한다. 전문적 자본은 책무성을 중시하는 관리적 전문성을 넘어서는 협력적이고 민주적인 자본이다(Whitty, 2008: 41-46).

22 1960년대의 지배적 이데올로기가 '집단주의'였다면, 1980년대는 '개인주의'가 지배적이었고, 1980년말부터 1990년대초에는 '공동체주의'가 부상하였다(심성보, 2015: 232). 시장화와 민영화를 추진하는 신자유주의가 강행됨으로써 학생들을 더욱 비공동체적으로 몰아가는 개인주의와 자기중심주의에 대한 대응으로부터 비롯되었다.

23 '공동체'는 '가치 있는 무언가를 함께 하는 것'을 뜻한다. 인간이 무리를 이루어 가치 있는 일을 함께 하는 품이다.

공동체운동은 학교를 지역사회의 중심에 두고 지식사회에서 학생이 잘 살 수 있고 생산적으로 일할 수 있는 사회적 자본을 개발시킬 수 있는 각종 네트워크를 구축하면서 사회적 관계망을 형성하는 활동이라고 할 수 있다. 위축된 민주주의를 복원시키는 시도이면서 지역사회가 변화에 개입하고 참여하는 지역사회의 힘과 시민적 역량을 갖도록 하는 것이 민주주의의 필수요소이다. 여기에서 중요한 것은 개인 지향 학습이 무시하거나 버려야 하는 주장이 아니다. 공동체 지향 학습에는 자기주도적인 개인 지향 학습이 중요한 토대를 이룬다. 그리고 자기주도적 학습은 성인교육의 해방적 이념으로서 반-헤게모니적 실천으로 나아가야 한다(Brookfield, 2000: 129-143). 따라서 여기서 주요한 점은 양자의 균형을 이루어야 한다는 것이다. 개별학습을 유지하면서도 공동학습을 늘리면서 참여학습과 비판적 학습을 강화해야 할 것이다.

아홉째, 평생학습은 학습의 연장(life-long)과 함께 학습의 확산(life-wide), 즉 전 영역에 걸친 다양한 학습 경험을 필요로 한다. 학습자의 관심과 문제제기로 학습 환경이 몸담고 있는 삶의 터전이 변화하고, 이를 해결해가는 과정에서 학습자의 역량과 의식이 향상될 뿐 아니라 동료나 환경도 함께 진화하는 상호작용적 선순환이 이루어져야 할 것이다. 민주주의와 민주적 학습을 연결시켜주는 것은 지역사회의 봉사학습을 통해 가능할 것이다. 지역사회 봉사학습(service learning)은 공동체, 봉사, 성찰, 그리고 민주주의와 밀접한 연관을 갖고 있다(Sheffield, 2011). 지역사회 속에서의 적극적 학습, 적극적 시민성을 위한 지역사회기반 학습은 전통적 자원봉사활동에 도전하고 있다(Annette, 2008). 봉사학습의 시민교육적 성격은 소극적 봉사정신의 내면화를 위한 '약한 민주주의'가 아니라, 청소년들의 권한 강화, 집단적 문제 해결, 타인이 이해 결정 등의 '강한 민주주의'(strong democracy) 과정으로 발전되어야 한다(Lisman, 1998: 89-115;

117-126). 이를 위해 소극적 시민을 위한 자원봉사가 아니라 적극적 시민을 기르는 봉사학습이 필요하다. 봉사학습은 기존의 자원봉사활동과 같이 소극적 시민을 양성하는 것이 아니라 능동적/비판적 시민으로 성장하도록 하는 '강한 민주주의'를 지향하고 있다. 봉사학습을 통한 민주시민교육은 학교의 외부에 있는 세계(지역사회의 봉사활동)와 내부에 있는 세계(교과교육)의 교량을 놓는 일이기도 하다. 즉 학교(gown)와 지역사회(town)의 교량 역할을 하는 학교혁신의 효과적 방안이기도 하다. 구체적인 현실에 참여하여 현실 세계에 접촉함으로써 박제화된 교과서 지식을 살아나도록 한다. 그리고 적극적 시민을 기르고자 하는 지역사회에 대한 봉사학습은 청소년들의 진로 탐색에도 도움이 된다.

Ⅳ. 결론

척박한 교육현실에서 어떻게 해야 학생들을 미래의 시민으로 길러낼 수 있는가? 그 해결의 답은 민주주의를 더욱 공고화하기 위한 실천밖에 없을 것이다. 학교교육에서 민주주의를 공고화하는 일은 곧 아이들을 민주시민으로 성장시키는 민주시민교육을 적극적으로 구현하는 일일 것이다. 민주주의를 일상에서 실천할 수 있는 '살아있는 민주주의'(doing democracy)가 요구된다. 행동하는 민주주의를 위해 아이들의 민주적 시민성은 어떻게 길러질 수 있는가? 아이들이 왜 시민으로 자라지 못했는가? 어떻게 해야 좋은 시민을 길러낼 수 있는가? 아이들은 어떤 순간에 어떤 경험을 통해 시민으로 성장하는가? 학생들이 학창시절 민주주의 경험을 하지 못하였는데 어떻게 성인이 되어 곧바로 민주적 삶을 살 수 있는가?

이러한 질문의 연장선에서 필자는 촛불시민혁명 이후, 즉 새로운 민주 대통령 취임 이후 '새로운 시민'의 탄생이 더욱 필요로 한다고 본다. 새로운 시민이 탄생되지 않으면 또 다시 반동의 국면으로 돌아가고 말 것임은 명약하다. 의회 권력이 촛불의 정신을 제대로 반영하면 광장의 민주주의 목소리는 계속될 것이다. 따라서 광장민주주의가 의회민주주의로 제도화되는 것과 함께 생활민주주의, 가정민주주의, 학교민주주의, 마을민주주의로 활성화되어야 한다. 최종 심판자로서 시민들의 각성과 경계가 일상화되어야 한다. 그래야 사회의 반동을 막을 수 있을 뿐 아니라 새로운 사회의 건설이 가능할 것이다.

그러기에 구체제가 사라진 빈자리에 새로운 교양시민으로 채워져야 한다. 새 술은 새 부대에 담아야 한다. 촛불시민혁명 이후 새로운 교육 질서/체제를 요청하는 시대에 그 질서/체제를 만들어가는 민주적 주체인 교양시민이 탄생되어야 한다. 새로운 사회의 출현을 위해서는 학교의 주체 형성과 함께 마을의 주체 형성이 동시에 요구된다. 민주주의를 준비하는 최상의 방식은 민주적 제도를 넘어 민주적 삶의 변화를 통해 유지되는 것이라고 말할 수 있다. 민주적 삶의 양식을 내면화한 교양시민이 탄생되어야 한다. 이리저리 끌려 다니는 대중이 아니라 교양 있는 공공성을 담지한 시민으로 성장·발전·확장시켜야 한다. 박근혜·최순실의 국정농단에 대한 분노에 머물지 말고 새로운 교양시민이 탄생되어 시민사회의 주체로 우뚝 서야 한다. 새로운 사회, 새로운 미래를 꿈꾸며 사회참가를 서슴지 않는 모반하는 교양시민이 집단적으로 탄생되어야 한다. 정치·경제·사회·문화 전반에 걸쳐 우리의 일상과 민주주의를 일치시켜 시민생활에 '더 많은 민주주의'를 확산시키고 '더 좋은 민주주의'를 심화시키는 더 많은 초석을 놓는 담론을 즐기는 교양시민이 탄생되어야 한다. 궁극적으로 민주시민교육은 교육제도에서만 구현되는 아니라 구체적으로 지역사회의 주체인 주민의 민주적 삶의 양식을 변화시키는 데 있음을 잊지 않아야 한다.

참고문헌

김미란. 2017. '시민교육에 대한 접근방식 및 사회적 합의'. 〈시민사회 발전 및 사회통합을 위한 대토론회〉. 국무총리자문 시민사회발전위원회.

김민호. 2011. 지역사회기반 시민교육의 필요성과 개념적 조건. 『평생교육학연구』 17(3). 193-221.

김신일. 2016. '2016 한국사회, 평생학습에 길을 묻다'. 〈제 1회 서울 평생학습 대토론회〉. 서울특별시평생교육진흥원 개원1주년·한국평생교육학회창립 40주년. 10월 7일.

김용련. 2015. '지역사회기반 교육공동체 구축 원리에 대한 탐색적 접근: 복잡성 과학, 사회적 자본, 교육거버넌스 원리 적용을 중심으로'. 『교육행정학연구』 33(2). 259-287.

김용련. 2016. 〈세종시 교육혁신도시 도입을 위한 공동연구〉. 한국외국어대학교교육공동체연구센터.

서윤기. 2017. '민주시민교육조례 운영 현황과 과제'. 〈시민교육포럼〉 3월 25일. 홍사단 교육운동본부.

심성보. 2008. 『민주화 이후의 공동체 교육』. 서울: 살림터.

심성보. 2011. 『인간과 사회의 진보를 위한 민주시민교육』. 서울: 살림터.

심성보. 2014.『민주시민을 위한 도덕교육』. 서울: 살림터.
심성보. 2015. '인성교육에 대한 시민성 접근'.『교육비평』36호. 서울: 한울.
심성보, 2019. '관계의 상실과 지속가능한 마을교육공동체의 요청',『마을교육공동체운동: 세계적 동향과 전망』, 서울: 살림터.
양병찬. 2016. 〈세종형 마을교육공동체 실천 모델 개발〉. 세종특별자치시교육청 연구보고서.
양은아. 2010.『인문학과 평생학습』. 서울: 교육과학사.
이광주. 2009.『교양의 탄생』. 파주: 한길사.
이기범. 2015.『루소의 에밀 읽기』. 서울: 세창미디어.
이은미·진성미. 2014. '시민교육의 확장을 위한 평생교육의 의의: 지역사회기반 시민교육을 중심으로'.『시민교육연구』46(3). 195-221.
인디고 서원(엮음). 2017.『Doing Democracy: 살아있는 민주주의를 실천하기 위한 삶의 기술』. 서울: 궁리.
정민승. 2012.『성인학습의 이해』. 서울: 에피스테메.
정민승. 2017. '촛불집회를 어떻게 볼 것인가?' 〈평생학습타임즈〉 2월 8일자.
정영철. 2014. '서울 민주시민교육의 현황과 과제'. 〈학교 민주시민교육의 현황과 과제〉. 흥사단교육운동본부. 12월 22일.
조한혜정. 2007.『다시 마을이다: 위험 사회에서 살아남기』. 서울: 또하나의문화.
조한혜정. 2014.『자공공: 우정과 환대의 마을살이』. 서울: 또하나의문화.

Anderson, E. & Laginder, A. M. 2103. Dimensions of Power:

The Influence of Study Circles. A. M. Laginder, H. Nordvall & J. Crowther. *Popular Education, Power and Democracy*. Leicester: Niace.

Annette, J. 2008. Community Involvement, Civic Engagement and Service and Service Learning. J,. Arthur, I. Davies & C. Hahn(Eds.). *The Sage Handbook of Education for Citizenship and Democracy*. Los Angeles: SAge.

Biesta, G. 2006. *Beyond Learning: Democratic Education for a Human Future*. Boulder·London: Paradigm.

Biesta, G. 2011. *Learning Democracy in School and Society: Education, Lifelong and the Politics of Citizenship*. Rotterdam: Sense Publishers.

Biesta, G. 2014. Learning in Public Places: Civic Learning for the Twenty-First Century. Biesta, G. Bie, M. & Wildemeersch(eds), *Civic Learning, Democratic Citizenship and the Public Sphere*. Leuven: Springer.

Biesta, G. J. J. 2011. *Learning Democracy in School and Society: Education, Lifelong Learning, and the Politics of Citizenship*. Rotterdam: Sense Publishers.

Brookfield, S. 2000. Education and Self-directed Learning. C. Matheson & D. Matheson.(Eds.). *Educational Issues in the Learning Age*. London & New York: Continuum.

Boyd, W. 2013. 『루소의 교육이론』. 김안중·박주병 역. 파주: 교육과학사.

Corson, D. 1998. *Changing Education For Diversity*. Buckingham·Philadelphia: Open University Press.

Hargreaves, A. & Shirley, D. 2015. 『학교교육 제 4의길 1』. 이찬승 외역. 서울: 21세기교육연구소.

Hargreaves, A. & Fullan, M. 2012. *Professional Capital: Transforming Teaching in Every School*. Routledge: London & New York.

Liebel, A. 2012. Citizenship from Below: Children's Rights and Social Movement, Invernizzi & J. Williams, *Children and Citizenship*. Los Angeles: Sage.

Noddings, N. 2016. 『21세기 교육과 민주주의: 개인적 삶, 직업적 삶, 그리고 시민적 삶을 위한 교육』. 심성보 역. 서울: 살림터.

Osler, A. & Starkey, H. 2005. *Changing Citizenship: Democracy and Inclusion in Education*. Berkshire: Open University Press.

Piper, C. 2012. Will Law Think about Children? Reflections on *Youth Matter*, A. Invernizzi & J. Williams, *Children and Citizenship*. Los Angeles: Sage.

Lisman C. D.(1998), *Toward a Civil Society: Civic Literacy and Service Learning*. Westport: Bergin & Garvey.

Ross, A. 2012. The Citizenship Agenda. P. Cowan & H. Maitles (Eds.). Teaching Controversial Issues in the Classroom. London: Continuum.

Sheffield, E. C. 2011. *Strong Community, Service Learning: Philosophical Perspectives.* New York: Peter Lang.

Tett, L. 2010. *Community Education, Learning and Development*. Scotland: Dunedin.

Visscher, S. D. 2014. Mapping Children's Presence in the

Neighbourhood. Biesta. G. Bie, M. & Wildemeersch(Eds.). *Civic Learning, Democratic Citizenship and the Public Sphere*. Leuven: Springer.

Westheimer, J. & Kahne, J. 2004. What Kind of Citizen? The Politics of Educating for Democracy. *American Educational Research Journal*, 41(2), 237-269.

Whitty, G. 2008. Changing Modes of Teacher Professionalism: Traditional, managerial, Collaborative and Democratic. B. Cunningham(Ed.). *Exploring Professionalism*. London: IOE Press.

한국의 민주시민교육 운영기반 분석과 개선 방안

양흥권

한국의 민주시민교육 운영기반 분석과 개선 방안

—

양 홍 권

Ⅰ. 시작하는 글

모든 민주주의 사회에 있어서 구성원들이 얼마나 민주적인가 하는 것과 전체 사회의 작동 방식이 얼마나 민주적으로 운영되는가 하는 것은 사회의 유지와 발전을 위한 가장 기본적 조건이다. 한 사회의 민주화와 사회구성원의 민주성 발휘는 사회구성들의 민주적 역량에 달려있다. 따라서 사회구성원의 민주적 역량은 사회가 민주적으로 작동하는 기본적 조건이 된다. 이 같은 의미에서 사회구성원의 민주적 역량을 육성하는 것은 민주사회를 위한 기본적 조건이라고 할 수 있다.[01] 여기서 사회구성원의 민주적 역량이란 사회구성원이 자신들의 삶의 전 영역과 과정에서 실제로 민주주의적 원리에 따라 민주주의를 실천 할 수 있는 능력을 의미하며, 이 같은 민주적 역량은 사회구성원이 본인들의 삶에서 민주적인 삶을 살 수 있는 능력으로 민주주의에 대한 지식, 민주적 삶의 실천 능력과 태도와 가치관을 의미한다. 사회 구성원의 민주적 역량은 사회구성원들이 스스로 계발할 수도 있지만 전체 사회 차원의 교육

---

01 P. Murray., L. Dirk.(Edt). 2013. Civic education and competences for engaging citizens in democracies. Singapore: Lighting Source Inc. pp. 8-17.

을 통해 체계적으로 육성할 수도 있다. 즉, 사회구성원 개개인이 자신들의 현실 삶의 실천을 통해 자율적 사고와 판단을 통한 경험학습으로 민주적 역량을 계발하는 것도 가능하지만 사회가 체계적으로 민주시민교육을 계획하여 사회구성원의 민주시민역량을 기르는 것이 필요하다. 이와 같이 사회구성원 모두를 대상으로 그들의 민주시민역량을 기르는 것을 민주시민교육이라고 하고 이는 민주사회에서는 필수 요소라고 할 수 있다.

각 사회마다 민주화의 정도가 다르고, 민주시민교육이 이루어지는 형태도 다양하다. 연구자가 보기에 한 사회의 민주시민교육의 모습은 역설적으로 해당 사회 전체의 민주화 정도에 기반하고 있다. 즉, 민주화가 많이 진척된 사회일수록 보다 바람직한 형태로 민주시민교육이 이루어진다. 역으로 민주화의 정도가 낮은 사회일수록 민주시민교육도 잘 이루어지지 않을 것이다. 이 같은 점은 외국의 여러 국가와 사회의 민주시민교육 현황을 살펴보면 확인할 수 있다. 예컨대, 독일은 정치교육을 통하여 사회구성원 전체를 대상으로 하는 민주시민교육 제도가 체계적으로 구축되어 있기 때문에 사회 구성원의 민주성이 높고, 그 결과로 분단을 극복하고 평화통일을 이루는 데 성공하였다.[02] 한편, 일본의 경우에도 패전 후 전국에 공민교육을 위한 공민관을 설치하여 공민교육[03]을 지속적으로 해 왔다. 그 결과 일본사회는 비상시의 재난에 대응하는 위기극복 능력이 높다. 몇 년 전 지진과 쓰나미, 원전사고 등의

---

02 독일에는 '민주시민교육'이라는 용어보다는 '정치교육'이라는 용어를 사용하고 있다. 독일의 정치교육은 국민들의 정치에 관련된 지식의 이해와 더불어 시민들이 민주주의를 실천하고, 정치에 참여할 수 있는 역량을 기르는 교육을 의미하는 것이다(양홍권. 2014.「독일 정치교육 사례에 기반한 한국의 민주시민교육 모형 탐색 연구」.『평생학습사회』10(2), 한국방송통신대학 원격교육연구소 : 77-104).

03 일본의 공민교육은 사회의 공적 구성원으로서의 자질을 육성하는 교육으로 민주시민교육의 개념과 유사하지만 완전히 동일한 개념이라고 하기는 어렵다. 이는 일본사회의 역사성과 특성에 기인한 것이다.

재난을 당하였을 때, 주민들의 자원봉사활동은 재난을 극복하는 원동력이 되었다. 그렇다면, 한국의 민주시민교육의 현재 모습은 어떠한가? 한국사회의 민주시민교육은 한국의 민주주의를 기반으로 이루어지고 있다. 그러므로 오늘날 한국의 민주시민교육은 한국사회의 민주화 정도를 반영하고 있다. 한국사회의 민주화 정도가 낮으면 민주시민교육의 실천도 미미할 것이며, 민주화의 정도가 높으면 민주시민교육도 활성화되어 있을 것이다. 그런데 필자가 보기에 아직 한국사회의 민주화 정도는 미흡하며, 민주시민교육 현황 또한 미미하다. 한국사회의 민주화 정도는 최근에 이루어진 대통령 선거에서 나타난 사회구성원들의 일련의 행위를 통해 가늠해 볼 수 있다. 얼마 전에 대선이 있었는데 이 같은 선거과정에서 나타나는 여러 양상을 통해 우리사회 민주주의의 현주소를 가늠해볼 수 있었다. 선거는 사회의 민주화와 사회 구성원의 민주성의 정도를 가장 잘 드러내는 사건이라고 생각한다. 선거는 입후보자들의 입장에서는 자신의 인생과 미래가 좌우되는 매우 절박한 사안이며, 유권자의 입장에서도 자신이 지지하는 유권자가 당선되기를 열망하고, 그 가운데 지지자가 다른 유권자 간의 갈등이 고조되는 상황이므로 이 같은 선거 진행과정에서 나타나는 입후보자와 유권자들의 일련의 행동과 행태는 해당 사회의 민주화 정도를 잘 드러낸다. 연구자는 이번 선거진행 과정에서 나타난 입후보자들의 유세와 토론, 유권자들의 행동을 통해 한국사회 민주주의의 현 주소를 들여다 볼 수 있었다. 먼저, 입후보자들은 유세 중에 본인의 공약과 정견과 정책에 대한 설명과 설득보다는 상대방 후보에 대한 비방과 약점 찾기 등을 토론과 선거 전략으로 삼는 모습을 관찰할 수 있었다. 이 같은 양태는 정도의 차이는 있지만 거의 모든 후보들의 공통적 모습이었다. 텔레비전 토론에 있어서도 각 후보들은 본인의 정견과 공약에 대한 설명과 설득보다는 상대방 후보의 약점 들추기, 비방하기, 말꼬리 물고 늘어지기를 하느라 정작 중요한 정견과 공약에 대한 토론을 할 시간을 확보하지 못하는 것을 보고 많은 유권자들이 실망하였다. 한 국가의 최고 지도자인 대통령 후보는 우리사회 구성원 중에서 정치적 경험이 풍부하고, 민주시민으로서의 역량도 최고 수준이라고 기대 할 수도 있는데, 그들이 TV토론에서 보여준 모습은 국민들의 기대에 크게 미치지 못했다. 또한, 유권자인 일부 국민들도 비민주적 모습을 보였다. 유세기간 동안 특정 후보의 유세장에 흉기를 들고 난입한 사건도 있었으며, 후보자들의 선거공보 벽보를 훼손하는 사례 등 본인들이 지지하지 않는 후보들의 유세활동에 대하여 비민주적 행동을 하는 경우가 있었다. 이 같은 모습은 인터넷상에서도 이루어졌는데 근거 없는 허위 기사를 올리거나 유포하는 행위, 온라인 사이트에 악성 댓글을 올리거나 욕설을 올리는 행위는 다반사였다. 이상과 같이 이번 대선과정에서 나타난 입후보자와 유권자들의 모습은 우리사회의 민주주의의 현 주소를 적나라하게 보여주고 있다.

이상과 같은 선거 행태가 나타나는 근본적인 원인은 한국사회의 민주주의 역사가 일천하고 민주시민교육이 미흡함에서 기인한다. 한국의 민주주의는 서구 산업선진국의 민주주의와는 상이한 역사적 과정을 통해 형성된 민주주의이며, 한국사회의 민주시민교육도 이 같은 한국사회의 독특한 민주주의 배경 속에서 이루어지고 있다.

연구자는 이 글을 통하여 한국의 민주시민교육 현황을 개관하고, 민주시민교육의 올바른 실천을 위한 민주시민교육 운영기반 조성을 위한 과제에 대하여 논의하고 활성화 방안에 대하여 제안해 보고자 한다. 이 연구의 구체적 연구문제는 다음과 같다.

> 첫째, 우리나라의 학교 내 민주시민교육의 현황과 문제점은 무엇이며 그 개선방안은 무엇인가?

둘째, 우리나라의 학교 밖 민주시민교육의 현황과 문제점은 무엇이며 그 개선방안은 무엇인가?

셋째, 우리나라의 민주시민교육 활성화를 위한 학교 내와 학교 밖 민주시민교육의 운영기반 조성과 활성화 방안은 무엇인가?

앞에서 논의한 바와 같이 한 사회의 민주시민교육은 해당 사회의 민주화를 기반으로 형성되는데 우리사회의 민주화의 정도가 낮고 이에 따라 민주시민교육에 대한 사회구성원의 합의가 미흡하다. 따라서 연구자는 한국사회의 민주시민교육 현황을 진단하고 이에 기반하여 보다 체계적 민주시민교육 기반조성 방안을 제시함으로써 향후 우리사회의 민주시민교육을 활성화하는 데 기여하고자 한다.

Ⅱ. 민주시민교육의 현황

이 같은 연구문제의 해결을 위하여 한국의 민주시민교육 현황을 문헌분석을 통해 개관하고자 한다. 한국의 민주시민교육 현황은 민주시민교육을 무엇으로 보는가에 따라 다르므로 우선 민주시민교육에 대한 정의가 필요하다. 민주시민교육은 광의로도 정의할 수 있고 협의로도 정의할 수 있다. 또한, 민주시민교육은 교육이 이루어지는 장을 기준으로 학교 내 민주시민교육과 학교 밖 민주시민교육으로 구분할 수 있다. 민주시민교육의 현황을 체계적으로 분석하기 위해서는 민주시민교육의 기반, 교육목표, 교육내용, 교육방법 등으로 구분하여 살펴보는 것이 필요하다. 민주시민교육의 기반이란 민주시민교육 관련 법제와 담당기구, 민주시민교육 예산, 전문인력 등을 의미한다. 민주시민교육의 교육목표란 민주시민교육을 통해 육성하고자 하는 시민의 모습 즉, 민주시민상을 말한다. 민주시민교육의 교육내용이란 민주시민교육에서 다루는 교육내용을 말하며, 민주시민교육의 교육방법이란 민주시민교육의 내용을 교수자와 학습자가 교수-학습하는 활동을 의미한다.

우선, 민주시민교육의 개념에 대하여 살펴보면, 민주시민교육은 광의와 협의로 정의 할 수 있는데, 넓은 의미의 민주시민교육은 정치사회화와 같은 개념으로 사회·정치적 질서의 구성원인 모든 사람들에게 집단, 조직, 제도 및 매체를 통해 정치적으로 영향을 주는 모든 과정을 포괄하는 집합개념이다. 한편, 협의의 민주시민교육은 "청소년이 사회·정치생활의 참여에 필요한 자질을 갖출 수 있도록 하기 위하여 의식적으로 계획되고 조직된 교육과 지속적이고 목표 지향적 교육적 조치를 의미한다.[04] 이처럼 넓은 의미의 민주시민교육은 사회 구성원에게 정치적으로 영향을 주는 모든 것이며, 좁은 의미의 민주시민교육은 사회의 구성원 중 청소년에게 사회·정치생활에 필요한 역량을 기르는 것이다. 이 글에서 필자는 민주시민교육을 좁은 의미의 민주시민교육으로 보며 그 대상을 청소년에 한정하지 않고 사회의 모든 구성원을 대상으로 보고 논의를 전개하겠다.

지금부터는 민주시민교육의 기반, 교육목표, 교육내용, 교육방법을 중심으로 학교 내 민주시민교육과 학교 밖 민주시민교육의 현황에 대하여 분석하고자 한다. 여기서 학교 내 민주시민교육이란 초·중등학교

---

04 김성수 외. 2015.『학교 내 민주시민교육 활성화 방안』. 교육부. 6쪽. 이처럼 민주시민교육은 광의와 협의로 정의할 수 있다. 광의의 정의는 사회구성원을 정치사회화하는 총체적 활동을 의미하고, 협의로서의 민주시민교육은 청소년을 대상으로 그들이 정치·사회 활동을 할 수 있도록 필요한 자질을 기르는 계획적이고 조직적 활동을 말한다.

의 정규 교육과정을 통해 이루어지는 민주시민교육을 의미한다. 그리고 학교 밖 민주시민교육은 학교 밖에서 이루어지는 학생과 학교에 다니지 않는 학교 밖 청소년과 일반인 등 사회 전체 구성원을 대상으로 이루어지는 모든 형태의 민주시민교육을 말한다.

1. 학교 내 민주시민교육 현황

학교 내 민주시민교육이란 전술한 바와 같이 초·중등교육기관에서 재학생을 대상으로 하는 정규교육 과정을 통한 민주시민교육이다. 여기서는 학교 내 민주시민교육의 교육기반, 교육목표, 교육내용, 교육방법 현황을 문헌자료를 기반으로 검토하고자 한다.

첫째, 학교 내 민주시민교육은 시민교육과 관련된 법과 제도적 장치, 민주시민교육 담당기구, 민주시민교육 관련 전문인력 등의 교육기반이 매우 미흡한 실정이다. 우선, 민주시민교육 관련 법제를 살펴보면, 우리나라의 법률 중 민주시민교육을 별도로 규정한 법률은 없다. 다만 현행『교육기본법』제2조에 "교육은 홍익인간의 이념 아래 모든 국민으로 하여금 인격을 도야하고 자주적 생활능력과 민주시민으로서 필요한 자질을 갖추게 함으로써 인간다운 삶을 영위하게 하고 민주국가 발전과 인류 공영의 이상을 실현하는 데에 이바지하게 함을 목적으로 한다."라고 규정하고 있다. 이는 우리나라의 전체 교육은 국민들을 민주시민으로서의 자질을 기르고 나아가 민주국가 발전에 기여하는 인간을 양성하는 것을 목적으로 하고 있음을 알 수 있다.『교육기본법』에 의하면, 우리나라 교육의 기본이념이 민주시민교육에 있지만 이 같은 민주시민교육을 구체적으로 실행하기 위한 내용을 구체적으로 규정하는 법률은 아직 제정되지 않고 있다.

학교 내 민주시민교육을 추진하는 전담기구의 경우에도 아직 우리나라에는 민주시민교육을 전담하는 기구가 설치되어 있지 않다. 학교 내 민주시민교육의 교육인력에 대하여 살펴보면, 현재 학교 내 민주시민교육의 전문인력이 양성되지 않고 있다. 다만 일선학교의 교사를 대상으로 민주시민교육을 위한 연수과정을 운영하고 있는 정도이다. 이처럼 우리나라의 학교 내 민주시민교육의 기반은 법제적 측면, 전문기구(기관)의 측면, 인력의 측면에서 추진기반이 미비한 실정이다.

둘째, 학교 내 민주시민교육의 교육목표와 교육내용에 대하여 살펴보면 다음과 같다. 우리나라에서 민주시민교육을 최초로 도입한 것은 1945년 해방이후 미군정 시기이다. 미군정은 1946년 독립국가의 시민육성을 위하여 '사회생활과'를 도입하였다. 그 당시의 사회과 교육은 명목상으로는 민주시민교육을 내세웠지만 실제로는 민족주의와 반공교육이 이루어졌다.[05] 1955년 8월 제정된 교육과정에서는 민주국가의 공민으로서의 올바른 인간관계에 필요한 기능과 태도 계발이 강조되었다. 1962년에서 1967년까지 중앙교육연구소가 실시한 민주시민교육 사업에서는 반공, 안보, 질서를 강조하는 경제 안보교육이 이루어졌다. 제3차 교육과정에서는 반공 안보교육과 새마을교육이 이루어졌다. 이 시기는 시민교육의 이름아래 정부주도의 국민교육이 이루어졌다. 제5공화국에서는 국가주의 국민교육과 사회정화운동 차원에서 국민정신교육이 이루어졌다. 이처럼 우리나라의 민주화시기 이전의 사회과 교육과정을 통해 이루어진 민주시민교육은 정권 유지에 필요한 홍보교육과 자유민주주의를 홍보하는 국가 중심의 이념교육이 이루어졌다.[06] 제5공화국까지의 학교 내 민주시민교육은 주로 사회과 교육과정을 통해 이루어졌

05 김성수 외. 같은 책. 16쪽.
06 김성수 외. 같은 책. 17쪽.

으며 이 시기의 교육은 민주시민교육이라기보다는 정부 주도로 이루어진 정부 정책을 홍보하고 교화하기 위한 목적의 교육으로 국민정신계몽 성격의 교육이 이루어졌다.

이 같은 민주시민교육의 극적 전환이 이루어진 것은 1980년대 후반 사회 전반의 민주화가 진행되면서 새로 출범한 문민정부에 의한 것이었다. 문민정부의 제5차 교육과정에서는 개념과 원리학습, 탐구학습, 사고력 신장이 강조되었다. 제6차 교육과정에서는 사회과의 공식적 목표가 '국민적 자질'을 기르는 것으로부터 '시민적 자질'을 육성하는 것으로 전환되었다. 한국교육개발원은 민주시민이 갖추어야 하는 자질로 '인간존엄성의 인식', '민주적 절차와 과정의 숙달', '기본생활습관과 질서의식의 내면화', '합리적 의사결정능력 함양'을 제시하였다.

1990년대에는 사회 전반적으로 시민의식이 성장하고, 민주시민교육에 대한 관심이 증가하여 학계와 시민사회 단체의 민주시민교육은 활성화되었고, 선거연수원, 통일연구원, 국가인권위원회 등 국가기구를 통한 민주시민교육은 활성화된 반면에 학교 내 민주시민교육은 상대적으로 약화되었다. 이 시기의 초·중등학교의 민주시민교육은 교과교육, 특별활동, 생활지도 등을 통해 이루어졌다.

2000년에는 학생들의 인권과 학습권에 대한 관심이 증대되고, 학교운영위원회 제도가 정착되었다. 2009년 교육과정 개정을 통해 민주시민으로서의 자질함양을 강화하고, 2009년에 개정된 교육과정에서는 재량활동과 특별활동을 '창의적 체험활동'으로 통합하여 체험위주의 인성교육과 민주시민교육을 시행하였다. 또한, 2010년 교육과정 개정으로 체험과 실천 중심의 '민주시민교육 활성화 방안'을 제시하였다.

요컨대, 해방 이후의 학교 민주시민교육의 교육목표를 정리하면, 민주화 시기 이전의 초창기 민주시민교육은 국가 주도의 민족주의 교육, 반공교육, 체제유지와 국정홍보를 위한 교육이 이루어졌다. 이 같은 교육은 1987년 이후 사회 전반의 민주화의 진전에 따라 국민교육에서 시민교육으로 전환되고, 학생들의 자율성과 주체성이 강조되고, 공동체 의식 증진과 글로벌 시민으로서의 자질을 함양하는 교육으로 전환되었다. 교육방법에 있어서도 지식 주입식 교육이 아닌 체험활동 중심 교육으로 전환되었다. 그런데 사회의 민주화 시기에는 학교 외부의 민주시민 관련 기관과 단체의 시민교육의 강조로 인하여 학교 내부의 민주시민교육은 전반적으로 약화되었다.

셋째, 민주시민교육의 방법에 대하여 살펴보면, 초창기 민주시민교육은 강의중심의 지식전달 교육 형태로부터 제7차 교육과정 개정 이후 민주시민교육에 있어서 토론과 토의 등 다양한 학생 참여형 교육방법이 적용되었다. 앞에서 살펴본 바와 같이 민주시민교육의 교육목표와 내용에서도 부분적으로 언급한 바와 같이 학교 내 민주시민교육의 전체적 교육방법은 기존의 강의중심의 지식전달과 교화식 교육방법으로부터 학생들이 직접적으로 참여하고, 실천하고, 체험하는 형태의 교육방법으로 전환되었다. 미군정시기 이후 학교 내 민주시민교육은 사회과와 도덕과 교과를 중심으로 교실수업을 통한 지식교육의 형태로 이루어졌는데, 오늘날은 인성교육과 인권교육의 차원에서 참여형으로 이루어지고 있다.[07] 과거 민주시민교육은 지식전달 중심의 강의식 교육으로 이루어졌다. 학교 내 민주시민교육의 방법전환이 이루어지게 된 계기는 교육인적자원부가 제7차 교육과정을 개편하면서 부터이다. 교육인적자원부는 교육과정 개편을 통해 학교 교육방법의 하나로 각급 학교에서 토론과 토의를 활성화하는 것을 강조하였다.[08]

---

07 심성보. 2011. 『(인간과 사회의 진보를 위한) 민주시민교육: 평화 · 인권 · 참여의 학습을 통한 민주적 시민되기의 길잡이』. 서울: 살림터. 11쪽.

08 송창석. 2005. 『새로운 민주시민교육 방법 : Metaplan을 이용한 토론 · 토의 · 회의 진행법』. 서울: 백산서당. 12쪽.

한편, 교사들은 민주시민교육 방법이 지식전달 중심으로 이루어지는 데에 따른 한계를 인식하고 토론, 체험, 의사결정학습, 사회참여학습, 모델링, 탐구학습, 구성주의적 방법, 서사적 대화, 협동학습, 조별활동 등 다양한 방법을 활용하기 시작하였다. 학교 내 민주시민교육을 통하여 지식교육은 물론 삶의 양식도 변화시키기 위한 다양한 접근을 하고 있다.[09] 이처럼 학교 내 민주시민교육 방법이 과거 지식전달 위주의 강의식 교육방법에서 토론, 체험, 사회참여, 협동학습 등 다양한 형태의 교육방법을 적용하고 있는 것은 민주시민교육이 지식 전달에 머물지 않고 민주적 의식과 인식의 형성, 일상적 생활 속에서 민주적 삶의 실천까지 유도해야 한다는 점에서 바람직하다.

2. 학교 밖 민주시민교육 현황

학교 밖 민주시민교육이란 학교 밖에서 이루어지는 일반인과 학교 밖 청소년들과 일반학생들을 대상으로 이루어지는 학교 밖의 사회 전 영역에서 이루어지는 다양한 형태의 민주시민교육을 말한다. 이처럼 학교 밖 민주시민교육은 학생과 학교 밖 청소년과 일반시민 모두를 교육대상으로 한다. 학교 밖 민주시민교육은 한 사회의 구성원 전체를 대상으로 하는 민주시민교육이며, 교육의 장은 사회의 모든 장면에서 이루어지며, 학교의 정규교육과정에 해당하지 않는 교육을 의미한다. 교육내용은 사회 구성원을 민주시민으로서 육성하기 위한 목적의 교육내용 전체를 말한다. 학교 밖 민주시민교육은 한 사회 구성원 모두의 민주시민 역량을 육성하기 위한 목적의 교육이다. 여기서는 학교 밖 민주시

---

09 김성수 외. 앞의 책. 27쪽.

민교육의 교육기반, 교육목표와 내용, 교육방법 등을 문헌자료를 기반으로 분석하였다.

첫째, 우리나라의 학교 밖 민주시민교육은 학교 내 민주시민교육과 마찬가지로 민주시민교육의 기반인 관련법과 제도적 장치, 민주시민교육 담당기구, 민주시민교육을 담당하는 전문인력 등은 아직 미비한 실정이다. 우선 학교 밖 민주시민교육 관련 법제를 살펴보면, 현재까지 학교 밖 민주시민교육을 직접적 구체적으로 규정한 법률은 없으며, 앞에서 살펴본 바와 같이 『교육기본법』에 우리나라 교육목적을 국민의 인격도야, 자주적 생활능력 함양, 민주시민으로 필요한 자질 함양으로 규정하고 있을 뿐이다. 민주시민교육을 구체적으로 어떤 주체에 의해, 어떤 내용을 어떤 방법으로 교육해야 하는가에 대한 법규는 마련되어 있지 않다. 민주시민교육과 관련된 법규가 없으므로 당연히 학교 밖 민주시민교육이 활성화될 수 있는 기반이 매우 미약하다. 그러므로 향후 국민 모두를 대상으로 하는 민주시민교육을 활발히 추진하기 위하여 기본적 전제 조건으로 학교 밖 민주시민교육 관련 법규 제정이 필요하다. 한편, 우리나라에는 민주시민교육을 전문적으로 담당할 민주시민교육 전담기관이 없다. 그동안 민주시민교육의 운영을 규정하는 법률 제정에 대한 시도가 수 차례 있었지만 여러 가지 이유로 인하여 결국 실현되지 못한 것은 안타까운 일이다.[10] 향후 시기적으로 늦은 감이 있지만 사회 구성원 전체를 대상으로 하는 민주시민교육의 기본적 운영에 대한 사항을 규정한 법률 제정이 시급하다.

학교 밖 민주시민교육의 제공주체에 관하여 살펴보면, 우리나라의 학교 밖 민주시민교육은 1990년대 이후에 활성화되었다. 1987년 이후

---

10 서준원. 2000.「민주시민교육지원법안 추진과정과 향후과제」.『한국민주시민교육학회보』 5. 144쪽.

국가의 민주화의 진척에 따라 시민의 정치의식이 증대되고 학계와 시민단체의 민주시민교육에 대한 관심이 높아지게 됨에 따라 학계와 시민단체의 민주시민교육이 활성화되고, 선거연수원, 통일연구원, 국가인권위원회 등의 각종 정부기구들에 의한 민주시민교육이 전개되었다. 그러나 현재까지 우리사회 구성원 전체를 대상으로 민주시민교육을 전담하여 운영하는 기구나 기관이 없으므로 이 같은 국가 전체 차원의 전담기구와 기관 설치가 필요하다. 예컨대, 독일의 경우에는 '연방정치교육센터'가 중앙에 설치되어 있고, 각 연방주에는 '지방정치교육센터'가 설립되어 체계적 민주시민교육이 이루어지고 있다.[11]

둘째, 민주시민교육의 교육목표와 교육내용에 관하여 살펴보면, 우리나라의 민주시민교육은 다양한 주체에 의해 사회의 다양한 영역에서 산발적으로 이루어지고 있으므로 교육의 목표와 내용은 각 주체에 따라 서로 다르다. 우리나라의 학교 밖 민주시민교육은 중앙차원의 '각종 위원회'와 '입법부', '사법부', '정부 부처', 시민사회단체 등에 의해 이루어지고 있다.

먼저, 민주시민교육은 국가인권위원회, 국민권익위원회, 국민고충처리위원회, 방송위원회, 중앙선거관리위원회, 청소년위원회, 민주화운동기념사업회 등의 여러 분야의 위원회를 통해 이루어지고 있다. 이 같은 다양한 위원회는 해당 위원회의 설립 목적과 기능, 역할에 근거하여 일반시민을 대상으로 다양한 내용의 민주시민교육을 운영하고 있다.[12] 예컨대, 국가인권위원회는 인권교육을 운영하고 있고, 국민권익위원회는 부패방지 교육을 방송위원회는 시청자 지원교육을, 청소년위원회는 청소

---

11 양홍권. 앞의 책. 87~89쪽.

12 이학영 외. 2005. 『시민교육 제도화를 통한 21세기 민주사회건설을 위한 방안 연구: 국가와 지방자치단체의 지원·전달체제를 중심으로』, 시민사회단체연대회의 시민교육위원회 한국YMCA전국연맹. 44쪽.

년 보호와 유해환경 개선을 위한 제반 활동과 청소년 대상 각종 교육 프로그램을 운영하고 있다. 각 위원회는 해당 위원회가 직접교육을 시행하지 않고 교육사업에 대한 공모를 통해 시행 주체를 선정하고, 집행·평가하는 형태의 지원사업 형태로 민주시민교육을 운영하고 있다.[13]

한편, '입법부'인 국회의 민주시민교육은 '시민의정연수'와 '시민단체의정연수'의 형태로 이루어지고 있다. '시민의정연수'는 초·중·고생, 대학(원)생 일반시민, 시민단체, 교사 등을 대상으로 한다. '시민단체의정연수'는 시민사회단체 회원을 대상으로 실시하는데 연수 인원이 제한적이다. '교사의정연수'는 초·중·고 교사를 대상으로 한다.[14] 그리고, '사법부'의 민주시민교육은 각 기관의 제도와 시설물을 견학하는 법원견학 형태로 이루어지고 있다. 따라서 사법부의 민주시민교육은 일반인을 대상으로 하는 구체적 교육 프로그램 형태로는 이루어지지 않고 있다. 그밖에도 각 정부 부처는 각 부·처(청)와 산하교육기관을 통해 다양한 형태의 민주시민교육을 하고 있다.[15] 이 같은 교육은 각 부처별로 관련 법령에 기반하여 직접사업 형태나 지원사업 형태로 민주시민교육을 하고 있다. 그런데 정부 부처에서 이루어지고 있는 사업은 일반인 대상의 다양한 내용의 교육이 이루어지고 있으므로 엄밀한 의미에서는 민주시민교육에 해당하지 않는 교육도 이루어지고 있다. 우리나라의 각종 시민사회단체도 각 단체의 결성 취지와 활동에 부합하는 다양한 내용의 민주시민교육 프로그램을 자율적으로 운영하고 있다.

이처럼 우리나라의 학교 밖 민주시민교육은 민주시민교육에 대한 구체적 교육목표와 교육내용에 대한 규정이 명확하지 않아서 다양한 형태로 이루어지고 있다. 민주시민교육 프로그램을 직접 운영하거나 관

13 이학영 외. 같은 책. 68쪽.
14 위의 책. 69쪽.
15 위의 책. 70쪽.

련 사업을 지원하고 있는 제공 주체는 중앙의 각종위원회, 입법부, 사업부, 각 정부부처 소속의 부·처(청), 시민사회단체 등을 통하여 이루어지고 있다. 각 주체는 설립취지와 목적, 해당 주체의 기능에 따른 다양한 내용의 민주시민교육을 운영하고 있다. 광의의 민주시민교육 개념 차원에서 보면, 이 같은 다양한 주체가 운영하는 교육을 모두 민주시민교육으로 볼 수 있지만, 협의적 민주시민교육 개념 차원에서 보면, 이 같은 프로그램 중 극히 일부분만을 민주시민교육으로 볼 수 있을 것이다. 그러므로 향후 민주시민교육의 개념 규정과 이에 기반한 민주시민교육의 구체적 교육목표 설정이 필요하다.

셋째, 우리나라의 학교 밖 민주시민교육의 교육방법은 과거의 강의식뿐만 아니라 토론, 체험, 실천 활동 등 다양한 형태의 교육방법이 활용되고 있다. 앞에서 살펴본 바와 같이, 학교 밖 민주시민교육은 국가의 각종 위원회, 입법부, 사법부, 중앙정부 부처, 시민사회단체에 의해 다양한 내용의 교육 프로그램과 지원사업 형태로 이루어지고 있다. 이처럼 민주시민교육의 제공주체가 다양하고, 교육의 목적과 내용이 다양하므로 학교 밖 민주시민교육의 교육방법 또한 다양하다. 즉, 강의식, 토론식, 체험과 실천 활동, 사이버교육 등의 다양한 형태의 교육이 이루어지고 있다. 그러나 이 같은 교육이 학습참여자들의 특성을 고려하고, 민주시민교육의 목적과 내용에 부합하게 효과적으로 교육할 수 있는 방법인가에 대해서는 비판의 여지가 있다.

민주시민교육은 어떤 측면에서는 교육내용보다 교육방법이 중요하다. 그것은 민주시민교육의 교육방법은 민주시민교육의 내용과 별개로 분리될 수 없는 특성을 갖기 때문이다. 민주시민교육의 방법은 교육에 참여하는 학습자들의 민주적 지식과 인식, 태도 형성에 직접적으로 영향을 미쳐 학습자들의 삶 속에서의 민주적 실천역량을 육성하는 교육내용으로 작용한다. 그러므로 민주시민교육은 교육내용과 교육방법을 분리할 수가 없다. 또한, 학교 밖 민주시민교육 참여자의 대부분은 학령기의 아동 청소년이 아닌 일반 성인일 경우가 많으므로 성인들의 특성을 반영한 교수방법이 적용되어야 한다. 그런데 현재 우리나라의 학교 밖 민주시민교육은 학습자 특성과 교육내용을 고려한 다양한 형태의 민주시민교육 방법이 적용되지 않고 있으므로 향후 민주시민교육의 목적과 대상과 내용에 부합하는 민주시민교육 방법이 개발되고 적용되어야 할 필요성이 높다.[16]

요컨대, 민주시민교육은 교육내용 못지않게 교육방법이 중요하므로 민주시민교육을 통하여 사회 구성원의 민주적 역량을 기르기 위해서는 교육 참여자의 특성, 교육목적, 교육목표, 교육내용, 교육매체 등 교육의 전반적 요소를 고려한 민주시민교육 방법이 적용되어야 할 것이다.

Ⅲ. 한국의 민주시민교육 운영기반 조성

앞에서 필자는 우리나라 민주시민교육의 현황을 학교 내 민주시민교육과 학교 밖의 민주시민교육으로 구분하고 두 가지 실천 영역에서의 민주시민교육의 교육기반, 교육목표, 교육내용, 교육방법 차원에서 분석해보았다. 분석결과 우리나라의 민주시민교육은 학교 민주시민교육과 학교 밖 민주시민교육 모두 운영기반이 취약하고 다양한 문제점을 안고 있음을 알 수 있었다. 따라서 향후 우리나라의 민주시민교육의 활성화를 위하여 이에 대한 개선이 시급한 실정이다. 이하에 우리나

16 송창석. 앞의 책. 15쪽.

라 학교 내 민주시민교육과 학교 밖 민주시민교육의 운영기반 조성과 활성화 방안에 대하여 논의하고자 한다.

1. 학교 내 민주시민교육 운영기반 조성

학교 내 민주시민교육 활성화를 위해서는 교육기반이 강화되어야 하고, 교육목적의 구체화와 교육목표의 명확화 교육내용의 체계화가 필요하며, 학생들의 체험과 참여 중심의 교육방법으로 개선되어야 한다. 이를 구체적으로 제시하면 〈표 1〉과 같다.

〈표 1〉 학교 내 민주시민교육 운영기반 조성 방안

구분	현황	운영기반 조성 방안
운영기반	- 민주시민교육 관련법 없음 - 민주시민교육 전담부서 없음 - 민주시민교육 교과 없음 - 전담교사 없고 일반교사 연수	- 민주시민교육 관련법 제정 - 민주시민교육 전담부서 설치 - 민주시민교육 교과 개설 운영 - 교과담당교사 양성
교육목적과 목표	- 교육목적과 목표가 정부 정책에 따라 유동적임 - 사회과와 도덕과 교과의 일부로 목적과 목표 설정 - 교육목적과 목표가 다양하고 체계성 부족	- 교육목적과 목표에 대한 체계화와 관련 집단의 합의 도출 - 민주시민교과를 개발하여 교육목적과 목표의 체계화 - 학교급별, 학년별 교육목표의 표준화와 명확화 필요
교육내용	- 교육내용이 정부에 따라 다양함 - 교육내용이 교과에 따라 다양함 - 교육내용의 체계성과 표준화 부족	- 정부에 영향을 받지 않는 항구적 표준 교육과정의 개발 - 교육내용의 체계화와 교과별 연계 구축 - 교육내용의 표준화와 체계화 필요함
교육방법	- 강의식 전달시 교육법의 변화 - 토론, 체험, 실천 중심의 교수법 - 교사들에 대한 교수법 연수추진	- 지식전달보다는 실천역량을 기르는 교수법의 도입 - 토론, 체험, 실천 중심 교수법의 지속적인 개발과 적용 - 담당 교사에 대한 교수법 연수강화

첫째, 현재 우리나라의 학교 내 민주시민교육 기반은 취약하므로 이를 시급히 개선해야 한다. 교육은 한 사회의 유지와 발전에 있어서 필수적 요소이다. 특정 사회 나아가 국가는 특정의 이념을 토대로 운영된다. 이 같은 국가 형성의 기본적이고 구체적 사항을 규정하고 있는 법률이 헌법이다. 우리나라 헌법 제1조 제1항은 "대한민국은 민주공화국이다."이라고 규정하고 있다. 이는 대한민국의 국체는 민주주의에 기반하고 있는 공화국이다. 제2항은 "대한민국의 주권은 국민에게 있고, 모든 권력은 국민으로부터 나온다."라고 규정하고 있다. 이 같은 두 조항은 우리나라의 존립기반에 대한 규정이다. 대한민국은 대의민주주의제로 운영되는 민주공화국이다. 이 같은 헌법 규정은 대한민국의 존립에 있어서 민주주의가 가장 기본이 되는 원리이며, 대한민국의 모든 권력의 기반이 국민에 있음을 의미한다. 이는 우리나라의 존립에 있어서 국민의 민주성과 민주시민으로서의 실천 역량이 매우 중요함을 의미하는 것이다. 이 같은 점에 비추어 볼 때, 학교교육에 있어서 민주시민교육의 중요성은 아무리 강조해도 지나치지 않을 것이다. 그런데, 이를 우리 학교교육의 현실 특히 학교 민주시민교육의 현실에 비추어보면 학교 민주시민교육의 매우 열악한 실정이다.

우선 우리나라의 학교 내 민주시민교육은 초·중·고등학교의 도덕과와 사회과 일부에서 부분적으로 다루어지고 있다. 그런데 이 같은 교과목을 통한 교육은 상급학교로 올라갈수록 입시교육으로 인하여 제대로 운영되지 않고 있다. 이 같은 현실을 개선하기 위해서는 초·중등학교 교육과정에서 민주시민교육의 위상이 강화되어야 한다. 서구 산업선진국의 경우에는 최근에 공통적으로 학교교육과정에서 민주시민교육이 강화되고 있다.[17] 즉, 미국, 영국, 프랑스, 독일의 경우 근래 공통적으

17 P. Murray., L. Dirk.(Edt). 2012. School, curriculum and civic education for building democratic citizens. Singapore: Lighting Source Inc. pp. 11-

로 학교교육과정에 민주시민교육이 강화되고 있다. 구체적으로 영국은 2002년부터 시민교육이 국가교육과정 안에 독립된 교과목으로 편성되었고, 프랑스는 1995년에 중등교육 과정에 시민교육과정이 독립 교과로 설치되었다. 독일은 각 연방 주에 따라 차이가 있지만 시민교육이 5학년 또는, 7학년 학생들을 대상으로 매주 2시간 정도 배정되어 있고, 민주시민교육이 '수업 원리'로 모든 교과목 수업의 내용요소로 각 학년 수준에서 맞게 운영되고 있다.[18] 이처럼 서양의 여러 산업 선진국에서는 국가의 교육과정에서 민주시민교육을 독립된 교과목으로 편성하여 체계적인 교육을 도모하고 있다. 미국에서는 학교 내와 학교 밖 사회의 민주시민교육을 강화하고 있다[19].

위와 같은 서구 산업선진국의 학교 내 민주시민교육 운영 추이를 고려할 때, 우리나라의 민주시민교육의 학교교육과정이 더욱 강화되어야 할 것이다. 즉, 민주시민교육을 가칭 '시민교육' 혹은 '민주시민교육'이라는 별도의 교과목을 개발하여 운영하거나 현재 민주시민교육의 주된 교과목인 사회, 도덕 등의 교과목에 민주시민교육 관련 교육내용과 운영 시수를 더욱 확대해야 할 것이다. 대학입시 등 상급학교 입학사정에 있어서 학생들의 재학기간 동안의 민주시민 활동과 관련 교과목 성적 비중을 강화하는 것이 필요하다.

한편, 민주시민교육 기반과 관련하여 민주시민교육에 대한 교사들의 역량을 강화해야 한다. 교사 양성교육과 교사 임용 후 연수교육에 있어서 교사들의 민주시민교육 교수자로서의 역량을 강화하는 것이 필

24.

18 이학영 외, 앞의 책. 48~49쪽. 이처럼 서양의 여러 산업 선진국에서는 국가의 교육과정에서 민주시민교육을 독립된 교과목으로 편성하여 체계적인 교육을 도모하고 있다.

19 B. E. Karfer., W. Jonathan.(Edt). 2012. Civic education and the future of American citizenship. New York: Lexington Books. pp. 25-36.

요하다. 즉, 교사양성 교육과정에 민주시민교육 교과목을 강화할 필요가 있으며, 민주시민교육 담당교사의 교수법에 대한 연수를 확충해야 한다. 교사 임용이후의 자격승급 연수과정과 일반 연수과정의 민주시민교육 관련 교과목에 대한 연수를 확충해야 할 것이다.

둘째, 학교 민주시민교육의 교육목표와 교육내용에 대한 체계화가 필요하다. 현재 학교 민주시민교육은 전술한 바와 같이 학교 교과목 중 사회과와 도덕과를 통해 이루어지고 있고, 인성교육과 인권교육 차원에서도 이루어지고 있다. 사회과는 사회생활에 필요한 지식을 바탕으로 인권존중 관용과 타협의 정신, 사회정의 실현, 공동체 의식, 참여와 책임의식 등의 민주적 가치와 태도 함양, 개인적 사회적 문제를 합리적으로 해결하는 능력을 육성하는 것을 목표로 한다. 도덕과는 학생들의 건전한 도덕성과 인격의 기초를 육성하기 위한 올바른 가치관 형성, 도덕적 삶의 태도와 민주적 생활양식 체득을 통한 개인적 자아실현, 사회공동체의 존속과 발전을 위한 시민적 역할과 책임을 다하는 자질과 품성함양에 초점을 두고 있다.

이처럼 학교 내 민주시민교육의 교육목표는 사회과에서는 민주적 사회 구성원으로서의 기본적 지식, 가치와 태도함양 민주적 사회생활 능력의 함양에 두고 있으며, 도덕과는 학생들의 기초 인격과 도덕성 육성을 통해 궁극적으로 시민적 자질과 실천능력 함양에 목표를 두고 있다.

이 같은 현행 교과의 구체적 과목을 개관하면, 초등학교 창의적 체험활동, 우리들은 1학년, 바른생활, 도덕과, 사회과에 민주시민교육 관련 내용이 구성되어 있다. 중학교와 고등학교의 도덕과, 사회과에 민주시민교육 관련 내용이 구성되어 있다. 사회과의 각 학교 급별 교육내용을 살펴보면, 초등학교 창의적 체험활동에는 봉사활동을 통한 타인에 대한 배려와 나눔, 지역사회에 대한 역할과 책임분담, 바른생활 교과는 타인에 대한 배려, 애국심, 통일 등의 내용으로 구성되어 있다. 사회과는 사회생활에 관한 기본지식, 사회현상에 대한 지식, 고장에 대한 지식, 국가와 세계에 관한 지식을 다루고 있다. 한편, 중학교 사회과는 민주정치, 사회와 문화, 인권, 사회정의와 법, 근대사, 민족운동, 현대사를 다루고 있다. 고등학교 사회과는 한국사, 사회계층과 불평등, 민주정치, 참여, 헌법의 가치를 다루고 있다.[20]

또한, 초등학교 도덕과는 저학년에 타인에 대한 배려, 우리, 타인, 사회의 관계, 우정과 예절, 나라, 민족, 지구공동체에 관한 내용이 중학년은 나라, 민족, 지구공동체, 통일, 대화와 갈등 해결, 북한동포, 새터민, 재외동포 관련 내용으로 구성되어 있다. 고학년에는 나라, 민족, 지구공동체, 편견 극복과 관용, 타문화 이해와 존중으로 구성되어 있다. 중학교 교과는 통일, 북한주민, 인권, 소수자 보호, 양성평등, 세계평화, 도덕적 판단, 이상적 삶으로 구성되어 있다. 고등학교 교과는 사회정의, 직업윤리, 사회복지 문제와 윤리 평화와 윤리, 다문화, 세계주의와 세계시민 등의 내용으로 구성되어 있다.[21] 이처럼 학교 민주시민교육의 내용은 초·중등학교의 도덕과, 사회과를 중심으로 구성되어 있으며, 교육의 목적과 내용은 민주시민으로서의 지식, 실천능력, 태도와 가치관 함양을 위한 내용들로 구성되어 있다.

연구자가 보기에 학교 내 민주시민교육의 교육목표 설정은 학생들을 민주시민으로서의 자질과 역량을 육성하는 데 적합하게 설정되어 있으며, 교육내용도 교육목표에 적합한 내용으로 구성되어 있다. 문제점은 민주시민교육을 위한 교육내용은 교과목과 학교 급별로 산재되어 있음으로 인하여 전체적으로 볼 때 교육과정 구성의 체계성과 논리성,

---

20 김성수 외. 앞의 책. 26쪽.
21 위의 책. 25~27쪽.

계속성에 있어서 비효율적이라는 점이다. 향후 이 같은 점에 대한 개선이 필요하다.

셋째, 학교 내 민주시민교육의 교육방법의 다양화와 현실화가 필요하다. 앞에서 살펴본 바와 같이 학교 내 민주시민교육은 초·중등교육 단계의 사회과와 도덕과를 중심으로 구성되어 있다. 그런데, 이같은 교육과정 운영은 주로 학교 수업시간을 중심으로 운영되고 있으므로 교육방법에 있어서 강의중심, 교실수업 형태의 교수법에서 탈피하여 학생들이 민주시민으로서의 실천역량을 강화할 수 있는 교수방법으로의 개선이 필요하다.

교육과학기술부는 2010년 교육과정 개편을 통해 '체험과 실천 중심의 민주시민교육 활성화 방안'을 발표하여 이전까지 민주시민교육이 교과서 중심, 지식전달 중심의 방법이었음을 반성하고 이를 개선하기 위한 방안을 제시하였다. 즉, 학교 밖 지역사회에서 운영되는 체험활동 프로그램과 학교교육 간 연계를 통해 학생들의 참여와 실천을 통한 공동체적 책임의식 함양, 민주시민교육의 기본역량 함양과 기반조성, 범부처 간 민주시민교육체제 구축, 나라사랑 문화확산을 강조하였다.[22] 이 같은 교육당국의 민주시민교육 활성화 방안에 대하여 민주시민교육은 사회구성원들의 생활 속에서 실천되면서 체득되어야 하는 것인데, 단지 시범학교운영을 통해 접근하고자 하는 점, 민주시민교육이 시민성에 기반한 민주적 정치에 관한 교육보다는 애국심과 순종하는 시민형성의 강조하고, 학생, 교사 등 학교 구성원의 민주문화 형성에 필수적인 참여와 자기결정권을 무시하고 있다는 비판이 있다.

위와 같은 검토를 토대로 향후 학교 민주시민교육 방법의 개선에 대하여 논의하면, 민주시민교육의 방법은 민주시민교육의 목적과 목표

---

22 김성수 외. 앞의 책. 19쪽.

달성을 위한 중요한 전략의 하나임을 직시하여 학교 민주시민교육 방법에 대한 개선이 필요하다. 학교 내 민주시민교육은 실천형, 체험형 민주시민교육으로 전환되어야 한다. 학교 내 민주시민교육 방법 개선을 위해서는 민주시민교육 운영기반에 대한 혁신이 필요하다. 이를 위하여 학교 내 민주시민교육을 위한 학교와 지역사회, 교사와 학부모, 일반시민의 협동적 노력이 필요하다. 학교 내 민주시민교육은 학교를 포함한 지역사회 전체가 교육공동체가 되어야 가능하다. 그리고 학교 내 민주시민교육 방법 개선을 위하여 교사들의 민주시민교육 교수법에 대한 연수가 강화되어야 한다. 또한, 학교 내 민주시민교육은 교사들의 교수법 연수를 통하여 토론, 체험, 대화, 협동에 기반한 교육방법이 적용되어야 한다. 민주시민교육을 교육내용보다 교육방법이 더 중요하다. 이를 위하여 민주시민교육 방법은 사회, 도덕과는 물론 모든 교육과정 운영의 교수방법의 기본원리로 도입되어야 할 것이다.

2. 학교 밖 민주시민교육 운영기반 조성

현재 우리나라의 학교 밖 민주시민교육의 운영기반은 매우 취약하므로 향후 운영기반 강화를 위한 획기적 개선이 이루어져야 한다. 학교 밖 민주시민교육은 여러 교육주체에 의해 다양한 교육목적으로 이루어지고 있으므로 향후 학교 밖 민주시민교육의 교육목적과 교육목표 교육내용의 체계화가 필요하다. 또한, 학교 밖 민주시민교육을 위한 교육전문가 양성과 학교 밖 민주시민교육의 새롭고 다양한 교수법에 대한 연구개발과 적용이 필요하다. 이를 구체적으로 제시하면 〈표 2〉와 같다.

<표 2> 학교 밖 민주시민교육 운영기반 조성 방안

구분	현황	운영기반 조성 방안
운영기반	- 민주시민교육을 위한 법규 없음 - 민주시민교육 담당 중심기구 없음 - 민주시민교육을 위한 예산 미미 - 민주시민교육 전문인력 없음	- (가치)민주시민교육법과 같은 법규제정이 필요함 - 민주시민교육 담당 기관설치(국가 수준, 광역시·도 수준, 시·군·구 기초지자체 수준, 읍·면·동 수준)
교육목적과 목표	- 민주시민교육 목적과 목표가 비체계적임 - 사회 관련 주체들의 민주시민교육에 대한 교육목적과 목표에 대한 합의가 없음 - 제공주체에 따라 목적, 목표 상이함	- 민주시민교육 목적과 목표를 전문가와 관련주체 간의 합의를 통해 정립해야 함 - 민주시민교육 목적과 목표의 체계적 정립
교육내용	- 민주시민교육의 교육내용도 다양함 - 민주시민교육의 표준교육과정이 정립되지 못함	- 민주시민교육 내용 구성의 준거를 바탕으로 민주시민교육 내용을 체계화 하여야 함 - 민주시민교육에 대한 표준 교육과정에 따른 교육내용의 선정과 조직화가 필요함
교육방법	- 지식전달을 위한 전통적 강의법을 활용한 교육방법 - 비판적 사고력과 문제해결력울 육성하기 위한 참여적 학습자 중심적 교육방법의 활용	- 교육 참여자의 민주시민역량을 증진 할 수 있는 교수법의 개발과 적용 - 토론, 현장실천, 체험 등의 실제적 역량을 육성하는 교수법의 개발과 보급이 필요

첫째, 우리나라 학교 밖 민주시민교육의 활성화를 위하여 학교 밖 민주시민교육을 위한 법제 마련이 필요하고, 전담기구의 설치와 예산확보, 전문인력 양성이 필요하다. 우리나라의 현행 학교 밖 민주시민교육의 운영기반은 매우 취약하다. 무엇보다도 학교 밖 민주시민교육을 위한 법제적 기반이 취약하다. 앞에서 기술한 바와 같이 우리나라의 학교 밖 민주시민교육의 기본적 기반이 되는 법이 없어서 학교 밖 민주시민교육 추진기반이 취약하다. 우리나라에는 아직 학교 밖 민주시민교육의 국가적 차원의 중심기구와 기관이 설치되어 있지 않다. 학교 밖 민주시민교육을 위한 예산이 마련되어 있지 않고 전문인력도 없는 실정이다.

한국의 민주화가 1980년대를 기점으로 본격적으로 진행되었음에도 불구하고 현재까지 민주시민교육을 체계적·지속적으로 운영하는 데 필요한 법제적 기반이 마련되어 있지 못하다. 이는 이 같은 법제적 장치의 마련 과정 속에서 관련 집단의 의견이 수렴되지 못하고 이를 둘러싼 사회적 이견과 갈등이 존재하기 때문이다.[23] 여기에는 정치, 경제, 사회, 문화를 둘러싼 복잡다단한 사회적 배경이 작용하고 있다. 무엇보다도 정치권력의 민주화 과정 속에 복잡한 갈등 양상이 현존하고 있다. 우리나라와 사회 존립의 가장 기본이 되는 민주시민교육의 중요성에도 불구하고 민주시민교육의 법적 기반정비에 대한 사회적 합의가 어렵다는 점은 그 자체가 우리사회 민주화의 현 주소를 보여주는 단적인 예이다.

연구자가 보기에 우리사회의 민주시민교육 활성화를 위한 가장 중요한 기반은 관련법을 제정하고, 제도를 정비하는 것이다. "(가칭)민주시민교육지원법"의 제정을 위한 사회적 노력이 지속적으로 전개되고 있으나 현재까지 그 결실을 맺지 못하고 있다. 조속한 시기에 우리나라 민주시민교육의 기본적 사항을 규정하여 민주시민교육이 상시적·항구적으로 이루어질 수 있는 법적기반이 마련되어야 한다.[24] 이 같은 법제 제정에 있어서 이미 제정되어 있는 다양한 영역의 지원을 위한 법률에 대한 종합적 검토가 필요하다. 즉, 『평생교육법(2000)』, 『통일교육지원법(1999)』, 『문화예술교육지원법(2005)』, 『환경교육진흥법(2008)』, 『법교육지원법(2008)』, 『경제교육지원법(2008)』 등에 대한 법률 검토를 기초로 『(가칭)민주시민교육지원법』 안이 마련되어야 한다.

둘째, 우리나라 학교 밖 민주시민교육의 활성화를 위하여 학교 밖 민주시민교육의 교육목적과 교육목표, 교육내용의 체계화가 필요하다. 이 같은 민주시민교육의 목적·목표·내용에 대한 체계적 정립을 기반으로 전체 사회 구성원들의 전 생애에 걸친 학교 밖 민주시민교육이 평생

23 서준원. 앞의 책. 146쪽.

24 김남근. 2008.「한국 민주시민교육의 활성화 방안에 관한 연구」. 동국대학교 박사학위논문. 100~110쪽.

교육의 차원에서 체계적으로 운영되어야 한다.[25] 한 사회 구성원의 민주시민교육은 한 인간의 전 생애에 걸쳐 제공되어야 하고, 국가의 공적 교육시스템을 통해 체계적으로 제공되어야 한다. 이 점에 있어서 이미 구축되어 있는 평생교육추진체제[26]를 학교 밖 민주시민교육의 운영체제로 활용하는 방안에 대한 검토가 필요하다.

현행 학교 밖 민주시민교육의 목적, 목표, 내용 방법의 비체계성은 앞의 민주시민교육의 기반 구축의 미흡함에 근본 원인이 있다. 현재 학교 밖 민주시민교육은 앞에서 논의한 바와 같이 다양한 주체들에 의해 다양한 목적과 내용으로 산발적으로 이루어지고 있다. 민주시민교육의 제공 주체가 다양하므로 민주시민교육의 목적과 목표와 내용도 다양하고 통일성과 체계성이 부족하다. 물론 민주시민교육이 단일 목적과 목표로 일사불란하게 이루어지는 것도 문제가 될 수 있다. 이보다 더 중요한 것은 민주시민교육의 체계성과 일관성의 기반 위에 민주시민교육의 다양성이 보장되는 것이다. 이를 위하여 국가적 차원의 학교 밖 민주시민교육에 대한 교육목적과 교육목표의 설정과 이에 따른 교육내용 구성이 필요하다. 그런데 이와 관련하여 우리나라의 현 여건은 열악하다. 민주시민교육 개념에 대한 사회적 합의가 없으며, 민주시민교육의 필요성에 대한 사회 구성원들의 인식 수준이 낮고, 정부의 민주시민교육의 책무성에 대한 인식수준도 낮다.

그럼에도 불구하고 민주시민교육의 목적과 목표 설정, 민주시민교육의 내용구성을 위한 기본적 개념설정과 원리에 대한 탐색이 필요하다. 이와 관련하여 민주시민교육의 개념 구성 요소로 민주시민교육의

---

25 박수명. 2005.「한국 평생교육으로서의 민주시민교육의 과제」.『윤리교육연구』 7. 한국윤리교육학회. 39~42쪽.

26 우리나라에 구축되어 있는 평생교육체제는 전국 차원의 국가평생교육진흥원, 광역 시·도 차원의 광역시·도평생교육진흥원, 기초지자체 차원의 시·군·구 평생학습관, 읍·면·동 차원의 읍·면·동 평생학습관 등이 설치되어 있다.

대상인 '시민', 시민활동의 장인 '사회', 교육목적과 교육내용인 '민주적 시민성', '형식'의 설정과 민주시민교육의 원칙과 지향으로 '보편성', '공익성', '민주성', '자발성' 등의 설정, 그리고, 민주시민교육 내용의 일곱 가지 성격과 지향에 대한 논의[27]는 이 같은 논의의 출발점과 준거로서 매우 중요한 시사점을 제공하고 있다.

예컨대, 민주적 시민성에 대한 성격은 민주시민교육의 내용구성에 있어서 중요한 준거가 될 수 있다. 즉, 민주적 시민성은 시민의 주체성과 능동성 함양, 확장된 공공영역을 내용적 범위로 하고, 개인과 공동체 두 측면을 포함하고, 사회화와 반사회화 과정의 포함, 현실에의 적용과 실천을 중시하고, 민주적 시민성에 대한 시대적 해석이 필요하다는 것이다.

셋째, 우리나라 학교 밖 민주시민교육의 활성화를 위하여 학교 밖 민주시민교육의 교육방법의 지속적 연구개발과 적용이 필요하다. 우리나라의 경우 학교 내 민주시민교육에 비하여 학교 밖 민주시민교육의 방법은 상대적으로 다양하며, 참여와 실천을 기반으로 하고 있다.[28] 학교 밖 민주시민교육 중 다양한 형태의 민주시민교육 방법을 보여주고 있는 대표적 영역이 시민사회 영역의 민주시민교육이다. 이 같은 시민교육의 교육형식도 역사적 변화를 거쳐 왔다. 1990년대 중반부터 2000년대 초반까지는 '○○아카데미', '○○강좌'의 형식으로 전개되어 참여자들에게 사회문제를 바라보는 비판적 시각과 문제해결력을 기르는 시민의식 고양을 중심으로 전개되었다. 즉, 시민사회의 민주시민교육은 일방적 지식전달모형에서 탈피하여 참여적, 학습자 중심적 교육방법론에 기반 한 의사소통모형을 정착시키고자 노력하고 있다.[29]

---

27 이학영 외. 앞의 책. 26~29쪽.

28 허영식. 1997. 『민주 시민 교육의 방법』. 서울: 학문사. 35쪽.

29 한숭희. 2002. 『민주시민교육의 개념과 쟁점. 민주시민교육 기초조사 분석 연구사

향후 학교 밖 민주시민교육 방법에 있어서도 지속적 개선이 요청된다. 민주시민교육은 평화와 인권과 참여에 대한 학습을 통하여 가능하다. 즉, 학교 밖 민주시민교육에 있어서 학습자인 시민이 교육의 수동적 대상이 아니라 능동적 참여자, 지식의 비판적 구성 주체가 되어야 한다. 즉, 시민학습자가 현장지식을 공동체적 인식론 구조 안에서 표출하고 연결지어 자율적 담론 창출력을 극대화하는 시민참여에 터한 새로운 담론을 생성하는 시민주도의 네트워크형 민주시민교육 방법과 모형[30] 개발이 전개되어야 한다.[31] 이처럼 학교 밖 민주시민교육의 방법은 학습자의 적극적 참여와 학습자와 교수가 간의 긴밀한 대화에 기반한 교수법이 지속적으로 개발·적용되어야 할 것이다.

Ⅳ. 맺는 글

이 연구는 한국의 민주시민교육을 비판적으로 검토하고 이에 기반하여 민주시민교육 운영기반 구축방안을 제안하여 향후 우리나라의 민주시민교육을 개선하고 활성화하기 위한 목적의 연구이다. 이를 위하여 연구자는 한국의 민주시민교육이 이루어지는 장과 교육대상을 기준으로 학교 내 민주시민교육과 학교 밖 민주시민교육으로 구분하여 두 가지 장場의 민주시민교육의 운영기반, 교육목적과 교육목표, 교육내용

업 보고서』. 민주화운동기념사업회. 23쪽.

30 P. Murray., L. Dirk.(Edt). 2013. Civic education and competences for engaging citizens in democracies. Singapore: Lighting Source Inc. pp. 11-30.

31 위의 책. 52쪽.

및 교육방법의 측면에서 민주시민교육 현황을 진단하고, 개선방안을 제시하였다.

한 국가와 사회의 민주화의 정도와 민주주의의 특성은 각 사회 마다 상이하다. 즉, 해당 사회의 역사와 문화, 사회 구성원의 민주성의 정도에 따라 상이하다[32]. 한국사회의 민주주의는 한국사회만의 독특성을 반영하고 있다. 한국의 민주주의의 역사는 서구 국가에 비하여 일천하다. 한국사회는 왕조국가에서 외세에게 국권을 빼앗긴 일제강점기를 겪었으며, 외세에 의존하여 국가 주권을 회복하였다. 이 같은 국권회복이 외세의 힘에 의해 이루어짐으로써 주권회복과 동시에 국토의 분단을 경험하고 이는 현재에도 이어지고 있다. 국토분단 후 우리나라 최초의 민주보통 선거를 1948년 5월 10일에 남한에 한정하여 실시한 후 제헌국회를 구성하여, 7월 17일 제헌헌법을 선포하여 대통령중심제를 기반으로 한 민주공화정을 채택하고, 8월 15일 대한민국정부를 수립하였다. 유엔(UN)은 같은 해 12월 대한민국을 한반도 유일의 합법정부로 승인하였다. 대한민국은 정부수립 이후에도 민주주의에 대한 경험 부족으로 인하여 다양한 문제를 노정하였다. 1960년에는 대규모 부정선거에 저항하여 4·19혁명이 일어났으며, 1961년 민주정치의 혼란 속에서 5·16이 발생하였다. 5·16 이후 군부정권이 제3공화국 이후 계속되었다. 독재 정권에 항거하는 광주민주화운동이 1980년 5월 18일에 발발하였다. 신군부가 광주민주화운동을 무력으로 진압함으로써 이들에 의한 집권이 지속되다가 1993년 문민정부 출범으로 군사정권이 막을 내렸다. 문민정부 출범 이후 국민의 정부, 참여정부가 집권하였으며, 그 이후 이명박정부, 박근혜정부가 이어졌다. 박근혜정부의 비선 민간인

---

32 H. Reinhold., Z. K. Tatjana(Eds). 2012. Education for civic and political participation : A critical approach. Taylor & Francis. pp. 27-30.

에 의한 국정농단을 비판하는 국민 대중의 촛불 시위가 2016년 말부터 지속적으로 전개되어 국회에 의한 대통령 탄핵소추안이 가결되고, 헌법재판소가 이를 인용함으로써 현직 대통령이 파면되는 건국 이래 사상 초유의 사태가 발생하였다. 그 당시 뉴욕 타임즈 등 해외 언론에서는 2016년 촛불시위 이후의 일련의 정치적 과정을 건국 100년도 안 되는 한국이 세계사에 유례를 찾을 수 없는 모범적 민주주의를 보여주었다는 평가를 하였다.[33]

2017년 현재 대한민국에 민주주의적 헌법에 기반한 정부가 출범한 지 70년이 경과하였다. 지난 70년 동안 한국의 민주주의는 앞에서 열거한 수많은 우여곡절을 겪었다. 서구사회의 민주주의가 수백 년에 걸쳐 이루어졌다면, 한국사회의 민주주의의 역사는 매우 짧아 100년도 되지 않는다. 한국사회의 민주주의는 과거 역사와 현재 상황의 다양한 특수성으로 인하여 서구 국가보다 어려운 여건과 장애 속에서 발전하였다. 그것은 일제강점기 이후 청산하지 못한 식민잔재의 적폐와 분단상황에 따른 이념 갈등의 문제 등으로 인하여 민주주의의 발전이 상황적·구조적 어려움 속에 놓여 있다.

이상과 같은 역사적·구조적·상황적 어려움에도 불구하고 우리사회의 민주화와 민주주의의 발전은 국가발전을 위하여 지속적·항구적으로 추진되어야 하는 국가적 차원의 과제이다. 그것은 국가와 사회의 지속가능한 발전의 가장 중요한 과제는 민주주의의 발전에 있기 때문이다.

민주주의의 발전은 사회의 역사적 전개 과정 속의 시민의 자생적 민주화 운동을 통해서도 발전할 수 있지만, 사회구성원의 민주시민으

---

33 홍윤기. 2017.「한국에서 민주시민교육 기반구축의 가능성과 그 제약」.『한국 근현대사에서 '민주시민교육'의 현황과 전망』. 2017학년도 대학인문역량강화(CORE)사업·한국학연구원 학술대회 자료집 미간행 별쇄본 1-16쪽.

로서의 역량을 체계적으로 육성하는 것이 기반이 되어야 한다. 그것은 다름 아닌 민주시민교육을 통해 가능하다. 민주시민교육은 학교 내 민주시민교육과 학교 밖 민주시민교육의 두 가지 영역에서 이루어져야 한다.

앞에서 논의한 바와 같이, 한국의 민주시민교육은 민주시민교육을 위한 기반이 매우 취약하다. 학교 민주시민교육의 교육과정이 강화되어야 하고, 교육목표와 내용의 체계화가 필요하며, 교육방법의 다양화와 실제화가 필요하다. 학교 밖 민주시민교육의 기반조성을 위하여 민주시민교육지원을 위한 법이 제정되어야 하고, 민주시민교육의 교육목표와 교육내용의 체계화가 필요하다.[34] 또한, 학교 밖 민주시민교육의 교육방법에 있어서 국가와 교육제공자 중심의 지식전달형의 강의식 교육이 아닌 학습자의 참여를 촉진하고, 교수자와 학습자 간, 학습자와 학습자 간 상호작용과 토론을 중심으로 하는 의사소통을 통한 국지적 담론 생성이 가능한 교수방법을 지속적으로 개발·적용해야 한다.

요컨대, 한국의 민주주의는 한국사회의 여건과 독특성을 기반으로 다양한 역사적 우여곡절 속에서 지속적으로 발전하는 과정 속에 있다. 한 국가와 사회의 민주주의의 발전은 두 가지 차원에서 동시에 이루어져야 한다. 즉, 시민의 현실세계와 정치에 대한 민주적 참여와 실천을 통한 경험과 동시에 사회 구성원 모두를 대상으로 하는 민주시민교육을 통해 상보적 방법으로 이루어져야 한다. 한국 국민들의 사회적 실천 장면에서의 민주주의적 행보는 다른 나라에서 유례를 찾기 힘들 정도로 매우 역동적이다. 이에 비하여 학교 안과 학교 밖의 민주시민교육은 미흡하다. 따라서 현 시점의 한국의 민주주의 발전을 위한 가장 긴요한 과제는 국가 차원의 학교 내 및 학교 밖 민주시민교육 운영기반조성을

34 양홍권. 앞의 책. 99~101쪽.

통한 적극적 지원과 활성화라고 할 수 있다.

참고문헌

김남근. 2008.「한국 민주시민교육의 활성화 방안에 관한 연구」. 동국대학교 박사학위논문.

김성수 외. 2015.『학교 내 민주시민교육 활성화 방안』. 교육부.

문경협. 2012.「민주시민 자질에 대한 교육주체의 인식 연구」. 강원대학교 박사학위논문.

박덕규 외. 2000.『독일의 주 교육부장관 회의에 관한 연구』. 한국교육개발원.

박수명. 2005.「한국 평생교육으로서의 민주시민교육의 과제」.『윤리교육연구』 7. 한국윤리교육학회. 39~60.

서준원. 2000.「민주시민교육지원법안 추진과정과 향후과제」.『한국민주시민교육학회보』 5. 한국민주시민교육학회: 141~160.

송창석. 2005.『새로운 민주시민교육 방법 : Metaplan을 이용한 토론·토의·회의 진행법』. 서울: 백산서당.

______. 2000.「시민사회단체의 정치교육(민주시민교육): 가칭 '민주시민교육지원법' 입법 추진 방향을 중심으로」.『한국정치학회추계학술회의 자료집』. 한국정치학회.

신형식. 2011.「한국시민사회와 민주시민교육의 제도화 방안」. 경기대학교 박사학위논문.

심성보. 2011.『(인간과 사회의 진보를 위한) 민주시민교육: 평화·인권·참여의 학습을 통한 민주적 시민되기의 길잡이』. 서울: 살림터.

양흥권. 2014.「독일 정치교육 사례에 기반한 한국의 민주시민교육 모형 탐색 연구」.『평생학습사회』 10(2). 한국방송통신대학 원격교육연구소: 77~104.

이학영 외. 2005.『시민교육 제도화를 통한 21세기 민주사회건설을 위한 방안 연구: 국가와 지방자치단체의 지원·전달체제를 중심으로』, 시민사회단체연대회의 시민교육위원회 한국YMCA전국연맹.

임희숙. 2001.「참여 민주적 시민사회의 형성을 위한 시민교육의 방향」. 숙명여자대학교 박사학위논문.

최동철. 2014.「한국 민주시민교육의 제도화에 관한 연구: 정치인의 민주시민교육에 관한 의식조사」. 경기대학교 박사학위논문.

한숭희. 2002.『민주시민교육의 개념과 쟁점. 민주시민교육 기초조사 분석 연구사업 보고서』. 민주화운동기념사업회.

허영식. 1997.『민주 시민 교육의 방법』. 서울: 학문사.

홍윤기. 2017.「한국에서 민주시민교육 기반구축의 가능성과 그 제약」.『한국 근현대사에서 '민주시 민교육'의 현황과 전망』. 2017학년도 대학인문역량강화(CORE)사업·한국학연구원 학술대회 자료집 미간행 별쇄본: 1~16.

B. E. Karfer., W. Jonathan.(Edt). 2012. Civic education and the future of American citizenship. New York: Lexington Books.

H. Reinhold., Z. K. Tatjana(Eds). 2012. Education for civic and political participation : A critical approach. New York:

Taylor & Francis.
P. Murray., L. Dirk.(Edt). 2013. Civic education and competences for engaging citizens in democracies. Singapore: Lighting Source Inc.
P. Murray., L. Dirk.(Edt). 2012. School, curriculum and civic education for building democratic citizens. Singapore: Lighting Source Inc.

한국에서 민주시민교육 기반구축의 가능성과 그 제약

홍윤기

한국에서 민주시민교육 기반구축의 가능성과 그 제약

—

홍 윤 기

1. 한국에서 시행되는 민주시민교육의 이론과 실천에 대해 이 글을 쓰는 필자의 입지점

필자는 독일 베를린에서 유학 생활을 보내던 1992년~1995년 간 '한겨레' 유럽 통신원으로 일하면서 '독일연방정치교육원(bpb. Bundeszentrale für Politische Bildung)'에서 주간으로 발간하는 연방의회(Bundestag) 의정기록지 *Das Parlament*를 정기구독하면서 독일 정치교육의 효능을 몸소 체험할 수 있었다.

귀국 이후 동국대학교 철학과 교수로 재직하면서 2009년 민주화운동기념사업회와 5·18기념재단이 발주한 민주시민교육용역사업을 총괄하여 연구책임자로서 국내외 민주시민교육에 대해 포괄적인 보고와 분석 그리고 전망을 행한 『민주청서21』을 작성하였다. 그 이후 2015년 3월 이래 2년간 서울특별시 민주시민교육 자문위원회 위원장을 역임하였으며, 2017년 6월 현재 성남시 민주시민교육자문위원장, 서울특별시 교육청 민주시민교육 자문위원, 그리고 2016년 3월 이래 '우리헌법읽기 국민운동' 공동대표로 활동 중이다.

독일 유학 중에 체험하였던 독일 정치교육이 민주시민교육의 표준 사례로 연구되는 한국의 관행에 따라 필자는 2015년 상반기(3월

~7월) 이래 '동국대학교 서울시 대학연계 시민대학'의 교육과정을 민주시민교육사 기초교육과정으로 운영하고, 그와 나란히 2015년 하반기에 성남시에 동일한 교육과정을 개설하여 4개 분기에 걸쳐 약 2백여명의 교육사에 대해 기초교육과정을 이수하도록 하였다. 여기에서 훈련된 교육사들은 각기 자신들이 활약한 지역에서 민주시민교육 관련 조례를 성립하는데 주도적 역할을 다한 결과, 서울시 조례의 전례를 좇아 경기도, 성남시, 의정부시 및 안산시에서 자력으로 조례를 제정하는 데 기여하였다.

필자가 민주시민교육에 관한 자신의 이력을 서두에 밝히는 이유는, 글로벌 정석대로 작동되는 민주시민교육의 국가적 체계가 대한민국에서는 이제 막 작동을, 그것도 아주 힘들게 작동을 개시하는 중이고, 이 글의 주제에 관한 상당수의 진술이 아직은 체계적으로 기술되어 공적으로 보고되지 않은 필자의 직접 경험에서 유래하기 때문에 그 진술의 신뢰성을 어느 정도 확보하기 위한 근거를 제시하려는 의도에 있다. 이 글의 독자는 이 점을 감안하여 관대하게 그 뜻을 혜량하기 바란다.

2. 민주시민교육의 이론과 실천이 한국에서 가장 먼저, 그리고 가장 크게, 맞부딪치는 난관으로서 '개념 핵심에서 시선 돌리기'

한국에서 민주시민교육은 〈교육기본법〉 제2조(교육이념) 즉, "교육은 홍익인간弘益人間의 이념 아래 모든 국민으로 하여금 인격을 도야陶冶하고 자주적 생활능력과 민주시민으로서 필요한 자질을 갖추게 함으로써 인간다운 삶을 영위하게 하고 민주국가의 발전과 인류공영人類

共榮의 이상을 실현하는 데에 이바지하게 함을 목적으로 한다."에 규정된 그대로 민주국가의 발전에 기여하는 민주시민의 계발에 필수적인 것으로 규정되어 있는 교육이다.[01] 대한민국 공교육의 근간을 규정하는 이 법률의 교정 그대로 '민주시민'의 개념과 그것의 육성을 목표로 하는 '민주시민교육'은 어떤 경우에도 민주국가, 즉 국가 안에서 이루어지는 모든 종류의 시민 생활에서 민주주의가 관철되는 것을 목표로 하는 민주주의와 뗄 수 없는 연관을 가지며, 거기에서 특히 '정치'에서 민주주의는 뺄 수 없는 구성요소이자 작동영역이다. 요약컨대, 민주시민교육은 어떤 경우에도 국가를 중심으로 정치를 핵심으로 하는 민주주의 작동과 연관된 개념이다.(Democratic- civic education is in any way such a civic activity as relevant to the concept of state-centered operation of democracy with its core of politics.)

민주시민교육과 정치 특히 민주정치의 불가분한 연관은 민주시민교육에 대해 한국의 민주시민교육 학계에서 확정되어 통용되는 사전적 정의에서도 확인된다. '한국민주시민교육학회'는 그 책임 아래 발간한 『민주시민생활용어사전』에서 민주시민교육을 다음과 같이 정의(定義)하고 있다.[02]

> "민주시민교육이란, 국민이 국가의 주권자로서 국가와 지역사회에서 일어나고 있는 정치현상에 관한 객관적 지식을 갖추고, 정치적 상황을 올바로 판단하고, 비판의식을 갖고

---

01 〈교육기본법〉〔시행 2016.8.30.〕〔법률 제14150호, 2016.5.29., 일부개정〕(강조 필자) 국가법령정보센터 http://www.law.go.kr/%EB%B2%95%EB%A0%B9/%EA%B5%90%EC%9C%A1%EA%B8%B0%EB%B3%B8%EB%B2%95

02 한국민주시민교육학회. 1998. 128쪽.(강조 필자) 음선필(책임연구원)(2013), 26쪽에서도 이 정의를 원용한다.

정치과정에 참여하여 책임지는 정치행위가 될 수 있도록, 가정, 학교, 사회에서 습득하는 모든 과정이다."

민주시민교육에 대한 민주시민교육학회의 이러한 '정치핵심적(politics- pointed)' 정의는 그것이 발표된 지 10년이 지난 뒤, '민주화운동기념사업회'와 '5·18기념재단'이 발주하여 전국에서 23명의 연구진을 투입하여, 현대적 의미에서의 민주시민교육을 창출하고 그것을 수용하여 선행적으로 실현한 미국, 독일, EU 등 이른바 '발전된 민주주의 국가들(developed democratic countries)'의 민주시민교육 실행사례들을 전수조사 하다시피 한 『민주청서21』에서도 재확인되었다. 그 연구성과는 연구진의 명의로 다음과 같이 아주 간략한 약어略語로 요약되었다.

민주주의와 민주시민교육에 관한 민주청서 약의靑書略意

민주주의는 단지 인간이기 때문에 모두 평등하게 그 존엄성을 인정받는 각 개인이 자유로운 시민으로서 독립된 정치공동체를 구성하고, 자율적으로 정립한 목적과 규칙에 따라 각종 권력을 공동으로 책임지고 운영하는 체제이다. 민주주의 정치공동체의 모든 시민은 일체의 부당한 차별을 넘어 자아·가정·정치·경제·사회·문화·국제관계 등 일상적 삶의 모든 공적 관심사에 관해 자기 의견을 형성하고 동료시민과 더불어 심의하며 공동으로 해결책을 결정할 권리와 책임을 가진 민주국가의 주권자이자 이 지구의 세계시민이다. 반제국주의 3·1독립혁명으로 건국의 기틀을 잡은 대한민국은 시민 각자의 좋은 삶과 국가의 번영을 일치시키고, 사회, 민족, 인류의 공존과 평화를 추구하는 민주공화국을 우리의 의지와 힘으로 발전시켜 왔다.

민주주의는 압제와 착취에 저항하고, 구성원의 기본 권리와 기초 생존을 보장하며, 각 시민의 인간적 자기실현을 촉진하는 정의로운 질서를 창출하고, 각 시민이 이 국가와 지구의 운명에 공동 책임을 지는 경지에 이르기까지 끊임없이 진화한다. 이런 민주주의의 역사적 진화에는 민주적 시민의식에 투철한 시민들의 투신과 연대가 결정적 역할을 수행한다. 민주시민 없는 민주주의와 그 진화는 불가능하다.

이제 민주주의와 국가의 병행 발전을 추동할 시민적 주체의 형성에 민주시민교육이 전지구적 신성장동력으로 등장하고 있다. 민주시민교육은 민주주의 가치와 제도를 체득하여 반민주적 퇴행에 감연히 맞서고 문제사태를 이성적으로 인식하고 판단하고 결정하며 민주 제도와 질서에 능동적으로 참여하고 책임지는 시민적 활기를 창출하는 시민능력을 발휘하도록 각 시민이 평생 수행하는 자기교육이다. 국가와 사회에 충만한 시민적 활기야말로 지속적 민주발전으로 국가발전, 사회통합, 민족통일을 성취할 근본적 정치동력이다. 시민적 감성과 욕구에 따라 민주시민교육의 현장과 기회를 실시간으로 제공하는 것은 자유사회와 민주국가의 책무이다. 이성적 능력과 책임감을 갖춘 시민적 활기에 충만한 우리 시민들은 민주시민교육을 매개로 억압받는 약자, 동료시민, 그리고 다른 나라 시민들과 연대하여 이 민족과 지구의 민주화와 공동발전에 매진할 의무를 자임한다.

2009년 2월 28일 민주청서21 연구단"[03]

그러나 각 나라에서 실행하고 있는 민주시민교육에서 글로벌하게 확인되고 있는 민주시민교육의 이런 정치핵심적 개념은 한국의 학교교

03 홍윤기(책임연구원). 2009. 『민주청서21』. 뒷표지.

육, 학교밖 성인교육으로서 평생교육, 이와 관련한 행정 부서, 나아가 시민사회와 정당을 중심으로 돌아가는 제도권정치계에서 철저하게 외면당한다. 민주시민교육 실행의 관건 권한을 쥐고 있는 이런 기관들과 단체들 가운데 민주시민교육을 노골적으로 반대하는 곳은 찾아보기 힘들다. 그러나 이들은 일차적으로는 '민주주의'에 대해, 더 나아가 민주주의 '정치'에 대해, 좀 더 깊숙히 들어가면 민주주의 '현실정치'를 다루어야 하는 민주시민교육의 핵심 사안에 대해 근원적으로 반대하고, 민주시민을 철저하게 민주주의적으로 이미 정해진 기존 제도와 질서에 순응하는 일종의 준법시민, 도덕적 순응주의를 내면화한 착한 시민으로 이해하고자 한다. 따라서 아주 정확하게 말하자면, 한국에서 민주시민교육은 공적인 화제가 되기를 꺼려하면서, 일단 그것이 화제가 될 경우, 철저하게 그 핵심에서 눈길이 돌려지도록 온갖 도피적 담론과 회피적 규정을 만들어낸다. 그러다 보면 한국판 민주시민교육은 그것이 그 어떤 규범적 구속력을 갖는 것이 아니도록 하다가, 정 안 될 경우, 그 핵심 사안에서 시선을 돌리면서 '정치 아니면 모든 것을 다루어도 되는 시민의 일상적 교양교육' 정도로 축소되고 그 정치적 강도는 약화된다.

그런데 핵심 사안에서 물러나 그 교육중점이 엉뚱한 곳에 박히고, 관련된 효능감은 약화된 이런 시민적 교양 수준의 학습은 바로 정체성 위기에 빠져든다. 왜냐하면 이 정도의 시민적 일상교육은 바로 현재 대한민국 각 자치단체에서 실행하는 평생교육과 전혀 구별되지 않기 때문이다. 그리고 민주시민교육이 실행될 경우 응당 바랄 수 있는 국가 차원 민주주의에의 기여라는 교육적 효능성 즉 국가민주주의와 시민민주주의의 적실한 합체라는 체제기능은 전혀 바랄 수 없는 것이 되어버린다.

이 논문의 목적은 우선 민주시민교육의 기반을 확인하기 전에 민주시민교육에 대한 글로벌 차원의 이해를 재확인하는 데 있다. 그러기 위해서 우선 국가 차원의 민주주의에서 엄청난 정치적 효능성을 발휘한 촛불시민혁명의 과정을 분석하여 대한민국의 정치현실에서 민주시민교육의기반이 잡혀 있었을 경우 기대되는 효과를 정확하게 표집하면서, 민주시민교육에 대한 정치기반적 개념정의를 민주시민교육의 원조인 미국의 정치에서 다시 한 번 확인한다. 그 다음 비로소 민주시민교육의 현실적 기반요인들을 확정하고, 각 요인별 현재 수준을 요약한다.

3. 민주시민교육의 입장에서 본 촛불시민혁명의 리스크 요인 : 대한민국 촛불시민혁명에서 입증된 '국가 민주주의'의 정치적 효능성과 시민 민주주의적 요구의 수렴가능성의 불확실성 또는 '정치와 일상의 불일치'

2017년 5월 10일 현재, 국외자적 관점에서 볼 때 대한민국 국가 민주주의는 아주 훌륭하게 작동하고 있는 것으로 관찰된다. 대한민국 제19대 대통령 선거 결과를 다룬 「워싱턴포스트」 5월 10일 분석기사는 "서구가 자유민주주의의 위기와 해로운 민족주의의 부흥으로 절망에 휩싸여 있을 때, 한국은 국민의 힘이 여전히 살아있다는 반가운 소식을 방금 전했다."고 시작된다. 이어서 이 신문은 조기에 치러진 한국 대선의 배경, 즉 언론이 박근혜 전 대통령을 둘러싼 비리를 파헤쳤고, 대규모 시위가 잇따랐으며, 결국 당시 대통령 박근혜가 탄핵됐고, 그래서 치러지게 된 조기 대선에서 문재인이 당선되는 과정을 기술하면서 "이 모든 일들은 평화롭게, 그리고 민주적으로 이뤄졌다."고 총평하면서, "한국은 민주주의를 어떻게 해야 하는지 전세계에 보여줬다.(South

Korea just showed the world how to do democracy.)"고 극찬했다. 그러고 나서 「워싱턴포스트」는 한국에서 이루어진 이런 일련의 과정이 특히 미국의 입장에서 어떤 소회를 갖게 하는지 밝혔다. 즉, "감동적인 이야기다. 특히 미국의 지원을 받고 있던 독재정권을 갓 80년대 말에 민주주의로 교체한 나라란 점에서 그렇다."[04]

「워싱턴포스트」의 이런 관찰과 평가에 전적으로 동의하는 입장에서 좀 더 거시적으로 말하자면, 21세기 두 번째 십년기 들어 튀니지에서 시작하여 중국에 이르는 지구 반바퀴 거리의 재스민혁명의 연장선에서 볼 때, 이른바 대한민국만의 '촛불시민혁명'은 국가 차원에서 민주주의의 자정력과 복원력을 보여주는, 지구적 차원에서 거의 유일한 선례를 남겼다고 할 것이다. 국외자적 관점에서 한 걸음 더 나아가 평가하자면, 〈대한민국헌법〉이 구축한 '국민민주주의 체제(nation-democracy regime)' 안에서 그 추동자인 '국민國民' 즉 '국가 시민國家市民'은 최대화된 주도력을 발휘하여 적폐의 최고권력자를 혁파하고 새로운 위임자를 선출함으로써 헌법에 명시한 주권 행사가 가져올 수 있는 한 최대의 정치적 효능성(maximal political efficacy)을 입증했다고 할 수 있을 것이다.

그런데 외신에서 경이와 감동의 눈으로 보는 이 촛불시민혁명의 과정을 같이 만들었던 우리 대한민국 시민들은 이 장엄한 과정에서 정작 무엇이 빠져있고 무엇이 헛돌고 있는지 너무나 잘 알고 있다. 현존 권력인 대통령 주변을 떠돌던 온갖 부패와 비리 그리고 반민주적 권력행태에 부정적 권력경험을 쌓아가던 대한민국 국가시민들 앞에 국정농단

---

04 김수빈 기자, 「워싱턴포스트 "한국은 민주주의를 어떻게 해야 하는지를 전세계에 보여줬다"」; 『허핑턴포스트코리아』(2017. 05. 10. 18:17 게시, 2017. 05. 10. 18:22 업데이트, http://www.huffingtonpost.kr/2017/05/10/-_n_16530444.html#cb) 및 김신회 기자, 「워싱턴포스트 "한국이 전 세계에 민주주의의 귀감을 보여줬다"」; 『머니투데이』(입력 2017. 05. 11. 11:13. http://v.media.daum.net/v/20170511111358073?f=m)

의 결정적 물증이 폭로되는 것을 기폭제로 하여 2016년 10월 29일 첫 촛불항쟁이 일어났다. 그리고 현직 대통령의 탄핵과 파면 그리고 구속을 관철시키면서 연인원 1,500만명이 운집했던 25차례의 전국적 시위가 있었다. 그 결과 새로운 대통령을 뽑아올린 2017년 5월 9일에 이르는 193일의 시간 지속 안에서, 서울특별시의 광화문을 필두로 전국 모든 지역자치구의 광장과 큰거리, 그리고 국회, 국무총리 공관, 청와대, 헌법재판소를 오가는 공간 무대 안에 직접 들어가 이른바 '촛불시민혁명'을 같이 만들어 가 본 이들은 분명히 자각하고 있다. 즉, 2017년 5월 9일 새로운 대통령을 뽑은 것은 그 어떤 혁명의 완결이 아니라, 혁명적으로 결집된 시민권력(civic power) 또는 주권자 의지(the sovereign will)가 향후 대한민국 국가 체제를 주권자인 시민의 민주주의가 요구하는 수준으로 업그레이드 시켜 재가동하도록 하는 교두보를, 그것도 아직은 상당히 불안정한 교두보를 마련한, 일종의 시작의 끝이자 본격적인 변혁의 시작점일 뿐이라는 것을.

이 시민참여자 개개인 말고 그 건너편에서, 엄청나게 다분화된 현대 한국 사회에서 연인원 1천5백만의 대중단위가 거의 반 년동안 지속적으로 동일한 정치의지를 발산하는 광경을 지켜본 대한민국 제도권 정치계, 그리고 특정 정치적 관심과 정향을 가진 시민그룹이, 이 과정에서 어떤 생각을 하고 있었는지 정확하게 알 수는 없다. 그래도 이들 정파나 시민그룹들이, 그 누구의 배후조종도 받지 않고 이렇게 엄청난 정치적 성취를 이룬 거대한 수의 시민을 자기 세력으로 만들고 싶은 정치적 욕심을 갖지 않을 수 없었을 것이라는 점만은 분명하다.

하지만 제도정치와 관련된 이런 정파나 집단들이 이른바 촛불시민들에게 어떻게 접근하고 어떤 방식의 접촉을 할지 확실하게 정하고 있다는 그 어떤 징표도 아직은 포착되지 않는다. 다시 말해서 한국의 정당과 각종 시민사회단체들이 엉켜 있는 한국의 현실정치권이 촛불시민혁명 과정에서, 대통령 탄핵과 퇴진 말고 제기되었던 그 밖의 요구들을 어떻게 수용하고 처리할지, 아니 그 이전에, 촛불시민혁명을 과연 상대할 수 있는 정치동반자로 인정할지 여부도 아직은 미정인 상태로 보인다. 다음과 같은 장면을 보면, 현실정치권이 이른바 촛불 민심의 실체를 어떻게 파악하고 있는지 여실히 드러난다.

촛불시민혁명이 시작되기 훨씬 전인 2016년 2월 만들어진 '다시민주주의포럼'은 2016년 4월 총선의 "승리" 후 '국민주권실현연대'로 확대되었고 6월에 '주권자 포럼'으로 명칭 변경 후 일종의 잠복기로 들어갔다가 2016년 10월 시민집회를 조직하는 데 결정적으로 기여했던 '박근혜정권 퇴진 비상국민행동'(약칭, 퇴진행동)에 주도적으로 참여하면서 '민주실현주권자회의' 이름으로 박근혜 퇴진 이슈 제기와 이른바 촛불 민심의 명세화 작업을 병행하였다. 특히 대선 기간 동안 민주실현주권자회의는 3월 29일부터 4월 30일까지의 한달 간 구글설문, 전국의 600여 시민단체와 함께 개최한 4월 14일 "어떤 정부, 어떻게 구성할 것인가? 새정부! '나는 요구한다!' 주권자 파티"라는 제목의 국회헌정기념관 토론회 등을 통해 모아진 10대 과제(범민주진영 공동정부, 사드철회, 세월호 진상규명 철저 등)와 기타 100대과제(gmo문제, 참배움교육, 검경찰 개혁, 건강권 등) 등의 요구를 모아 『주권자요구공약집』을[05] 만들었다. 문제는, 5월 6일 대선 후보를 낸 5대 정당에 이 공약집을 전달하고자 각 정당에 후보 면담을 요청하였지만, 후보 직접 면담은 문재인 후보만 가능했으며 국민의당은 채이배 정책본부장에게 전달하였고 다른 당들은 정책 관계자들게 전달하였다.[06] 그리고 문재인 후보에게도

---

05 이 공약집은 https://drive.google.com/file/d/0ByswPgmqTXTCRklQVnZkT1BkYk0/view에서 직접 다운받을 수 있다.

06 김현아 기자 입력, 「민주실현주권자회의, 문재인·안철수·심상정에 정책 자료집 전달」; 『시민의 소리』(2017.05.07. 07:02 입력, http://v.media.daum.net/v/20170507070205327) 참조

전달은 직접 했지만 별도의 전달 장소를 마련한 것이 아니라 삼성역 코엑스 앞에서 이루어진 서울시 강남구 유세장에서 후보가 이동하는 중에 그 틈새를 비집고 들어가 단상에 올라가서 후보에게 거의 쥐어주다시피 하는 모양새로 이루어졌다.[07]

여기서 읽어내어질 수 있는 것은 대한민국 현실정치에 있어서 헌법적으로 요구되는 "국민의 정치적 의사형성"의[08] 내용물이 현실정치권에 전달되고 적절하게 응답받을 수 있는 유기적 구조가 아직 구축되어 있지 않다는 것이다. 세계가 감탄하는 시민력을 결집하여 대통령 파면과 새 대통령 조기 선출이라는 엄청난 정치적 효능성을 입증하였음에도 불구하고 촛불시민혁명의 각종 요구들이 얼마나 그 요구대로 실현될 수 있을지는 여전히 불안하고 불확실한 상태이며, 현실정치권이 모든 것을 좌우하는 - 탄핵 이전의 - 그 남루한 평상시 상태로 돌아가면 한겨울 칼추위를 뚫고 이뤄낸 이 모든 것들이 수포로 돌아갈지도 모른다는 조바심 어린 불안감은 대선 운동 기간 내내 말끔하게 씻겨지지 않았다. 이런 경우 현행 〈대한민국헌법〉(제26조)에 따라 활용되도록 규정되어 있는 청원권의 행사는 신뢰할 수 있을 정도로 확실한 의사전달통로는 아니었다.

현실 정치인의 입장에서 보자면, 이 거대한 시민군을 자신의 정치적 자산으로 충원할 수만 있으면 가장 좋을 것이다. 그 반면 이번 사태를 만들어낸, 활동하는 시민들의 입장에서 보자면, 우리들 자신의 이 거대한 힘을 갖고 그동안의 적폐를 청산하면서 시민적 욕구를 거침없이 관철시키는 것이 가장 바람직할 것이다. 그러나 '선거'라는 방식과 그 과정은 시민적 요구와 현실정치를 합당하고도 효능성 있게, 그리고 일상적으로 상호작용(reasonable, efficacious & quotidian interaction)

---

07 '민주실현주권자회의' 텔레그램방에 765명이 접속하고 있는 해당 모임 토론방에서 허인회 공동대표와 정영훈 공동대표의 보고.

08 현행 〈대한민국헌법〉 제8조 ②항.

하도록 만드는 데 큰 한계를 드러낸다.

대한민국 현대사 100년의 정치과정을 보면, 국가 차원의 민주주의와 시민은 이런 요구 충족의 시차가 증폭되면서 상호 불신이 쌓이고, 이런 과정이 장기화되면 시민과 국가정치권 사이에는 '불통(不通)의 장벽'이 싸여가다가, 시민적 불만이 넘쳐나게 되면 그 수압을 견뎌내지 못하는 이 장벽을 집단적으로 일거에 - 경우와 사정에 따라서는 폭력적으로 - 무너뜨리는 국민 봉기 또는 시민 저항이 주기적으로 일어난다. 그런데 바로 이런 일상생활하는 시민과 제도적으로 작동하는 민주주의의 접속차단(disconnection between ordinarily living citizens and institutionally operating democracy)으로 인한 민주주의의 기능부조機能不調(dysfunction of democracy)와 시민불만(civil discontent)의 문제는 국가 민주주의가 처음 개설되는 고대 이래 줄곧 민주주의를 불안하게 만드는 요인으로 지적돼 왔다. 가장 근본적으로, 이런 문제는 민주주의 체제가 확보해야 하는 정당성(legitimacy)의 문제이다. 그러나 민주주의가 어느 정도 일상화되면 체제 전반의 정당성이 근본적으로 문제시되는 경우는 아주 드물게 된다. 대신 현존민주주의 체제가 본래 그 주권자라고 상정되어 있는 국가 시민들의 합당하고도 일상적인 요구에 대해 얼마나 효능성 있게 반응하느냐가 민주주의의 질質(quality of democracy)을 규정하는 데 보다 중요한 관심사로 떠오른다.[09] 쟁점상황을 이렇게 정리하고 나면 일상생활에서 민주주의체제에 대해 요구를 제기하는 민주주의 수용자로서 '시민'과 그런 시민의 요구를 수용하거나 외면하거나 억압하는 민주주의체제 운영의 담당자로서 (넓게는 공무원 또는 관료를 포함한) '현실 정치인'을 두 극極(pole)으로 놓고, 이들을 공통으로 묶는 체제조건으로서 '민주주의(democracy)'의 구조

09 Morlino. 2002. 4쪽.

와 성격, 이 사이에서 상호작용하는 과정의 현장으로서 '정치(politics)'의 방식, 그리고 이런 구조와 방식 안에서 각기 할당되어야 하는 '권력(power)'을 어떤 방식으로 서로 합당하게 연관시켜 작동시키면서 효과적으로 서로 만족스럽게 그리고 정당하게 결과물을 갖고 가느냐 하는 것으로 문제배열이 정리된다.[10]

이런 배열 안에서 시민과 정치인 또는 정치계가 합치할 수 있는 방식은 여러 가지로 마련되어 왔다. 가장 전형적인 것은 당연히 선거였다. 그리고 시민이 정치에 참여할 수 있는 이른바 정치적 자유권은 가장 기본적인 인권에 속한다. 그러나 국가 시민 개개인에게 개인 단위로 보장되는 이런 정치적 활동과 결정에의 관여로는 시민적 요구를 전향적이고도 전반적으로 그리고 일상적으로 관철시키기에 한계가 있었다는 것은 시민과 정치전문집단의 구별이 비교적 뚜렷하게 나타나는 대의제 민주주의에서는 분명하게 지적되어 왔다. 대의제 민주주의를 근간으로 하는 현대 자유민주주의 체제에서 가장 빈번하게 지적되는 문제는 정치와 일상의 불일치로 요약된다.

근본적으로는 '체제민주주의의 정당성' 문제, 하지만 민주주의 운영에서 좀더 일상적으로는 '민주주의의 질'의 문제를 극복하고자 했을 때, 특히 민주주의 선행국가에서 2차 대전 이후, 그리고 동유럽 후발 민주주의 국가에서, 가장 지속적으로 그 효과성이 입증되었다고 인정받은 것은 국가 민주주의 운영체제 즉 민주주의 정치과정 안에 정치와 일상이 항상적으로 만날 수 있으면서 시민이 정치인 수준으로 국정을 알고 습득하고 활용할 수 있는 장치를 하는 것이었다. 바로 그것, 즉 정치와 일상이 일치하고, 민주주의와 생활이 합치하도록 함으로써 정치생활이 시민생활의 불가결한 부분으로 작동하여 공화국의 기반을 강화하면서 시민의

10 가상준. 2007. 109~127쪽의 분석 참조.

민주적 참여를 원활하도록 함으로써 권력결과물을 공유하도록 하는 그 장치가 바로 민주시민교육(democratic-civic education)이다.[11]

민주시민교육은, 공화국의 국체 안에서 존립하는 정치인(계)이 시민에게, 주권자로서 시민이 자기 국가에 대해서 잘 알고 국가를 제대로 경영하기 위해 필요한 국가정치에 대한 정보, 각종 의견, 국가 안에서 공동으로 추구하는 국가의 가치와 그것들을 모두 활용할 수 있는 각종 정치능력을 실시간으로 획득할 수 있게끔 제공하고, 시민은 그것을 자신의 책임 아래 결집하고 습득하여 각자의 정치능력을 높이는, 일련의 학습과정이다. 이런 점에서 민주시민교육은 주권자들에게 공화국을 민주주의적으로 경영하여 국가의 각종 권력을 자기 삶의 힘으로 전용하여 힘을 창출할 수 있도록(empower) 하는 일련의 교육과정이다. 이렇게 민주시민교육을 통해 시민과 정치인(계)이 민주주의 정치과정에서 창출된 권력 결과물을 공유하는 상황은 다음과 같이 그려볼 수 있다.

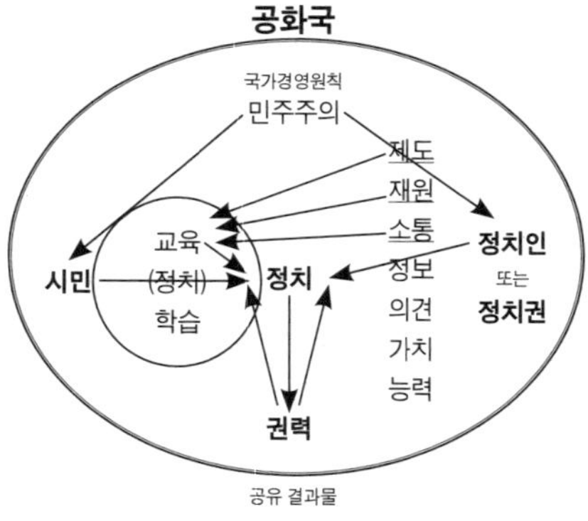

〈도표 1〉 국가 민주주의 구조 안에서 시민-정치(인)-만남의 요인들 관계

(→ : 참여, 제공)

---

11 Crittenden/Levine. 2013.

위의 〈도표 1〉은 공화국 민주주의 안의 두 활동요인인 정치권 또는 통치권과 시민 사이에서 국가의 각종 정치가 교육이라는 장을 시민 바로 곁에 개설해 두고 교육을 위한 각종 자원 즉 제도, 재원財源, 그리고 소통 콘텐츠를 투입하여 일상적으로 학습하도록 하면서 그 결과물을 바로 정치과정에 투여하여 국가의 권력을 공유물로 삼게 되는 상황을 요약하여 보여주려는 것이다. 이 도표에 따르면 민주시민교육의 장은 '국가 + 시민 = 교육(정치)에서의 공共작동'의 장으로서 국가 민주주의기 운용되는 결절점마다 개설되는 것으로 설계되어 있다.

그런데 만약 상당 정도 발전한 민주주의 국가운영에서, 민주시민교육이 민주주의 국가에서 정치권 또는 통치권과 시민의 일상을 매개하는 일종의 민주주의 작동윤활제 역할을 하면서, 정치권의 정책 담론과 권력 할당을 시민의 일상에 실시간으로 소통시키고, 시민의 반응과 요구를 정치권 또는 통치권에 실시간으로 전달하는 역할을 한다고 하면, 민주시민교육이라는 요인이 약화될 경우 국가민주주의의 체제 작동에 상당할 정도로 이상이 발생할 수 있다는 가능성이 제기된다. 즉 국가민주주의 순기능 여부가 그 국가에서 실행하는 민주시민교육의 양과 질에 상당 정도 의존한다는 것을 입증할 수 있을까? 트럼프 행정부의 등장에 대한 미국내 논평은 체제 민주주의와 민주시민교육의 공共작동에 대한 아주 유력한 증거가 된다.

4. 민주시민교육의 개념 : 시민교육, 정치교육, 성인교육, 민주시민성 교육, 공민교육 등의 기표적 다양성을 글로벌하게 관통하는 표준 개념

필자가 민주시민교육에 관해 대한민국 역사에서 최초로 2014년 1월 입법화된 형태를 갖춘 '서울시 민주시민교육에 관한 조례'에 의거하여 민주시민교육 사업에 뛰어들기 시작하였을 때 바로 목전의 조례를 두고도 민주시민교육의 개념에 관해 참여 단체나 활동가들 사이에 - 필자가 보기에 전혀 불필요한 - 심각한 이견과 이해관계의 갈등이 분출되었다. 당시 필자는 한국에서 민주시민교육과 그 기반구축을 논한다고 했을 때 다음과 같은 점들에 대해서는 대한민국 국가와 사회에서 공통의 이해가 확보되어 있다고 상정했었다. 그것들은 다음과 같다.

> 〔공통이해 추정① : 민주시민교육 '그 자체의 개념'에 대한 공통이해의 추정〕 우선, "한국 민주시민교육의 기반"을 "구축"한다는 얘기를 한다고 하면 적어도 '한국'에서 "민주시민교육"이라는 용어의 개념에 대해서는 공통된 이해가 확보되어 있다고 생각할 수 있다.
> 〔공통이해 추정② : 민주시민교육 '실행기반의 개념'에 대한 공통이해의 추정〕 그리고 민주시민교육의 개념정의에 대한 공통이해가 확보되어 있다면, 민주시민교육의 "기반基盤", 더 상세하게 얘기하면 민주시민교육을 실행할 수 있는 "교육실행의 기반教育基盤"을 얘기할 수 있게 되는데, 그 경우에도 역시, '민주시민교육 실행기반'이 무엇인지에 대한 파악은 공유되어 있다고 말할 수 있을 것이다.

그런데 물음을 그 문리文理대로 분석해서 거의 연역적으로 도출되는 이런 추정을 그대로 전제하고 대한민국에서 민주시민교육을 실행하려고 시도할 경우, 우선은 각 개념파악의 상이로 인한 '개념 충돌'과 아울러 현실정치와 맺는 민주시민교육의 특이한 관계양상으로 인한 '의도 충돌'과 도처에서 조우한 것이다. 즉 대한민국에서 똑같이 '민주시민교육'이라는 용어를 쓰면서 민주시민교육 사업을 구성하고자 만났을 때, 교육 원칙, 교육 담당자, 교육 내용, 교육 참여자 그리고 교육에 필요한 교육적·정책적 인프라 구축에 있어서 심각한 쟁론이 발생하는 경우가 빈번하며, 이 과정에서 과연 저것을 민주시민교육이라고 할 수 있는가에 대한 사업 정체성에 대한 의심에서부터 시작하여, 그런 정도의 지원이나 정책으로 과연 민주시민교육의 사업의지가 있는지에 대한 불신에 이르기까지, 민주시민교육 사업을 저해하는 각종 교란요인에 휘말리게 된다.

그 원인은 상당 정도, 대한민국 건국운동과 관련하여 조직되고 실행되었던 자생적 애국자강교육은 일단 유보하고라도, 민주공화국 대한민국이 정부를 갖추어 온전한 통치기능을 개시한 이래 거의 70년 동안, 교육법 및 교육기본법에서 대한민국 교육의 목적 요건으로 제시하였던 '민주시민' 양성과 어느 정도 연관된 그런 교육으로서 민주시민교육이 대한민국 공교육과 평생교육에서 그 이름 아래 제도적으로 정착된 교과목이나 교육과정을 갖지 못한 데서 유래한다. 다시 말해서 '민주시민교육'은 대한민국 정부수립 이래, 기표화起表化되어 있지만 그 기의起義는 결코 부여되지 않은 일종의 문자상징물로 대한민국 교육계 그리고 아주 빈약하게 대한민국 제도정치권에서 부유하든가 시민사회의 각 단체 안에서 각자 임의로 적어넣은 상표 비슷하게 회자되어 왔다.[12]

12 학교교육의 경우 '2015년 사회과 교육과정'에서 사회과의 교육 목표가 민주시민의 육성에 있다는 것을 명확하게 진술하기에 이르렀다. 이에 따르면, "사회과는 학생들이 사회생활에 필요한 지식과 기능을 익혀 이를 토대로 사회현상을 정확하게 인식하

개념과 윤곽이 희미하고도 그 실체가 뚜렷이 잡히지 않는 이런 상황은 2014년 1월 9일 서울시의회에서 '서울특별시 민주시민교육에 관한 조례(제5930호)'가 통과되면서 명확하게 해결되리라 기대되었었다. 2015년 3월 25일 서울시는 박원순 서울시장이 이 조례(제8조)에 규정된 '서울특별시 민주시민교육 자문위원회'를 조직하기 위해 자문위원들을 위촉하고, 평생교육사업국의 평생교육사업팀을 소관처로 하여 글로벌하게 통용되는 수준의 의미와 구조를 어느 정도 갖춘 '민주시민교육' 사업을 개시하였다. 그런데 2016년 9월 30일 기준, 25개 자치구와 424개 행정동, 등록인구 10,236,408명(등록 외국인 272,117명 포함)을 포괄하는 이 거대도시에 2015년 당시 할당된 예산액 겨우 1억3천만원으로 출발한 서울시 민주시민교육은 그 출발과 동시에 시작한 첫 사업인 '서울시 민주시민교육 종합계획 수립 용역' 작업에서부터 바로 앞에서 필자가 말한 그런 개념 정립의 난관에 부딪쳤다.

여러 가지 변양된 어휘와 형태로 표출되기는 했지만, 가장 먼저 제기된 쟁점은, 참으로 공교롭게도, '민주시민교육' 그 자체의 개념이었다. 위 사업의 근거 규정인 '서울특별시 민주시민교육에 관한 조례'는 제1조에서 "민주시민교육"을 "민주사회의 지속 발전을 위한 지식·가치·태도 등 민주시민으로서 요구되는 자질과 소양을 함양하고 행동으로 이어지도록 하는 교육"이라고 명시하고, 제3조에서 교육 대상을 "서울특별시에 거주하는 모든 시민"으로 적시하였다.[13] 그리고 조례 제4조는 민주시

고, 민주 사회 구성원에게 요구되는 가치와 태도를 지님으로써 민주 시민으로서의 자질을 갖추도록 하는 교과이다. 사회과에서 육성하고자 하는 민주 시민은 사회현상을 이해하고 사회생활을 영위하는 데 필요한 지식의 습득을 바탕으로 인권 존중, 관용과 타협의 정신, 사회 정의의 실현, 공동체 의식, 참여와 책임 의식 등의 민주적 가치와 태도를 함양하고, 나아가 개인적, 사회적 문제를 합리적으로 해결하는 능력을 길러 개인의 발전은 물론, 사회, 국가, 인류의 발전에 기여할 수 있는 자질을 갖춘 사람이다."(교육부. 『별책7. 사회과 교육과정_교육부고시 제2015-74호』. 3쪽)

13 강조 필자.

민교육의 기본원칙을 다음 3가지로 제시하였다. 즉,

'서울특별시 민주시민교육에 관한 조례' 제4조 (기본원칙)

① 민주시민교육은 민주주의라는 가치를 계승하고 발전시키기 위한 활동으로 시민이 지녀야 할 권리와 책임의식을 함양하는 데 기여하여야 한다.
② 민주시민교육은 시민의 민주적 의식과 역량을 학습하기 위한 공익적 목적으로 이루어져야 하며, 사적인 이해관계나 정치적 의견의 관철을 위한 방편으로 사용되어서는 아니 된다.
③ 시민이 민주시민교육에 참여할 수 있는 보편적 접근성이 보장되어야 하며, 시민들은 민주시민교육에 자발적으로 참여한다.[14]

그런데 조례에서 제시하는 민주시민교육의 정의와 그 기본 원칙에는 민주주의 정치에 대한 언급이 절제되어 있었지만 조례 제6조에 예시된 민주시민교육의 내용에는 '민주주의 정치' 역시 민주시민교육의 주제 항목으로 명기되어 있다.

'서울특별시 민주시민교육에 관한 조례' 제4조 (민주시민교육 내용) 민주시민교육의 내용은 다음 각 호와 같다.

1. 민주주의의 기본원리와 정치제도의 이해 및 정치참여에 관한 교육
2. 영토, 역사, 정통성, 전통문화, 사회통합, 평화통일 등에 관한 교육

---

14 강조 필자.

3. 시민의 권리와 의무, 참여와 책임, 의사소통, 합리적 의사결정, 갈등조정, 문제해결 등 역량과 자질 함양에 관한 교육
4. 자유, 자율, 공정, 준법, 배려·나눔, 다양성 존중 등 공유 가치에 관한 교육
5. 그 밖에 민주시민교육에 필요하다고 인정되는 교육[15]

민주시민교육이 단지 헌법상 함축된 의미나 특정 실정법 특히 〈교육기본법〉에서 입법화의 추상적인 목적으로서 선언적으로 거명되는 수준을 넘어 교육목표와 대상 및 그 교육내용까지 명세화함으로써 대한민국 권역에서 이루어지는 교육 활동의 하나로 인정받았다는 점에서 이 서울시 민주시민교육 조례의 역사적, 교육사적 그리고 특히 정치문화적 의의는 참으로 큰 것이었다. 그럼에도 불구하고 이 조례는 그 실효적 이행 단계로 들어가자 이렇게 법형식적으로 명시한 정의와 원칙 및 내용을 두고도 민주시민교육 관련 당사자들 사이의 쟁론을 만족스럽게 평정하지 못했다.

비록 지방자치단체 수준이기는 하지만 광역자치단체인 서울시의 이 조례는 시민 쪽에서 작동되어야 할 민주주의에 대해 국가기관이 지원할 책임을 다한다는 의지를 분명히 표명했다는 측면에서 글로벌하게 통용되는 민주시민교육의 공共작동축('국가–시민–민주주의–공共작동')을 분명히 내장하고 있었다. 그런데 이때 공작동의 공동축에 해당되는 '민주주의'에 실제 시행되는 국가기관과 정당 및 시민사회가 각종 쟁점을 둘러싸고 연합하고 대립하고 투쟁하면서 권력을 창출하고 동원하는 현실정치의 장場로서의 제도권 민주정치 또는 국가정치권國家政治圈의 관심사

15 강조 필자.

안들이 어느 정도 실제 교육에 관여되어야 하는지에 대한 이해와 기대에는 뚜렷한 차이가 있었다.

명확하게 사업을 지적하는 조례를 앞에 두고도 개념과 그 관련 사업 당사자들의 관여 범위에 대한 이해가 엇갈리면서도, 참으로 희한하게도, 개념 적용에 있어서 한 가지 이해는 일치했다. 즉, 한국에서 '민주시민교육'이라고 불리는 그런 교육을 바로 그 명칭으로 부르는 나라는 오직 대한민국 한군데뿐이다. 그럼에도 불구하고 한국에서 '민주시민교육'이라는 기표로 의미하는 바는 미국에서는 '시민교육(civic education)', 독일을 비롯한 유럽 대륙의 각 국가들에서 '정치교육(politische Bildung)', 북유럽 국가에서 '성인교육(adult education)', 영국과 유럽연합에서 '민주시민성 교육(EDC. education for democratic citizenship)', 나아가 일본에서 '공민교육公民教育' 등으로 불리는 교육과 그 핵심적인 내포와 외연이 거의 전적으로 일치한다. 한국에서 '민주시민교육'이라는 용어의 개념과 그 실행기반에 대한 이해는 엇갈리면서도, 그 개념의 외국 사례에 대해서는 그 외연을 전적으로 동일시하고 있는 것이다. 따라서 대한민국에서 '민주시민교육'을 주제로 한 모든 연구가 국외 사례를 연구 대상으로 도입할 경우 외국에서 이런 명칭으로 불리는 각종 교육을 동일한 개념의 예시로 끌어들인다. 따라서 이 논고에서 바로 이러한 개념관행을 그대로 적용하는 이유는 한국 문헌이나 담론에서는 지극히 확보하기 어려운 공통이해를 외국 사례에 흡착해 있는 데서 추출하면, 그 기표적 다양성을 글로벌하게 관통하는 표준개념을 얻을 수 있으리라고 기대하기 때문이다. 그래서 일단 미국에서 시민교육이라는 용어로 논의되는 화용론적 상황을 분석함으로써 민주주의 국가체제 안에서 정치를 통해 순환되는 권력에 대한 문해력(power literacy on political circulation)의 증진으로서 민주시민교육의 개념을 확인하고자 한다.

5. 국가 민주주의 작동과 민주시민교육 실행의 양적·질적 공조 : "민주시민교육의 약화는 국가 민주주의의 질을 악화시킨다."

2016년 11월 4일 모든 공식 언론 매체들의 추정에도 불구하고 공화당의 도널드 트럼프 후보가 미합중국 제45대 대통령으로 당선된 직후인 11월 16일, 1857년 창간된 이래 시사 현안에 대해 미국 지식인 사회의 시각을 반영한 논평을 꾸준히 발굴해 온 시사주간지 『디 아틀랜틱(The Atlantic)』에는 센추리 재단의 선임연구원인 리차드 칼렌버그와 뉴저지, 수도 워싱턴, 뉴욕 등지의 지역 교육청 교육장을 역임하고 현재 보스턴대학교 교육전문대학원 선임연구교수인 클리포드 자네이가 공동 기고한 「트럼프의 승리는 시민교육이 필요로 했던 응급시동일까?」라는 논평이 게재되었다.[16]

여기에서 칼렌버그와 자네이는 미합중국 제45대 대통령으로 도날드 트럼프가 선출된 것에 대해 "자기 당에서조차 고전적 권위주의자로 찍힌 대통령 후보가 당선되다니, 도저히 생각할 수 없는 일이 벌어졌다."고 술회했다. 그러면서 두 기고자는 "예전에는 정치적 스펙트럼을 가로질러 누구에게나 받아들여지던 기본적인 헌법적 원칙들을 일관되게 부정하는 그런 대통령 후보를 1억 명도 넘는 미국인들이 지지했다는 사실이 어떻게 있을 수 있단 말인가?"라고 반문했다.[17] 이 기고자들에 따르면 트럼프는, "무슬림 이민자들을 금함으로써 종교의 자유를, 비판에 대해서는 명예훼손죄를 걸어 표현의 자유를, 테러리스트 가족들의 학살

---

16 Kahlenberg/Janey(2016)이 장에서 인용된 모든 구절은 바로 이 기고문에서 따온 것임

17 철저하게 헌법교육을 중심으로 돌아가는 미국의 시민교육에 관해서는 최종덕(2007), 1~30쪽 참조.

을 허용함으로써 법의 지배를, 재판관의 인종을 문제삼아 사법부의 독립을 거리낌 없이 능멸하여, 미국 사람이라면 생래적으로 확신하는 이상들을 남김없이 짓밟는 언사를 쏟아냈다." 이들은 과거 조지 부시 행정부의 대통령 자문관이었던 이의 말을 빌려, "결국 미국의 건국자들이 가장 두려워하던 사태, 즉 민주주의가 미국적 자치 형태를 거슬러 그것을 완전 위협하는 것을 산출하는 그런 사태가 목전에 박두하고 있다."고 결론짓는다. 이런 사태의 원인은 무엇일까?

비유컨대 2016년 미국 대선의 결과는 1960년대 미국 교육을 전면적으로 개혁시킨 스푸트니크 충격에 버금가는 충격으로서, "아이들의 가슴 속에 사적 취업을 위한 한 세트의 기능이 아니라 시민적 가치에 대한 열망을 뿌리내리도록 하라는" 계시라고 할 수 있다. 그렇다면 2차 대전 이후 모든 민주주의 국가에 시민교육을 보급시켜 전지구적 민주화의 동력을 제공했던 미국의 시민교육에 어떤 일이 벌어졌다는 것인가?

칼렌버그와 자네이에 따르면, 미국에서 이런 권위주의적 정치인이 득세하게 된 원인들로는 신자유주의적 세계화, 워싱턴의 정치문화, 비백인계가 다수를 점해가는 인구 구성, 그리고 여성의 역할에 대해 자유주의적이라고 할 수 없는 우려가 급증하는 것 등이 꼽히지만, 기고자들이 보기에 "가장 중요한 의심요인들(the most important culprits) 가운데는 미국 교육시스템(the American educations system)이 있다."고 단언한다. 즉 "미국의 공교육은, 미국의 건국자들이 교육의 가장 기본적 목적이라고 본 것, 즉 젊은 국민들이 자유와 민주주의의 가치를 체득하고 데마고그(대중선동가, demagogue)에 저항할 의지를 가진 성찰적 시민들(reflective citizens)이 되도록 준비시킨다는, 바로 그 목적에서 실패하고 있다."

미국의 건국자들은 데마고그를 민주주의의 질병으로 간주하면서 이 데마고그로부터 미국식 자치 방식을 보호하는 지킴이는 다름 아닌 교육이라고 확신했었다. "미국의 건국자들은 공교육에서 유권자들을 교육시킴으로써, 가슴 속에 국민의 이득 따위는 안중에도 없는 야바위꾼으로부터 고귀한 인성을 가진 진지한 지도자들을 식별해낼 수 있도록 하는 정도를 넘어, 권력분립, 언론과 신앙의 자유, 정치적 소수자들의 권리 등을 존중하는 자유민주주의를 내면화시켜야 한다고 믿었다. 평균 수준의 시민들은 지도자를 지혜롭게 선출할 수 있다는 것을 믿을 수 없다는 과두주의자들에 대해 보통사람들에 대한 교육만이 답이라고 생각했던 것이다." 기고자들은 바로 이런 견지에서 펠릭스 프랑크퍼터(Felix Frankfurt) 대법관이 "교사들이야말로 우리 민주주의의 수호사제"라고 단언했음을 상기시킨다.

하지만 최근 미국 공교육에서 민주주의는 아주 중요한 두 가지 측면에서 무시당해 왔다. 하나는, 학생들에게 가르쳐지는 "명시적 교과과정(explicit curriculum)"의 중심에서 "민주주의적 가치들(democratic values)"이 들어설 자리가 없어졌다. "경제적 지구화가 부상하면서 교육자들은 미국 민주주의를 위한 시민들을 훈련시키기보다 사적 시장의 필요에 봉사하는 데 더 역점을 두게 되었다." 따라서 "외국으로부터 오는 시장의 위협에는 민감해도 집안의 민주주의가 위협받는 것에는 둔감하게 되었다." 이 때문에 결국 학교는 "민주시민"을 길러내기보다는 "대학 졸업 후를 위한 경력 쌓는데 만반의 태세를 갖춘(college-and-career-ready)" 장소가 되었다. 2013년 '국가교육능력향상시험 관리국(the governing board of National Assesment for Educational Progress)'은 돈을 절약한다는 명목으로 4학년과 12학년의 '시민(Civics)' 교과와 '미국사' 과목을 시험과목에서 제외시켰다.

그러면서 학생들이 매일매일 일상적으로 목격하는 "숨은, 묵시적 교과과정(hidden, implicit curriculum)"에서도 "부모와 교사들의 목소리를 존중하는 환경"의 조성에 무성의함으로써 더 이상 민주주의의 중요성을 강조하지 않았으며 민주적 가치의 촉진을 독려하지 않았다. 따라서 공교육에 대한 "직접적인 민주적 통제(direct democratic control)"보다는 "효율적인 학교운영"에 더 중점을 두는 결과가 되었다. 이른바 학교개혁은 시장적 추동에 충실한 관행의 정착을 지향하였다. 결국 미국의 공교육은 "학생들의 학교생활에서 민주주의를 모범으로 체득시키는데 실패"했고, 나아가 그 실패의 정도는 "심각하다(critical)"고 평가된다. 한 마디로 학교 안에 "본받을 게 없는 걸 가르칠 수는 없는(You cannot teach what you do not model.)" 그런 상태가 자리잡아버렸다.

그런데 "민주주의적 가치를 무시한 비용은 이제 사방에서 분명해지고 있다. 이른바 시민문해력(civics literacy)은 음울한 수준이다." 최근의 조사에 의하면, 조사 대상의 2/3는 연방정부의 삼권분립체를 다 거명하지 못했다. 미국인들 가운데 오바마 대통령의 부통령 이름이나 대법관 가운데 한 명의 이름이라도 댈 줄 아는 사람은 1/3에 지나지 않았다. 더 나쁜 것은 민주사회에서 자유선거의 중요성을 인지하는 사람들의 비율이 점점 줄어든다는 것이다.

'세계가치조사사업(the World Values Survey)'에서 국가 운영에 민주주의가 좋은 것인가 나쁜 것인가 라는 설문에 대해 2011년에는 17%가 나쁘다고 응답했는데, 이것은 9%가 나쁘다고 응답한 1990년대 비율보다 상승한 것이었다. 군대가 국가를 다스리면 어떨 것인가에 대해 1995년도에는 미국인 16명 가운데 한 명이 "너무나 좋다" 또는 "아주 좋다"로 대답했던 반면, 21세기인 오늘날에는 여섯 명 중 한 명꼴로 그런 대답을 한다. 2016년 6월에 행해진 '공립종교연구소(Public Religion Research)'와 '브루킹스연구소'의 공동조사에서 "다수의 미국인이 (자율적인 것과 대립되는) 권위주의적 성향을 보였다."

게다가 같은 조사에서 "미국인의 49%는 일상 사태가 너무나 궤도를 이탈한 만큼, 사태를 바로잡을 수만 있다면, 몇 가지 규칙 정도는 깨버릴 의지를 갖춘 지도자가 필요하다는 데 동의했다." 결국 2016년 대선에서 미국인들은 '브루킹스연구소'의 석좌연구원인 로버트 캐간이 "남북전쟁 이래 미국 민주주의에 가장 위험한 위협"이라고 부른 인물을 대통령으로 선출함으로써 "민주주의는 데마고그의 딜레마에 굴복했다.(Democracy succumbed to the dilemma of the demagogue.)"

칼렌버그와 자네이에 따르면, 이런 사태에 대한 근원적 해결책은 "학교교육에서 민주주의를 복원하는 것(put democracy back into education)"뿐이다. 그 방법은 두 가지이다.

하나는, 앞에서 말한 명시적 교육과정에서, 역사, 문학, 시민교과 등에 대한 엄정한 과정을 다시 두어 민주주의적 실천에 대한 지식과 민주적 자치에 대한 믿음을 배양하는 것이다. 일찍이 2003년 '알버트 쉥커 연구소' 보고서에서 부각시켰듯이, 각 학급에서는 그 결점까지도 일체 감추지 않고 미국에 대해 모든 얘기가 이루지면서 나라의 상황을 개선하기 위해 여러 집단들이 민주주의적 수단들을 활용하는 방법을 습득해야 한다. 그 연구소는 아프리카계 미국인을 비롯한 여타의 소수집단, 여성, 노동자, 동성애자들에 대해 미국에서 자행된 인종차별의 역사, 노예제의 철폐, 여성 보통선거권 획득, 노동법의 확립, 시민권의 입법화 과정들을 가감없이 가르쳐야 한다. 이런 이야기들을 들으면서 학교의 청소년들은 "거부, 비판, 이의제기와 출판, 결사의 자유, 선출된 공직자에 대한 책무성의 요구, 민주주의의 자정력 등을 체득함으로써" "민주주의의 천재성(the genius of democracy)"을 각성할 것이다. 그러면서 아이들은 이런 자유를 누리지 못하는 나라들과 자신의 처지를 비교함으로써 민주주의의 장점을 배울 것이다.

하지만 교과를 통해 민주주의의 가치를 직접 가르치는 것으로 충분하지 않다고 이 기고자들은 강조한다. "미국에서는 모두가 평등하다."는 민주주의의 메시지를 아예 내면에 체화시키기 위해서는 학교의 운영과정에 학부모와 지방자치단체의 공직자들과 교사들과 궁극적으로 학생들이, 학교 운영과 아울러 그것과 관련된 의사결정과정에 동참하여 함께 논의하고 결정을 내리도록, "통합된 학습 환경(integrated learning environments)"을 조성하는 게 필수적이라고 강조한다. 교수법을 개발한다든가 교과과정을 계획한다든가 하는 일도 이런 통합 환경에서의 공동 작업으로 추진할 수 있다. 사회경제적으로 다양한 계층과 다양한 인종의 아이들이 학교와 학급 차원에서 통합되어 서로에 대한 이해를 증진함으로써 민주주의에 대한 효능감이 높아진다는 보고는 아주 빈번하게 이루어진다. 이렇게 상호이해의 관행이 정착되면서 교육적 성취도도 높아지며 그에 따라 정치참여의 빈도와 질도 증대한다.

결론적으로, 현재 미국의 시민교육은 교과를 통해 직접적으로 학급 단위로 학습되는 교과과정에 민주주의적 가치를 장착시킴과 아울러, 학교 운영이 그것을 보고 있는 학생들에게 민주주의적 실천의 모범이 되도록, 투트랙으로 나가는 것이 필요하다. 이런 교육이 학생들에게 제공되어야 하는 이유는 분명하다. "장차 이 나라를 운영하리라고 기대되는 이들"에게 민주주의의 효능감을 체화시키는 것으로 "민주주의 안에서 사는 모든 이들이 알 필요가 있는 것을 어느 정도나 알려주느냐에 따라 그 교육의 질이 결정되는 것이다."

6. 민주시민교육 '그 자체의 개념', 나아가 '그 실행기반'의 개념에 대한, 글로벌 공통이해의 추출과 요인별 점검 : 가능성과 한계

미국 시민교육의 현황을 지렛대로 하여 미국 민주주의의 현황을 분석한 칼렌버그와 자네이의 시사평론에서 시민교육이라는 용어가 개념적으로 관련하여 적용되는 요인들을 적출하면 '시민교육(CE. civic education)' 즉 '민주시민교육'의 화용론적 용례가 그 윤곽을 드러낸다.(다음의 화용론적 요인 분석에서 '시민교육'을 '민주시민교육'으로 바꿔 써도 분석의 의미에는 전혀 변화가 없다.)

CE1. 〔시민교육의 최대 외연으로서 '국가'와 '민주주의'〕 미국에서 시민교과 혹은 시민교육의 최대 외연은 미국의 건국자들이 설정한 그대로를 따라 미국이라는 '국가'의 운영원칙이 '민주주의'라는 데서 찾아진다. 즉 시민교육은 '국가'를 이해해야 하고, 그것을 운영 내지 경영하는 원칙이 '민주주의'라는 것을 염두에 두어야 하는 만큼, '민주주의'가 무엇인지를 이해해야 한다.

CE2. 〔시민교육의 주체로서 '주권자'인 '시민', 그 지향현장으로서 '정치'와 그것의 적용 매뉴얼인 '헌법' 및 정치의 대상물로서 '권력'과 '권리'〕 그런데 이때 국가 운영의 원칙으로서 민주주의는 그 운영의 실행으로서 '정치(politics)' 활동에 최우선적으로 적용되어야 하며, 이 정치의 당사자로서 '주권자'인 시민과 그 실질적 담당자인 정치인 또는 정치계를 상정하면서, 이 과정의 직접적 관심사인 '권력(power)'과 '권리

(rights)'의 창출과 할당에 관여할 수 있어야 한다. 이때 국가 차원의 정치와 아울러 시민정치가 작동하는 방식과 구조는 전적으로 해당 국가의 주권자가 작성한 '헌법'에 의거한다. 따라서 정치과정에서 국가는 헌법의 모습으로 현시하고 작동한다.

CE3. 〔시민교육현장〕 사실상 '시민교육현장'은 교육의 참여자인 시민 쪽에서 마련되며, 이 교육현장에는 시민의 일상과 정치 과정을 매개하는 '교육활동가'가 배치되어 교육을 기획하고 집행하게 된다. 교육현장에서 교육활동가는 교육제공자로서 정치가, 전문가, 시민사회 활동가, 행정가 등과 시민수요자 등을 참집하여 '교육집단'을 조직하고, '교육주제', '교육자료', '교육환경(=시간, 공간, 식음료)'을 결합하여 공급한다. 학교에서는 교사에게 이런 민주시민교육사 역할이 기대된다.

CE4. 〔시민교육의 지속가능성을 보장하는 시민교육지원조직〕 그런데 위에서 나열한 시민교육현장은 결코 시민의 일상이나 시민사회에서 자력으로 공급하는 데는 한계가 있고, 그 역량만으로는 민주주의를 축으로 하여 시민의 일상과 정치권이 지속가능하게 형성되어 작동될 수 없다. 따라서 시민교육의 지속가능성은 이 시민교육을 통해 민주주의 운영체제가 순탄하게 가동될 국가에 집적된 자원을 얼마나 집중적이고도 지속적으로 시민교육단위에 투입하여 지원할 국가의 의지에 달려 있다. 시민교육에 대한 국가의 지원은 다음 4층으로 이루어진다.

- 법적 지원 : 국가적 차원에서 시민교육이 가능할 수 있는

법적 근거와 지원내용의 입법화
- 제도적 지원 : 현장시민교육을 지속적으로 수행할 수 있는 교육활동체의 조직의 설계와 가동
- 재정적 지원 : 현장민주시민교육의 조직과 운영에 필요한 재원의 공급
- 교육내용에 대한 학술적 지원 : 교육주제에 대한 객관적 이해와 논의가 가능한 교육콘텐츠의 제작과 공급
- 교육활동가 양성 : 현장시민교육을 조직하고 운영하고 확산시킬 수 있는 최일선 교육사의 양성과배치

바로 이렇게 CE1~4에 이르는 시민교육의 개념 구성 및 작동 요인들이 아무런 가감 없이 그대로 그대로 '민주시민교육의 실행기반'이 된다. 그것을 그대로 도표적으로 체계화하고, 바로 이런 구성요인에서 현재 시점에서 측정하고 관찰한 한국 국가와 사회의 민주시민교육 역량을 오른쪽 칸에 적어보았다.

〈도표 2〉 민주시민교육 기반체계

기반 종류	기반 요인	가능근거	상황
국가적 기반	헌법	• 주권자 • 민주공화국	주권자 능력 고양 절대적으로 필요
법적·제도적 기반	민주시민교육 입법화	• 민주시민교육 관련 법, 조례 등	법규범 제정 능력 자체가 시민능력으로서 충분히 교육될 수 있음
	제도 설치	• 자치단체별 지원 센터 생성	초기 국면
	재원 공급 (예산)	• 국가, 지방자치단체별 지원	지방자치제도의 자치능력으로 조성하기 위한 단초적 시도

기반 종류	기반 요인	가능근거	상황
정치적 기반	정당	• 국민의 정치적 의사형성에 필요한 조직을 갖추는 것이 헌법적 의무임(〈헌법〉 제8조 ②항)	모색 단계에서 정체
	행정	• 전업적 담당 직원	이해 부족 현격
	지역의회	• 시민적 반응이 가장 필요한 곳으로 자각됨	조례 제정 수준
	시민사회 네트워크	• 역사적인 맹아는 가장 많음	전문성 부족 및 운영 규모의 영세성
교육 기반	민주시민 교육단체	• 민주시민교육 확산과 심화	전문성 및 운영능력 부족
	민주시민 교육활동가 (교육사)	• 교육 수요 파악 • 활동의 전문성	전문적 양성 극히 제한
	교육주제	• 다양한 정치현안들	대한민국 국가와 사회에 현안 넘침
	교육환경	• 민주시민교육의 집중성 • 민주시민교육의 인적 연결망 촉진 • 온라인-오프라인-가능성의 선순환	학습 시간 극히 곤란한 노동환경
	교육자료	• 쟁점화된 정치현안과 관련하여 학문적 검증이 된 사실관계와 다양한 이견들의 공정한 재현	학술적 차원의 조직적이고도 체계적인 제작 움직임 없음

바로 위의 도표에 따라 각 요인별 상황을 좀 더 세부적으로 검토하면 다음과 같다.[18]

- 민주주의에 대한 이해에 있어서 대한민국 제도권 정치를 양분하는 양대 정당은 민주시민교육집원법안이 상정될 때마다 그것을 제대로 심의하지도 않은 채 폐기하기를 거듭해 왔다. 그렇게 된 가장 중요한 이유는 현실정치와 밀접하게 연관되어 있는 민주시민교육의 특성상 그 교육이 국가적 차원에서 실행될 당시의 집권 여당이 어느 쪽이 될 것이

18 여기에서 기술한 대부분의 내용은 홍윤기(연구책임자)(2015년 10월)에서 발췌.

냐에 대한 전망에 따라 이 교육이 상대당의 정파적 이해에 봉사할 것이라는 추정을 벗어나지 못했기 때문이었다. 그리고 주권자들의 의식 수준이 정당의 수준을 앞질러 갈 것에 대한 두려움은 양대 거대정당이 알게 모르게 공유하고 있었다. 하지만 각기 정치를 주도해 나가면서 양대 정당은 국가 정치의 안정 특히 국가 시민들 일반의 불안정과 불신을 청산함에 있어서 제도권 정치와 일상적 시민생활을 효과적이고도 안정적으로 매개할 제도적 틀을 모색하고 있었다. 바로 이런 문제의식으로 인해 두 거대정당은 적어도 그 정당연구소 차원에서는 민주시민교육, 그것도 독일식 민주시민교육에서 그 해법을 찾고 있었다.[19] 그러나 이런 일치된 연구결과가 실행에 옮겨지기에는 정당 또는 그에 속한 정당연구소 차원에서 민주시민'교육'을 실행하기 위한 기본이해와 물적·인적 투입역량은 현저하게 부족한 것으로 평가되었다.[20]

– 국가의 권력정치에서 다루는 문제들이 현장 민주시민교육에 들어오는 것에 대해 집행부 산하 행정공무원들의 이해부족에서 오는 거부감과 이질감은 너무나 확연하다. 행정공무원층은 현실정치와 권력 문제와 직접적으로 접촉한다는 점에서 대단히 소심하거나 회피적이다. 민주시민교육의 법적, 제도적, 인적, 재정적 기반이 모두 국가에서 제공되어야 한다는 점에서 공무원들의 이런 소심증은 민주시민교육의 안착에 가장 큰 장애요인이었다. 조례에 의거해 민주시민교육을 실행하려고 하는 서울시의 경우 글로벌하게 통용되는 개념의 민주시민교육에 대해 가장 정

---

19 2014년 당시 여당이었던 새누리당의 여의도연구소에서 이루어진 정책제안연구의 소산인 김원표(연구위원)(2014. 9. 29)과 당시 야당이었던 새정치민주연합 민주정책연구원을 대변하여 한상익(정책연구실 연구위원)(2014. 1. 24.)은 모두 정치의 안정을 위해 독일식 정치교육을 민주시민교육으로 도입할 필요성을 강력하게 제기하면서 특히 새누리당은 정당법 안에 민주시민교육을 의무적으로 행하는 정당의 책무조항을 신설하는 개정법안까지 당시 정기국회에 제출했으나 정당 차원에서 필요성을 인정받지 못했다.

20 박명호·오용호. 2011. 101~123쪽.

확하게 이해하고 있는 이는 현임 박원순 시장으로 파악된다. 박 시장은 도올 김용옥 선생과 다양한 국가 의제를 논하는 과정에서 자신의 민주시민교육관을 다음과 같이 피력하고 있다.

> "2차세계대전 당시 나치의 잔혹한 범죄에 충격을 받은 독일은 전후 시민들의 정치교육을 엄청 강조하고 있어요. 당시 히틀러가 집권하게 된 것이 혁명으로써가 아니라, 투표에 의한 것이었어요. 독일 사람들이 나치를 선택한 것이죠. 그렇게 후진적이었던 독일 사람들이 시민정신, 즉 민주시민의식이 2차 세계대전이 끝난 후로부터 70년이 됐나요? 지금은 고도의 의식수준을 보여주고 있는 것입니다. 그게 우연히 된 것이 아니라 민주시민교육으로 가능한 것이었어요. 제가 프리드리히 에버트 재단에 초청받아 가보니 아주 엄청난 예산과 노력을 들여서 정치시민교육을 하고 있었어요. 평생 학습을 적어도 하루에 한두 강좌는 듣게끔 이렇게 다양하고 재미난 강좌들이 끊임없이 펼쳐지고 있었어요. 시민들이 똑똑하면 결국 그런 어리석고 국민을 무시하는 정치인이 존재할 수 없겠지요. 시민의 각성으로 중우정치를 추방해야 되는데 그 가장 본질적 방편은 역시 '시민교육'이지요."[21]

그러나 담당자가 1년 단위로 바뀌는 와중에 시장이 확보하고 있는 이런 민주시민교육관은 일선 실무자들 사이에 제대로 공유되고 있지 않았다.

---

21 박원순/도올 김용옥 대담. 2016. 83쪽의 「시민교육의 중요성」에서 인용. 강조 필자.

- 메이저 시민단체들은 민주시민교육에서 요구되는 국가 차원에서 민주주의체제를 관리한다는 사업 시야를 제대로 확보하지 못하는 상태에서 아직은 자기단체 안에서 실행하는 내부교육의 지평을 넘어서는 민주시민교육을 개발하지 못했다. 현실정치 문제에 대한 태도 표명을 기피하는 것은 절대 아님에도 불구하고 시민단체들이 이해하는 민주시민교육은, 자기 단체의 필요에서 자기 단체의 운영 관점을 넘어서는 국가정치 차원의 문제에 대해서는 그것을 다룰 전문적 소양과 경험이 부족한 상태에서 단체 관련 시민들을 상대로 주로 '국가-시민' 아닌 '시민들 사이의 소통'을 주안점으로 하여 시민적 태도를 개선하고자 하는 '낮은 수준의 민주시민교육'에 장기간 머물러왔던 끝이라 글로벌 수준의 질적 도약을 기하기에는 내적 역량이 태부족한 상태에 있다고 보였다.

- 민주시민교육의 실행에 관여한 전문가 집단의 경우, 민주시민교육을 전공한 연구자들은 민주시민교육의 글로벌한 개념을 정확하게 알고 있음에도 불구하고 민주시민교육을 가동시키는 기회가 올 때마다 거기에 대해 적극적인 의견을 개진하지 않았다. 대체로 사범대학의 사회교과교육과나 정치학계의 일부 교수층으로 이루어진 민주시민교육 전문연구 집단들은 민주시민교육에 대한 학문적 소양과 정보를 현실의 국가민주주의에 적용하는 것을 되도록 회피하는 성향을 유지하고 있는 것으로 파악된다.

- 민주시민교육을 시민에게 행하는 평생교육의 일종으로 간주하는 평생교육 전공자들은 민주시민교육의 정치적 특이성을 이해하려고 하지 않거나 아니면 무감각하게 대했다. 따라서 이미 헌법상 보장받은 행정적 지원 아래서 거의 동洞 수준으로 짜여진 평생교육망 안에서 안주하면서 이들에게 민주시민교육을 위한 별도의 교육기반은 애초에 문제되지 않았다.

7. 맺는 말 :
한국 민주시민교육의 실행에서 교육담당자 중요성의 특이함

앞에서 제시한 민주시민교육 기반체계를 볼 때 한국에서 민주시민교육의 본원적 가능성 즉 그 정치적 필요는 상존해 왔음을 알 수 있다. 헌법적 규정력을 갖고 국가 차원에서 작동하는 현존 민주주의가 있으며, 그것을 추동할 시민세력은 그것을 통해 심대한 정치적 효능성을 맛보았다. 그러나 이런 체제 차원에서 입증된 효능성은 일상의 요구에 대해서는 아주 선택적으로, 그리고 불균등하게 작동한다. 그야말로 일상에서 민주주의가 시민 생활에 효능성을 가져다주려면 시민들 역시 정치계에서처럼 거의 체질화된 시민정치, 그것도 주권자의 입지점에서 일상적으로 영위되는 정치생활이 필요하다. 하지만 시민의 일상적 정치활동은 그 소질은 선천적이지만 그 익숙함은 평소의 정치주제에 대해 지속적으로 교육이 이루어져햐 한다. 이 경우 핵심적인 것은 시민들 바로 곁에서 시민생활을 능숙하게 같이 만들어갈 전문역량을 가진 민주시민교육 활동가 즉 민주시민교육사가 필수적이다. 아무리 디지털 시대라고 해도 인간적 접촉을 동반하지 않는 교육은 그 효과의 체감이 어려우면서 일상적으로 지속되기 어렵다. 따라서 시민 옆에 항상 시민교육을 부추기고 격려하고 그 교육을 효율적으로 진행할 각종 기반매체들을 던져 넣을 민주시민교육의 확산분자(multiplicator) 즉 민주시민교육사가 필요하다.

하지만 대한민국 민주시민교육의 현황은 바로 이 점에서 아직 커다란 취약점을 안고 있다. 무엇보다 국가의 현존민주주의를 관리함에 있어서 민주적으로 돌아가는 정치권의 담론을 시민의 일상과 매개할 전문적 역량과 사명감을 가지는 교육담당자층의 양성과 배치가 무엇보다도 절실하다. 한국에서 민주시민교육의 비극은 민주주의 운영에 있어서 일정한 질적 수준으로 민주주의를 유지하고 발전시키고자 한다면 바로 이런 종류의 교육활동이 상시적으로 필요하다는 점에 대한 이해가 아주 부족하다는 것이다. 이 점에서 필자는, 대한민국에서 민주시민교육이 과연 정상궤도에 안착하여 시민 속에서 국가영역에 공동으로 작동할지, 아직 확신이 서지 않는다.

참고문헌

가상준. 2007. 「정치 효능감 및 신뢰감 함양을 통한 민주시민교육」; 한국민주시민교육학회. 『한국민주시민교육학회보』. 12권1호. 109~ 127쪽.

교육부. 『별책7. 사회과 교육과정_교육부고시 제2015-74호』.

김성수(연구책임자). 2015. 『학교내 민주시민교육 활성화 방안. 교육부 정책연구 보고서 정책 2015 위탁-9』(한양대학교 국가전략연구소)

김원표(연구위원). 2014.9.29. 「시민정책연구와 정당정책연구소. 여연브리프 Vol. 2014-02」(새누리당 여의도연구원)

김태준(책임연구원). 2011.11. 『아동·청소년의 민주시민역량 국제비교 및 지원체계 개발 연구I- 민주시민역량 교육환경 및 효과. 연구보고 11- R23-2』(한국교육개발원/한국청소년정책연구원)

민주화운동기념사업회 외. 2013.10. 『한국시민교육의 이론과 현실. 2013 시민교육 심포지엄(민주화운동기념사업회/경희대학교 후

마니타스 칼리지/(사)시민)
박명호·오용호. 2011.「한국 정당과 정당연구소의 민주시민교육 실태와 대안」; 단국대학교 분쟁해결연구소.『분쟁해결연구』제9권 제3호. 101~123쪽.
박상철(책임연구원). 2016.8.『수요자별 특성에 맞는 민주시민교육 방안. 2016년도 중앙선거관리위원회 연구용역 보고서』((사)한국정치법학연구소)
박원순/도올 김용옥 대담. 2016.9.『국가를 말하다』. 서울: 통나무.
윤광일(연구책임자). 2016.10.『통일대비 남북한 주민 대상 민주시민교육 커리큘럼. 최종보고서』(숙명여자대학교 다문화통합연구소)
음선필. 2013.6.3.『민주시민교육의 국제적 동향과 시사점. 글로벌 법제전략 연구 13-22-⑤-4. 글로벌 법제와 정책연구』(한국법제연구원)
이인재(연구책임자). 2009.9.30.『제7차 사회과 교육과정에 나타난 민주시민교육의 실태 분석과 발전 방향. 2009년 교육과학기술부 정책연구과제』.
허영식·신두철. 2007.3.『민주시민교육 핸드북 Handbook of the Civic Education. 선거연수원 연구총서3』. 서울: 도서출판 오름.
최종덕. 2007.「미국의 민주시민교육」; 한국민주시민교육학회.『한국민주시민교육학회보』12권1호. 1~30쪽.
한국민주시민교육학회, 1998.12.『민주시민생활용어사전』. 유풍출판사.
한상익(정책연구실 연구위원). 2014.1.24.「한국정치의 신뢰위기 - 2014 정치개혁의 목표와 과제. 이슈브리핑 2014-3」(새정치민주연합 민주정책연구원)
홍영란(책임연구원). 2013.12.『아동·청소년의 민주시민역량 국제비교 및 지원체계 개발 연구(Ⅲ) : 교육분야 지원체계 구축 방안. 경제인문사회연구회 협동연구총서 13-34-03』(한국청소년정책연구원/한국교육개발원)

홍윤기(연구책임자). 2009.3. 『민주청서21』(서울: 민주화운동기념사업회 / 광주: 5·18기념재단)

______(연구책임자). 2015.10. 『[용역과제]서울시 민주시민교육 종합계획 수립 용역』(서울특별시 평생교육사업국 발주)

Crittenden, Jack/Levine, Peter, 2013. "Civic Education", in: *Stanford Encyclopedia of Philosophy* (First published Thu Dec 27, 2007; substantive revision Thu May 30, http://plato.stanford.edu/entries/civic-education/)

Kahlenberg, Richard D./Janey, Clifford, 2016. "Is Trump's Victory the Jump-Start Civics Education Needed?", *The Atlantic* Nov. 10.

https://www.theatlantic.com/education/archive/2016/11/is-trumps-victory-the-jump-start-civics-education-needed/507293/).

Malin, Heather/Ballad, Parissa J./Attai, Maryam Lucia/Colby, Anne/ Damon, William, 2014. *A Youth Civic Development & Education. A conference consensus paper* (Stanford Center on Adolescence/ Center for Multicultural Education)

Morlino, Leonardo, 2002. "What is a 'Good' Democracy? Theory and Empirical Analysis" delivered at the Conference on "The European Union, Nation State, and the Quality od Democracy. Lessons from Southern Europe"(University of California, Berkeley, Oct. 31-Nov. 2)

Owen, Diana, "Citizenship Identity and Civic Education in the United States", in:

Parker, Walter C., 2014. "Citizenship Education in the United States: Regime Type, Foundational Issues, and Classroom Practice". in : L. P. Nucci, D. Narvaez & T. Krettenauer (Eds.), *The Handbook of Moral and Character Education* (New York: Routledge, 2nd ed.), pp. 347~367.

대구지역 민주시민교육의 현재성

최병덕 · 채장수

대구지역 민주시민교육의 현재성

—

최병덕 · 채장수

Ⅰ. 머리말

민주시민교육에 대한 관심이 다시 고조되고 있다. 촛불집회를 통해 표출된 민주시민의 요구는 새로운 정권의 창출로 귀결되었다. 이 과정에서 권력의 비민주성을 견제하고 민주주의를 체현하는 힘은 결국 시민의 참여라는 사실이 분명해지면서, 다시금 민주주의에 대한 관심과 더불어 민주주의를 지탱하는 힘을 강화하기 위한 민주시민교육에 대한 관심이 고조되고 있다. 특히 특정 정당이 압도적인 우위를 점하고 있는 대구지역에서는 시민성의 발현을 통한 민주적 지역정치의 제고를 위하여, 민주시민교육에 대한 관심이 더 높게 표출되고 있다.

이 글의 목적은 대구지역에서 민주시민교육의 현황을 파악하고, 민주시민교육을 활성화하기 위한 과제를 모색하는 것이다. 이를 위해서는 우선 민주시민교육의 정확한 의미를 규정하는 것이 전제되어야 한다. 그러나 이 글에서는 이에 대하여 심도있는 논의를 진행하지 않겠다. 왜냐하면 이 문제에 대해서는 이미 많은 연구자들이 충분한 논의를 통해 다양한 함의를 끌어내고 있기 때문이다.[01] 물론 민주시민교육이 무엇

---

01 이와 관련된 연구로는 김영하 · 최병덕 · 채장수. 2017. 『2 · 28민주운동과 민주시민

인지에 대해서는 아직 충분한 합의에 도달하지 못해 여전히 다양한 논의가 진행되고 있는 것도 사실이다. 이것은 한편으로는 민주시민교육이 '시민', '민주', '교육'이라는 서로 차원을 포함하기 때문에, 주로 어느 차원을 강조하느냐의 문제와 연관되어 있다. 더불어 이것은 '주체'중심인가 혹은 '주제'중심인가라는 문제와 연관되어 있기도 하다.

민주시민교육의 정의를 둘러싼 논란은 여전히 존재하지만, 이 글에서는 다음의 두 가지 차원에서 민주시민교육을 정의하겠다. 먼저 '광의의 민주시민교육'은 시민의 삶의 질을 향상시키기 위해 시민을 대상으로 하는 모든 교육으로 정의할 수 있으며, 이것은 '평생교육'이라는 차원에서 전개되는 모든 교육을 포함한다. 한편 '협의의 민주시민교육'은 공동체 문제에 대해 공적으로 접근할 수 있는 정치역량을 함양하는 교육으로 정의할 수 있으며, 따라서 이것은 주로 시민참여와 관련된 교육을 지향하는 독일식 정치교육을 의미한다. 따라서 협의의 민주시민교육은 "국민이 국가의 주권자로서 국가와 지역사회에서 일어나고 있는 정치현상에 관한 객관적인 지식을 갖추고, 정치적 상황을 올바로 판단하고, 비판의식을 갖고 정치과정에 참여하여 책임지는 정치행위가 될 수 있도록, 가정, 학교, 사회에서 습득하는 모든 과정"[02]이라고 정의된다. 동일한 맥락에서 2009년에 발간된 『민주청서21』에서는 민주시민교육을 "민주주의 가치와 제도를 체득하여 반민주적 퇴행에 감연히 맞서고 문제 사태를 이성적으로 인식하고 판단하고 결정하며 민주 제도와 질서에 능동적으로 참여하고 책임지는 시민적 활기를 창출하는 시민능

교육』. 대구: 애드가; 이범웅. 2015.「한국에서의 민주시민교육의 발전 방향 모색」. 『초등도덕교육』 제49집; 강원택·김종법. 2011.「민주시민교육의 정치학적 접근과 정치학 교육」.『2011 한국정치학회 춘계학술회의』; 배한동. 2006.『민주시민교육론』. 경북대학교출판부 등을 참조할 수 있다.

02 김성수·신두철·유평준·정하윤. 2015. 한양대학교 국가전략연구소.『교육부 정책연구 보고서: 학교 내 민주시민교육 활성화 방안』. 8쪽.

력을 발휘하도록 각 시민이 평생 수행하는 자기교육"으로 정의하고 있다.[03]

이 글은 기본적으로 민주시민교육에 대한 두 가지 차원의 정의에 구애받기보다는 보다 실용적인 관점에서 연구를 진행하겠다. 즉 기본적으로는 민주시민교육의 지향성은 협의의 정의라는 점을 견지하면서도, 연구의 대상은 보다 포괄적으로 설정할 것이다. 그 이유는 시민교육 영역이 목적과 주체, 지향 등을 기준으로 엄밀한 유형화가 이루어지고 있지 못한 상황에서, 대구지역 민주시민교육의 현실 분석과 이것의 활성화를 위한 대안 모색은 시민을 대상으로 하는 교육환경 전반에 대한 접근 속에서 이루어져야 할 필요가 있기 때문이다.

이에 의거하여 이 글에서는 우선 한국교육개발원에서 매년 발표하는 평생교육통계를 분석함으로써 대구지역의 평생교육의 실태와 그 속에서 나타나는 시민참여교육의 현황을 파악하겠다. 그리고 대구지역 민주시민교육의 상황을 파악하기 위해 대구지역 주요한 시민단체에서 운용하고 있는 민주시민교육의 실제 사례를 구체적으로 분석하겠다. 마지막으로는 대구지역 민주시민교육의 현황에 대한 분석을 토대로, 이것을 활성화하기 위한 주요 과제를 제시하겠다.

03 채장수. 2019. 「보다 '정치적'인 민주시민교육을 위하여」. 『대구참여연대 〈민주시민교육센터〉 발족 자료집』. 52쪽.

Ⅱ. 대구지역 민주시민교육의 현실

1. 평생교육통계에서 나타난 대구 민주시민교육의 실태

이 글에서는 대구지역 민주시민교육의 실태를 파악하기 위해 한국교육개발원에서 매년 5월 1일을 기준으로 조사해 12월에 공표하는 평생교육통계를 분석하였다. 민주시민교육과 평생교육은 엄밀히 구분될 필요가 있다. 그럼에도 여기에서 평생교육통계를 분석하는 이유는 다음과 같다. 광의의 민주시민교육은 시민적 덕성을 함양시키는 모든 교육을 의미하며 협의의 민주시민교육은 시민의 정치적 역량을 함양하는 교육으로 한정할 수 있는데, 이 모든 것이 평생교육의 이름으로 묶여있기 때문이다.[04]

현재 평생교육통계는 주로 일반 시민을 대상으로 하는 교육통계이다. 그러므로 평생교육통계를 통해 일반 시민을 대상으로 하는 시민교육의 전반적인 상황을 파악할 수 있다. 나아가 이것의 한 영역으로 포함된 시민참여교육의 실태를 통하여, 전반적인 시민교육 속에서 대구지역의 민주시민교육이 어느 정도 이루어지고 있는지를 가늠할 수 있다.

이 글에서는 2016년 평생교육통계를 분석하였다. 2016년 평생교육통계는 「통계법」(2016. 12. 27, 법률 제14467호), 통계청 승인 334006호와 「평생교육법」(2016. 5. 29, 법률 제14160호) 제18조에 의거하여 합리적이고 체계적인 평생교육정책 입안 및 실행의 기초자료를 확보하고, 정확하고 신뢰 있는 통계정보를 기반으로 온라인 및 오프라

---

04 평생교육통계는 조사 대상에 청소년단체, 여성단체, 시민단체 등 시민사회단체형 교육기관을 포함할 뿐만 아니라 조사 내용에 민주시민교육이라 할 수 있는 시민책무성, 시민리더역량 및 시민참여활동을 포괄하는 시민참여교육을 포함하고 있다.

인 사용자 통계정보 서비스 제공을 목적으로 조사되었다.

주요 조사 내용은 ① 기관현황 및 설립현황 등을 포함하는 기관개황, ② 주제, 강의방식, 교육기관, 수강인원, 수강대상 등을 포함하는 프로그램 및 학습자 현황, ③ 교강사의 최종학력 및 담당강의수 등을 포함하는 교강사 현황, ④ 대표자여부 및 고용형태 등을 포함하는 사무직원 현황이다. 조사체계는 네 가지 체계로 구분되며, 자료 수집은 하위단위에서 상위단위로 보고하는 형식을 취한다. 교육청체계에서는 평생교육기관이 지역교육지원청으로 보고하면, 지역교육지원청이 시도교육청으로 보고하고, 그리고 시도교육청은 최종적으로 한국교육개발원에 보고한다. 평생학습관체계에서는 평생학습관이 지역평생교육정보센터에 보고하면, 지역평생교육정보센터가 한국교육개발원에서 보고한다. 대학(원)부설체계에서는 대학부설 평생교육원이 대학본부로 보고하면, 대학본부가 한국교육개발원으로 보고한다. 그리고 평생학습도시는 각시도별 지자체가 한국교육개발원으로 보고한다.

한편 이 글에서는 평생교육통계 중에서 평생교육기관 현황과 운영프로그램 현황, 그리고 학습자 현황을 분석하여 대구지역 시민교육의 전반적 실태를 파악하였다. 이에 대한 구체적인 내용은 다음과 같다.

1) 평생교육기관 현황

(1) 평생교육기관 수

2016년 현재를 기준으로 평생교육통계에 보고된 대구지역 평생교육기관수는 153개이며, 이들이 운영하는 프로그램의 수는 7,655개이며, 학습자수는 248,787명이다. 다른 광역자치단체와 비교해 볼 때, 대구의 평생교육기관 수와 프로그램 수는 상위 여섯 번째이며, 학습자수는 상위 네 번째이다. 교육기관의 수나 프로그램 수에 비해 학습자수의 순위가 높다는 말은 교육에 대한 수요가 상대적으로 높다는 의미로 해석

된다.

이 통계조사의 결과가 현실을 그대로 반영하는 것은 아니다. 평생교육관련 업무를 담당하는 공무원에 의하면, 대구지역에서 평생교육을 담당하는 관련 기관수는 약 4,000개에 달한다. 조사방식이 단위 기관에서 자료를 입력하면 이를 수합해 상위에 보고하는 방식이라 기초 단위에서 자료를 입력하지 않으면 파악하기 어려운 점이 있다. 그러므로 기관수가 153개라는 것은 조사에 적극적으로 응하는 기관이 153개라는 의미다. 현재로서는 조사 대상에 포함되지 않은 기관들이 어느 정도로 평생교육을 수행하고 있는지를 정확히 파악하기 어려운 실정이지만, 조사에서 밝혀진 것보다는 더 많은 평생교육이 이루어지고 있음을 짐작할 수 있다.

〈표 1〉 지역별 평생교육기관 현황

구분	기관수(개)	프로그램수(개)	학습자수(명)
전체	4,153	212,339	11,336,564
서울	1,565	96,082	7,580,578
부산	233	10,997	422,542
대구	153	7,655	248,787
인천	160	8,820	181,198
광주	149	3,580	196,990
대전	110	6,723	119,205
울산	58	3,792	137,081
세종	8	727	29,746
경기	785	36,999	1,352,502
강원	122	4,778	94,877
충북	96	3,655	95,070

충남	126	6,962	221,704
전북	132	4,828	131,523
전남	109	2,985	94,642
경북	152	4,335	159,700
경남	163	7,869	239,156
제주	32	1,552	31,263

* 자료 : 교육통계서비스(http://kess.kedi.re.kr/index) 2016 평생통계

(2) 대구지역 기관유형별 평생교육기관 현황

대구지역의 153개 평생교육기관 현황을 기관유형별로 살펴보면, 대학 및 전문대학에서 운영하는 평생교육기관인 대학(원)부설 기관은 15개로 1,312개의 프로그램을 운영했으며, 정보통신매체를 이용하여 특정 또는 불특정 다수에게 원격교육을 실시하거나 다양한 정보를 제공하는 등의 교육을 시행하는 평생교육기관인 원격형태 기관은 27개로 253개의 프로그램을 운영했다. 산업체, 백화점, 할인점 등에서 부대시설로 설립, 운영하는 평생교육기관인 사업장부설 기관은 19개로 3,387개의 프로그램을 운영했으며, 행정관청에 법인으로 등록된 회원이 300인 이상인 시민사회단체가 소속회원 외에 일반시민을 대상으로 하는 평생교육기관인 시민사회단체부설 기관은 19개로 172개의 프로그램을 운영했다. 신문, 방송 등의 언론기관에서 운영하는 평생교육기관인 언론기관부설 기관은 39개로 961개의 프로그램을 운영했으며, 기업 또는 고용노동부와 연계하여 운영되는 시설로 지식 정보의 제공과 교육훈련을 통한 인력개발(HRD)을 주된 목적으로 운영하는 평생교육기관인 지식인력개발형태 기관은 20개로 339개의 프로그램을 운영했다. 그리고 시민 개인의 자아실현, 사회적 통합 증진, 경제적 경쟁력 제고를 평생 학습을 통해서 개인의 삶의 질과 경쟁력을 향상시키고, 시민들에게 다양

하고 유익한 정보 제공은 물론 언제, 어디서나, 누구나 원하는 학습을 즐길 수 있는 평생 학습 사회를 구현하고자 설립된 교육기관인 평생학습관은 14개로 1,231개의 프로그램을 운영했다.

〈표 2〉 대구지역 기관유형별 평생교육기관 현황

구분	기관수(개)	프로그램수(개)
전체	153	7,655
대학(원)부설	15	1,312
원격형태	27	253
사업장부설	19	3,387
시민사회단체부설	19	172
언론기관부설	39	961
지식인력개발형태	20	339
평생학습관	14	1,231

* 자료 : 교육통계서비스(http://kess.kedi.re.kr/index) 2016 평생통계

이를 통해 보면 평생교육기관의 수는 언론기관에서 운영하는 평생교육기관인 언론기관부설 기관이 가장 많고, 프로그램 수는 산업체, 백화점, 할인점 등에서 부대시설로 설립, 운영하는 평생교육기관인 사업장부설 기관에서 가장 많이 운영한다는 것을 알 수 있다.

2) 대구지역 평생교육 프로그램 운영 현황

다음은 대구지역 각급 기관에서 운영하는 평생교육 프로그램의 자세한 현황을 파악하기 위하여, 주제별로 프로그램 수와 수요대상별 프로그램 수를 분석한 내용이다.

(1) 주제별 프로그램 수

2016년 평생통계에 나타난 대구지역의 153개 평생교육 기관에서 운영하는 프로그램은 7,655개인데, 이중에서 1개월 이상 운영되는 프로그램은 4,878개이다. 1개월 이상 운영되는 4,878개의 프로그램을 주제별로 분류해 보면 다음과 같다. 초중등교육법, 고등교육법, 평생교육법에 명시된 소정의 학력을 인정받기 위해 필요한 이수단위 및 학점과 관련된 학력인증 및 학력보완을 목적으로 하는 학력보완 프로그램이 734개이다. 한글을 읽고 쓸 수 있도록 하는 문자해득능력과 생활 속에 직면한 문제를 해결하며 주어진 과업을 수행할 수 있는 문해활용 능력을 개발하도록 하는 성인기초/문자해득 프로그램이 17개이다. 직업에 필요한 자격과 조건을 체계적으로 준비하고, 주어진 역할과 직무를 효과적으로 수행할 수 있도록 지원하는 직업능력향상 프로그램이 546개이다. 교양을 갖춘 현대인으로서 전인적인 성품과 다양한 소양을 개발하고 신체적, 정신적 건강을 겸비하고 교양정신을 지원하는 인문교양 프로그램이 859개이다. 문화예술적 상상력과 창의력을 촉진하고 문화예술행위와 기능을 숙련시키는 일련의 과정과 취미, 여가활동, 소질개발을 위한 문화예술 프로그램이 2,719개이다. 그리고 현대 민주시민으로 갖추어야 할 자질과 역량을 개발하며, 사회통합 및 공동체 형성과 관련하여 시민참여를 촉진하고 시민정신 증진을 지원하는 시민참여 프로그램이 3개이다.

〈표 3〉 주제별 프로그램 수

(단위 : 개)

구분	전체	학력 보완	성인기초 문자해득	직업능력향상	인문 교양	문화 예술	시민 참여
전체	4,878	734	17	546	859	2,719	3

대학(원)부설	1,292	603	0	251	132	304	2
원격형태	252	131	0	50	63	8	0
사업장부설	1,714	0	0	70	190	1,454	0
시민사회단체부설	163	0	2	21	29	111	0
언론기관부설	892	0	3	73	148	668	0
지식인력개발형태	207	0	6	54	37	109	1
평생학습관	358	0	6	27	260	65	0

주) 1개월이상 프로그램만 해당

* 자료: 교육통계서비스(http://kess.kedi.re.kr/index) 2016 평생통계

주제별 프로그램 운영 현황에서 나타나듯이, 문화예술 프로그램이 전체의 절반을 차지하고 있으며, 다음으로 많은 것이 인문교양 프로그램과 학력보완 프로그램이다. 이처럼 현재 운영되고 있는 프로그램은 이상의 세 가지 분야에 편중되어 있고, 시민책무성 및 시민리더 역량 그리고 시민참여활동으로 구성된 시민참여 프로그램은 3개 정도로 사실상 거의 없는 실정이다.

주제별 프로그램은 1개월 이상 프로그램만을 대상으로 하고 있다. 전체 7,655개 프로그램 중 4,878개만 분석의 대상이다. 분석에서 제외된 1개월 미만 프로그램이 2,777개이다. 1개월미만 프로그램이라서 분석에서 제외된 프로그램 중 시민참여 프로그램이 어느 정도 포함되었을 수도 있지만 그 숫자는 그리 많지 않을 것이다. 또한 다수의 프로그램이 있다고 하더라도 1개월 미만의 단기간 교육 프로그램이라는 문제점이 있다. 결론적으로 평가하자면, 평생교육 프로그램에서 현대 민주시민으로 갖추어야 할 자질과 역량을 개발하며 사회통합 및 공동체 형성과 관련하여 시민참여를 촉진하고 시민정신 증진을 지원하는 시민참여 프로그램은 거의 다루어지지 않고 있음을 확인할 수 있다. 민주시민교

육을 활성화하기 위해서는 그것을 평생교육과 분리해 별개의 영역으로 다룰 필요가 있다.

(2) 수요대상별 프로그램 수

평생교육 프로그램의 수를 수요대상별로 살펴보면, 어린이를 대상으로 하는 프로그램은 1,284개, 청소년을 대상으로 하는 프로그램은 127개, 성인을 대상으로 하는 프로그램은 3,214개, 노인을 대상으로 하는 프로그램은 56개, 통합 프로그램은 197개이다. 평생교육 프로그램의 대상이 주로 성인과 어린이임을 알 수 있다. 이들을 대상으로 하는 프로그램이 많은 이유는 이들의 교육적 관심이 높기 때문이며, 또한 이들이 시간적으로 교육에 참여할 가능성이 높기 때문이다. 하지만 이 통계에서는 어떤 성인이 주로 참석하는지를 알 수 없다는 문제가 있다.

〈표 4〉 수요대상별 프로그램 수

(단위 : 개)

구분	전체	어린이	청소년	성인	노인	통합
전체	4,878	1,284	127	3,214	56	197
대학(원)부설	1,292	1	3	1,264	9	15
원격형태	252	0	1	248	0	3
사업장부설	1,714	777	21	836	4	76
시민사회단체부설	163	72	3	65	5	18
언론기관부설	892	278	39	529	1	45
지식인력개발형태	207	49	28	118	5	7
평생학습관	358	107	32	154	32	33

주) 1개월이상 프로그램만 해당 됨.

* 자료 : 교육통계서비스(http://kess.kedi.re.kr/index) 2016 평생통계

기관유형에 따른 수용대상별 프로그램 수를 분석해 보면 다음과 같다. 성인을 대상으로 하는 프로그램은 대학(원)부설 기관, 사업장부설 기관, 언론기관부설 기관, 평생학습관의 순으로 많았다. 어린이를 대상으로 하는 프로그램은 사업장부설 기관, 언론기관부설 기관, 평생학습관 순으로 많았다. 전체 운영프로그램은 사업장 부설 기관, 대학(원) 부설 기관, 언론기관부설 기관, 평생학습관의 순으로 많았다.

3) 대구지역 평생교육 학습자 현황

다음은 대구지역 평생교육에 참여하는 학습자의 현황을 파악하기 위해 프로그램별 학습자의 수와 수요대상별 학습자의 수를 분석한 내용이다.

(1) 프로그램별 학습자 수

2016년 평생교육통계에 나타난 대구지역 평생교육 프로그램 중 1개월이상 프로그램에 참여한 인원은 248,787명이다. 이 중 문화예술 프로그램 참여자가 104,589명으로 가장 많고, 성인기초문자해득 프로그램 참여자가 399명으로 가장 적었다. 시민참여 프로그램 참여자는 511명이었다. 2015년 평생교육통계의 경우 시민참여 프로그램에 참여자는 95명으로 가장 적은 인원이 참석했는데, 2016년의 경우 그 수가 대폭 늘었다. 그럼에도 불구하고 다른 프로그램에 비해 참여자의 수는 현저하게 적은 편이다. 그것은 시민참여 프로그램의 절대적 수가 적기 때문이다.

프로그램별 학습자의 수를 기관별로 살펴보면, 대학(원)부설 기관에서 학습자의 수는 문화예술 프로그램(12,806명)이 가장 많고 다음으로 많은 학습자가 있는 프로그램은 학력보완 프로그램(9,253명), 직업능력향상 프로그램(7,317명), 인문교양 프로그램(4,992명)의 순이었다. 원격형태 기관에서는 학력보완 프로그램 참여자(73,297명)가, 사업장부설 기관에서는 문화예술 프로그램 참여자(60,124명)가 다른 프로그램에 비해 압도적으로 많았다. 시민사회단체부설 기관에서는 인문교양 프로그램의 참여자(2,020명)와 직업능력향상 프로그램 참여자(1,145명)가 많았다. 언론기관부설 기관에서는 문화예술 프로그램 참여자(22,945명)와 인문교양 프로그램 참여자(7,728명), 그리고 직업능력향상 프로그램 참여자(3,681명)가 대부분이었다. 지식인력개발형태 기관에서는 문화예술 프로그램 참여자(4,400명)가 가장 많았고, 그 다음으로 직업능력향상 프로그램 참여자(1,476명)와 인문교양 프로그램 참여자(1,425명)가 많았다. 그리고 평생학습관에서는 인문교양 프로그램 참여자(13,442명)가 다른 프로그램에 비해 압도적으로 많았다.

〈표 5〉 프로그램별 학습자 수

(단위 : 명)

구분	전체	학력 보완	성인기초 문자해득	직업능력 향상	인문 교양	문화 예술	시민 참여
전체	248,787	82,550	399	24,355	36,383	104,589	511
대학(원)부설	34,746	9,253	0	7,317	4,992	12,806	378
원격형태	82,961	73,297	0	8,045	539	1,080	0
사업장부설	68,313	0	0	1,952	6,237	60,124	0
시민사회단체부설	4,129	0	22	1,145	2,020	942	0
언론기관부설	34,404	0	50	3,681	7,728	22,945	0
지식인력개발형태	7,513	0	79	1,476	1,425	4,400	133
평생학습관	16,721	0	248	739	13,442	2,292	0

주) 학습자는 프로그램별 중복 학습자를 각각의 학습자로 간주하여 합산하였으며, 1개월이상 프로그램에 등록한 인원만 산정함.

* 자료 : 교육통계서비스(http://kess.kedi.re.kr/index) 2016 평생통계

(2) 수요대상별 학습자 수

2016년 평생교육통계에 드러난 1개월이상 평생교육 프로그램에 등록한 학습자 248,787명을 수요대상별로 살펴보면, 성인이 173,362명으로 가장 많고, 다음으로 어린이 51,889명, 통합 14,123명, 청소년 5,240명, 노인 45,109명, 그리고 청소년 5,240명의 순이다. 이를 기관유형별로 살펴보면, 사업장부설 기관을 제외한 모든 기관에서 성인 참여자가 압도적으로 많았다. 그리고 사업장부설 기관에서는 어린이 참여자(37,006명)가 가장 많았다.

〈표 6〉 수요대상별 학습자 수

(단위 : 명)

구분	전체	어린이	청소년	성인	노인	통합
전체	248,787	51,889	5,240	173,362	4,173	14,123
대학(원)부설	34,746	28	57	29,275	782	4,604
원격형태	82,961	0	7	82,917	0	37
사업장부설	68,313	37,006	483	29,069	107	1,648
시민사회단체부설	4,129	516	24	2,129	937	523
언론기관부설	34,404	9,056	2,472	19,973	90	2,813
지식인력개발형태	7,513	2,077	1,059	3,728	331	318
평생학습관	16,721	3,206	1,138	6,271	1,926	4,180

주) 학습자는 프로그램별 중복 학습자를 각각의 학습자로 간주하여 합산하였으며, 1개월이상 프로그램에 등록한 인원만 산정함.

* 자료 : 교육통계서비스(http://kess.kedi.re.kr/index) 2016 평생통계

2. 시민단체 심층조사

이제부터 대구지역 민주시민교육의 현실에 대한 보다 구체적인 분석을 위하여, 현재 대구지역에서 진행되고 민주시민교육의 실제 사례들을 살펴보겠다. 여기에서는 시민사회의 현장에서 지역민들을 대상으로 민주시민교육을 진행하고 있는 주요 시민단체를 대상으로, 교육 주관자에 대한 심층조사와 민주시민교육 자료 및 프로그램의 분석을 토대로 대구지역 민주시민교육의 운용 현황을 보다 자세하게 검토하겠다.

이 글에서 활용된 심층조사 관련 자료들은 본 연구자들이 2016년 5월 초부터 8월말까지 2·28민주운동 시민정신 확산사업의 일환으로 진행한 주요 시민단체 면접조사 결과물에 일정부분 기초하고 있다. 당시 본 연구자들은 주요 단체의 민주시민교육 담당자를 방문한 후, 구조화된 설문지를 통해서 해당 시민단체가 어떤 지향과 방법으로 민주시민교육을 실시하고 있는지를 심층적으로 조사하였다.[05] 이 글에서는 시민단체에서 진행한 민주시민교육의 현실을 전반적으로 파악할 수 있는 부분을 중심으로 하여 그 후 변화된 내용을 보완하여 제시하겠다.

1) 개요

본 연구자들은 대구지역에서 진행되고 있는 민주시민교육의 상황을 살펴보기 위한 연구의 일환으로서, 관련 주요 시민단체에 대한 심층조사를 진행하였다. 먼저 조사대상은 ① 민주시민교육을 일정하고 지속적으로 진행한 경험, ② 민주시민교육 참여대상을 임의적으로 제한하지 않는 개방성, ③ 단체의 신뢰성이 일정하게 인정받고 있음 등의 기준에 따라서 일곱 개의 시민단체를 선정하였다. 그것은 '대구여성회', '한

05 이에 대해 자세한 것은 김영하·최병덕·채장수. 2017. 앞의 책. 참조.

국자유총연맹 대구지부', '지방분권운동 대구경북본부', '대구참여연대', '계명대 목요철학원', '지식과 세상', '대구경북민주화운동 계승사업회'등이다. 조사대상 단체의 개요는 다음과 같다.

대구여성회는 대구지역 여성 인권단체의 형태로 1988년에 출범하였으며, 현재까지 여성노동과 고용평등, 법률·행정지원 등 여성의 삶과 관련된 다양한 의제를 다루고 있다. 한국자유총연맹 대구지부는 1954년에 '반공연맹'으로 출발하여 1989년에 현재의 명칭으로 변경한 단체로 주로 통일·안보교육 및 민주시민의식고취, 자원봉사활동 등의 역할을 수행하고 있다. 지방분권운동 대구경북본부는 결정권 분산을 통한 중앙집권적 폐해의 시정을 주창하며 지역경제와 지역사회의 동시발전의 추구, 지방분권 개헌의 추진 및 지역 거버넌스의 창출, 분권혁신교육 등의 활동에 주력하고 있다.

1998년 4월에 창립한 대구참여연대는 활동의 독립성 유지를 위하여 정부의 지원에서 자립을 유지하면서, 주로 권력 감시와 풀뿌리 민주주의의 구현 활동을 진행하고 있다. 1980년 10월 8일 계명대학교에서 시작된 학술단체인 계명대 목요철학원은 '철학의 대중화'와 '대중의 철학화'를 지향하며 시민교육의 기회를 제공하고 있다. 2014년 2월에 창립된 지식과 세상은 지식 공급자 중심의 사회적 협동조합으로서, 다양한 프로그램의 시민교육과 학교파견 청소년 교육 등을 수행하고 있다. 그리고 대구경북민주화운동 계승사업회는 10월 항쟁과 4·9인민혁명당 사건의 추모와 계승, 6월 항쟁의 지역사적 의미의 발견 등을 사업의 주요 범주로 설정하면서, 독자적인 활동을 전개하고 있다.

이상의 단체를 중심으로, 대구지역에서 진행되고 있는 민주시민교육의 보다 구체적인 현실을 살펴보기 위하여 구조화된 설문지를 통한 면담을 실시하였다. 면담조사 내용 중에서 본 연구와 보다 관련성이 높은 설문내용은 다음과 같다. ① 민주시민교육의 진행과 관련하여 대구지역과 지역민의 문제는 무엇인가? ② 시민단체에서 진행하고 있는 민주시민교육의 사업 내용은 무엇인가?

한편 면담조사에서 시민단체들이 중첩적으로 지적한 민주시민교육의 진행과 관련된 대구지역의 주요 문제는 다음과 같다. '지역사회의 강고한 보수주의', '시민의식의 미약함', '지역의 어려운 경제사정에 다른 민주주의와 현실정치에 대한 무관심', '지역 행정 관료들의 보수적인 태도', '대구지역에 대한 역사의식의 부족'등 이었다. 이러한 내용들은 대구지역의 보편적인 정서이자 현실의 반영이며, 따라서 그렇게 새로운 것은 아니다. 그렇지만 민주시민교육의 현황에 대한 조사에서도 이것이 다시 제기되는 현상에 대해서는 보다 많은 주의를 기울일 필요가 있다.

2) 현황

민주시민교육의 진행과 관련된 대구지역의 문제에 대한 이상의 조사에서 가장 빈번하고 주요하게 지적되는 것은 지역 특유의 보수성이다. 이것은 보수적 지역관료들의 경직성과 시민의 민주의식의 미약함에 대한 지적과 연결된다. 그러나 이러한 지역의 보수적인 상황은 오히려 대구지역에서 민주시민교육의 필요성을 더욱 확대시키는 요인이 되고 있다는 의견과도 연결된다. 역설적이게도 보수성의 지역적 강고함은 시민단체가 행하는 민주시민교육의 중요성을 보다 부각시킨다는 것이다.

실제로 이러한 상황에 대한 적극적인 대응으로서, 현재 대구지역의 주요 시민단체들은 여러 층위의 민주시민교육 프로그램을 기획·운영하고 있다. 여기에서는 대구지역에서 지속적으로 민주시민교육을 진행하고 있는 대표적인 시민단체의 교육프로그램을 구체적으로 살펴볼 것이다.

(1) 대구여성회

대구여성회는 여성이 살맛나는 세상, 모든 이들의 인권이 보장되는 세상, 평화가 보장되고 사람도 자연임을 잊지 않는 세상을 위해 노력하는 여성운동단체를 지향하고 있다. 이를 위하여 대구여성회는 일상에서 시작하여 법과 제도를 개선하고 가치관과 문화를 바꾸기 위한 소통과 공감, 행동을 추구하고 있다. 그러면서 여성정책 연구와 제안, 여성노동권 보장을 위한 활동, 평등한 성문화 정착을 위한 교육문화사업 등으로 성평등 세상과 민주사회를 만들어 나갈 것을 주창하고 있다.

대구여성회는 상대적으로 연구를 위한 여건이 좋은 편이다. 실제로 석·박사급으로 구성된 소속 연구원들의 자율적인 논의를 통하여, 성평등과 사회공공성, 젠더의식함양 등의 주제를 민주시민교육 프로그램으로 진행하고 있다. 또한 산하에 '회원센터 당돌', '노동센터', '미디어센터', '성 문화교육 센터', '대구위기청소년교육센터'등을 운영하면서, 다양한 교육·문화 관련 사업을 진행하고 있다. 특히 성 문화교육 센터는 성교육 전문 강사의 양성과 대상별 성교육, 그리고 성교육 강사뱅크 운영 및 성평등 강의안 연구, 인문학 강좌 기획, 여성주의 프로그램의 기획과 진행 등을 통하여, 대구여성회의 교육·문화 사업을 주도하고 있다.

특히 가부장적인 지역사회의 분위기에도 불구하고, '페미니즘(feminism)'이라는 명칭의 교육프로그램을 성공적으로 진행하고 있는 것은 주목할 사례이다. 이 프로그램은 시민들의 적극적인 반응과 다양한 계층의 참여 속에서 진행되고 있으며, 이 가운데 공부를 계속하겠다거나 후속과정을 요구하는 참여자들의 적극적인 의사표현이 지속적으로 나타나고 있다.

2014년 이후 진행된 대구여성회의 최근 교육사업의 내용을 살펴보겠다. 먼저 2014년에 진행된 "'여성', 젠더로 힘기르기 그리고 세상 바꾸기"프로그램은 성폭력, 성희롱에 대한 올바른 이해와 피해자에 대한 인식의 전환, 성폭력을 바라보는 사회적 인식의 변화를 위해서는 체계적인 시민교육이 우선적으로 필요하다는 인식에서 출발하였다. 이에 직장 내 성희롱 예방강사 양성과정과 성평등 인권강사 양성과정을 진행하여 이 과정을 수료한 강사들과 후속과정을 진행하여 이들을 전문적인 강사로 양성시키면서, 궁극적으로는 지역의 성문화를 바꾸기 위한 구체적인 프로그램을 진행하였다.

2015년에는 "페미니즘의 눈으로 세상보기"와 "'여성', 국가의 섹슈얼리티 담론을 말하다."라는 주제의 프로그램이 진행되었다. "페미니즘의 눈으로 세상보기"에서는 페미니즘의 역사와 이론을 통해서 여성으로서의 정체성을 모색하고, 주체적이고 능동적인 삶을 위한 다양한 이론들을 접할 수 있는 기회를 제공하였다. 그리고 여성으로서 가정이나 사회에서 겪는 인권침해, 성폭력, 성희롱, 성차별에 관해 현실을 알게 되고, 성평등 강사나 직장 내 성희롱 예방교육 강사로서 꼭 알아야할 노동법, 성관련 법을 배우는 계기를 마련하였다. 그리고 페미니즘으로 자신의 정체성을 찾게 된 여성들이 내면의 상처와 만나고 직면하면서, 세상에 당당하게 나설 수 있는 역량강화의 기회를 제공하였다. "'여성', 국가의 섹슈얼리티 담론을 말하다."라는 주제의 워크숍에서는 여성폭력을 바라보는 국가의 섹슈얼리티 담론을 살펴보았다. 그리고 현장에서 활동하는 전문가와의 소통을 통하여, 여성폭력 문제를 해결할 수 있는 다양한 실천 활동 방안을 논의하였다.

대구여성회의 2016년 교육프로그램은 "페미니즘으로 세상을 연결하라."라는 주제로 진행되었다. 페미니즘 담론이 지속된 이 주제를 통하여, 대구여성회는 일상의 문화와 의식으로 자리 잡은 성차별과 가부장적인 인식에 대하여 성찰하였다. 그리고 생활과 제도, 문화에 대한 분석적 인식을 가질 수 있는 과정을 통하여, 사회문화를 성평등적으로 변경하는 시민의식 향상의 계기를 마련하였다. 구체적으로는 '여성으로서의 나', '온전한 존재로서의 나'를 만나고 새로운 언어로 서로 소통하고 공감하며 이해하고 치유하는 '치유테라피 맞잡은 손'을 진행하였다. 이 과정은 일상에서 혹은 여성폭력의 현장에서 경험한 상처와 피해에 대하여 이야기하여 무기력한 나, 피해자로서의 나를 극복하는 역량 강화와, 사회에서 발생하고 있는 다양한 사건의 피해자를 지지하고 연대하는 성평등 지킴이인 '첫사람'으로서의 자질 강화를 목표로 하였다.

2017년 현재 대구여성회는 "페미니즘, 노동을 말하다."라는 주제로 페미니즘이라는 관점을 유지하면서, 직장 내 성희롱 예방교육강사 양성과정과 성평등강사 양성과정을 지속적으로 진행하고 있다.

2) 한국자유총연맹 대구지부

한국자유총연맹 대구지부는 대한민국의 자유민주주의 수호와 선진한국 건설을 주창하는 '이념운동단체'인 한국자유총연맹의 대구광역시 지부이다. 따라서 이 단체는 상위 단체인 한국자유총연맹의 5대 비전인 '명실상부한 대한민국 대표 국민운동 단체', '자유민주주의를 수호하는 안보파수꾼', '국민통합을 주도하는 역동적 조직', '청년 세대와 소통하는 미래지향적 조직', '통일국가 건설에 앞장서는 통일선봉대'의 지역적 확산을 위하여 노력하고 있다.

일반적으로 보수적인 정치 성향이 강한 것으로 인지되는 이 단체는 민주시민교육과 관련하여 주로 지역소재 중고교생을 대상으로 통일·안보교육, 민주시민의식교육, 대구사랑운동, 자원봉사활동 등을 수행하고 있다. 그 내용을 살펴보면 다음과 같다.

이 단체의 대표적인 민주시민교육 프로그램인 "청소년 통일준비 민주시민교육"은 청소년들의 건전한 안보관, 균형된 대북관, 미래 지향적 통일관 정립을 통해 통일에 대한 실천의지와 역량 배양을 목표로 하고 있다. 그러면서 미래의 주역으로서 청소년들이 민주 시민적 자질과 선진 질서의식, 준법의식 생활화 등 선진 국민의식 함양을 추구하고 있다.

"고교생 자유공감 토론대회"는 고교생 시절부터 사회주요 쟁점에 대한 올바른 인식과 해결책을 제시할 수 있는 능력의 향상을 위하여, 토론을 통한 상대방에 대한 이해와 더 나은 해결책을 모색하는 민주주의의 학습과 공존의 훈련을 목표로 진행되고 있다. 이 프로그램은 자신의 주장을 설득력 있는 논증을 통해 펼칠 수 있는 능력을 개발하고, 상대방의 입장을 역지사지易地思之할 수 있는 교육의 장을 마련하는 것을 목표로 한다.

"낙동강 방어선 전투현장 탐방"은 자유민주주의 수호 이념운동단체로서 한국자유총연맹 대구지부의 성격이 보다 선명하게 나타나는 프로그램이다. 이 프로그램은 6·25전쟁 당시 최후의 보루인 낙동강 방어선 전투현장을 탐방하고 청소년들에게 한국전쟁의 교훈을 전달하며, 호국영령에게 감사와 경의를 표현하기 위해서 진행되고 있다. 그리고 이러한 프로그램을 통하여, 청소년들의 자유민주주의에 대한 신념과 건전한 안보관, 그리고 국가의 안전보장에 대한 인식 함양을 추구하고 있다.

3) 지방분권운동 대구경북본부

지방분권운동 대구경북본부는 결정권의 분산을 통하여, 정치·경제·교육·문화 등 사회 각 분야에서 발생하는 중앙집권의 폐해 극복을 지향하는 단체이다. 즉 지나친 중앙 집중에 대한 대안으로서, 주민자치와 지역혁신 그리고 사람과 소통을 중시하는 지역경제·사회의 동시적인 발전을 추구하여 지역주민의 행복한 삶을 추구하는 단체이다. 그러면서 이러한 목표를 위한 주요 임무로서, '지방분권 개헌 추진'과 '지역거버넌스 창출', '지역혁신모델 제시', '분권혁신교육 실시'등을 제시하고 있다.

단체의 명칭에서 나타나는 것처럼 지방분권운동 대구경북본부는 수도권에 모든 권력이 집중된 것에 대한 문제의식에서 출발하여, 이를 해소하기 위한 방안으로서 권한분산과 균형발전을 추진하고 있다. 현재 이 단체는 이와 같은 설립취지를 바탕으로 정부 간 권한이양, 관官에서 민民으로의 권한이양을 위한 헌법개정운동에 초점을 맞추어 활동하고 있다. 이는 관주도 주민참여의 한계를 인식한 결과로서, 직접민주주의와 풀뿌리 민주주의를 지향하는 움직임이기도 하다.

이러한 지향에 기초하여, 지방분권운동 대구경북본부는 풀뿌리 민주주의의 실질화를 위하여 주민을 대상으로 지방분권과 주민자치 등의 민주시민교육 프로그램을 적극적으로 실시하고 있다. 특히 지방분권과 주민자치를 위한 지역민들의 의식함양이나 문화형성을 위해서는 이것을 이끄는 제도가 중요하다는 판단 아래, 이 제도를 이끄는 창조적인 소수를 기획해야 한다는 전략으로 교육프로그램을 진행하고 있다.

현재까지 지방분권 대구경북본부에서 진행하고 있는 주요 교육프로그램은 '주민자치아카데미'와 '지방분권리더 아카데미', '스위스학교' 등이다. '주민자치아카데미'는 단위 동별로 직접 방문하여, 동민을 대상으로 동네탐방과 지방분권에 대한 교육을 실시하는 프로그램이다. 또한 '자방분권리더 아카데미'는 지방분권의 필요성에 대한 주민의식의 확산을 위하여, 지역별로 지방분권을 선도할 리더를 양성하고 역량을 강화하기 위한 프로그램이다. 외국의 선진사례에 대한 학습을 목표로 하는 '스위스학교'는 자치와 분권 제도가 세계에서 가장 잘 갖추어진 스위스와 독일 등지의 현지인을 초청하여 민주주의와 지방분권에 관한 생생한 경험을 나누고 우리 현실에 맞는 제도를 모색하고자 한다.

이외에도 이 단체는 지방분권의 의미와 가치를 확산하고 구성원의 친목을 도모하기 위한 문화행사로서 '지방분권 문화트래킹'을 진행하고 있다. 또한 지방분권운동의 대중적인 접근을 위한 보다 적극적인 홍보의 일환으로 연극을 만들기도 하고, 지역예술인의 지원을 받아서 '분권

콘서트'를 개최하기도 하였다.

4) 대구참여연대

대구지역의 대표적인 시민단체인 대구참여연대는 시민운동의 기본 정신인 참여민주주의에 의거하여, 주민참여의 극대화와 투명한 정치를 실현할 수 있는 열린 자치공간의 확보를 지향한다. 그리고 소외된 이웃과 함께 하면서 질적으로 보다 향상된 삶을 누릴 수 있는 정의의 공간을 만들기 위하여, 모든 시민들과 함께 대구사회 개혁의 청사진을 마련하려는 목표를 추구한다.

이 단체는 권력 감시와 풀뿌리민주주의의 구현이라는 취지에 의거하여, 1998년 4월에 창립된 후 2017년 지금까지 19년째 왕성하게 활동 중이다. 또한 이 단체는 권력 감시를 실질화하기 위해서는 정부로부터의 재정독립이 필요하다는 판단 아래, 정부자금으로부터 완전한 거리를 두고 철저하게 회원들의 회비로 조직을 운영하고 있다.

민주시민교육과 관련하여 대구참여연대는 시민교육의 방향을 민주적 시민권·시민의식의 총체적 함양, 그리고 지식함양 차원에서의 종합적 교육으로 설정하면서, 2008년부터 공론·소통·연대를 모토로 한 '대구참여연대 시민학교'를 매년 진행하고 있다. 유료강좌로 진행되는 시민학교에는 지역의 30-40대 여성들이 주로 참여하고 있는데, 최근 진행된 시민학교 프로그램을 살펴보면 다음과 같다.

2016년의 경우, 시민학교는 "문제는 민주주의다."라는 주제를 가지고 총 4강으로 진행되었다. 강좌의 내용은 민주주의를 둘러싼 현안을 중심으로 진행이 되었는데, '민주정은 희망이 있는가?', '헌법과 시민주권', '난민과 세계시민', '민주주의 넘어 민주주의'등이 그것이다. 이 외에도 대구참여연대는 '인권의 정치'와 '노동법'등 사회이슈에 부응하는 시사 강좌를 다수 진행하였다.

2017년 현재, 대구참여연대는 「대구광역시 시민공익활동 지원 등에 관한 조례」 제4조 3항 '공익활동을 행하는 시민과 단체의 활동지원 및 역량강화 교육 운영'에 의거한 공모사업인 '열린민주시민교육'의 지원을 받아서 시민학교를 기획하였다. 이번 시민학교는 한국사회의 가장 큰 과제가 무너진 민주주의를 회복하고 한층 진화된 새로운 민주주의를 만들어가는 것이라는 문제인식에서 출발하여, 왜곡된 정치의식과 폐쇄적인 지역사회문화를 쇄신하고 협동과 자치, 평등과 정의에 기반한 새로운 민주주의에 대한 논의와 실천이 활발해지는 계기를 마련한다는 차원에서 추진되었다. 이에 따라서 "민주주의, 그것이 알고 싶다."라는 주제로 '헌법', '사회적 약자', '사드투쟁', '경제민주화', '페미니즘', '민주시민교육', '민주주의'를 주제로 하는 총 일곱 개의 강좌가 마련되었다.

이 단체의 민주시민교육 관련 활동에서 보다 주목되는 것은 '민주시민교육센터'의 설립 추진이다. 민주시민교육센터의 설립은 시민들의 교육욕구에 부응하고 건강한 시민의식 고취를 위하여 진행되는 시민학교를 대구지역의 대표적인 시민참여 교육프로그램으로 자리매김하고자 하는 노력의 일환으로 추진되고 있다. 즉 내용과 형식에서 다소 분산적이고 일회적으로 진행되고 있는 대구지역 민주시민교육의 한계를 극복하고, 보다 체계적이고 지속적인 민주시민교육의 추진을 위한 일종의 집중적 관리시스템으로서 민주시민교육센터의 설립을 준비하고 있다.

이와 관련하여 대구참여연대는 민주시민교육센터의 역할을 다음과 같이 제시하고 있다. ① 상시적이고 체계적인 민주시민교육 기획 및 집행, ② 지역사회 민주시민교육의 담론과 네트워크의 형성, ③ 민주시민교육에 대한 공감대 마련을 위한 활동, ④ 대구형 민주시민 교육안 입안에 기여, ⑤ 풀뿌리(소모임) 학습모임을 지원·양성 및 민주시민교육의 토대 형성, ⑥ 지역 교육 강사의 발굴 및 교육을 통한 전문가의 양성.

5) 계명대 목요철학원

계명대 목요철학원은 '철학적 자발성'에 근거하여, 1980년 10월 계명대학교 철학과 교수들의 자발적인 공부모임으로 출발하였다. 이후 '수요철학세미나'에서 '목요철학세미나'로, 그리고 '계명-목요철학원'으로 명칭이 변경되었다. 특히 2011년 '계명-목요철학원'이후 "철학의 대중화, 대중의 철학화"를 모토를 견지하면서, '탈脫대학'즉 대학의 울타리(세미나)를 넘어서 지역 시민사회(포럼)로 다가가는 시도를 지속하고 있다. 그러면서 지역민에게 다양한 사고와 폭넓은 시야를 제공하고 평생교육의 기회를 제공하고 있다.[06]

계명대 목요철학원의 핵심적인 사업은 청소년을 위한 '철학인문학 교실'과 대학 구성원을 위한 '목요철학 콜로키움', 그리고 대구시민의 평생교육을 목표로 진행되는 '목요철학 인문포럼'이다. '나를 찾아 떠나는 인문학 여행'라는 모토를 앞세운 목요철학인문포럼은 교육환경에서 암담한 청춘을 보내고 있는 청소년들이 자신의 문제 상황을 적극적으로 해결할 수 있는 심성을 갖는데 일조할 수 있도록 마련한 청소년 인문학 강연시리즈이다. 여기에서는 주로 청소년을 위한 철학논술 및 인성교육 프로그램의 실현을 목적으로, 청소년들이 인문학을 통하여 스스로 생각하는 방법을 연습하고 자기성찰과 자기개발을 위한 가치관과 세계관을 형성할 수 있도록 포럼을 진행하고 있다.

학내 구성원을 대상으로 진행되는 목요철학 콜로키움은 '닫힌 철학, 열린 토론'을 모토로 하고 있다. 이 프로그램은 대학인의 전문성에 초점이 있는 모임에 걸맞게, 이 모임은 최소한 전문적인 토론의 형식을 갖추고 자기주장에 대한 질의와 응답이 따라야하며 자기주장의 정당성

06 이재성. 2014. 「〈계명-목요철학원〉의 역사와 역사성」.『인문정신문화진흥 대토론회』. 17-24쪽.

을 끌어내야 한다는 보다 아카데믹한 원칙을 견지하고 있다. 또한 목요철학 콜로키움은 대학생들의 인문·철학적인 소양을 고양시키려는 목적으로, 학기 당 5회의 기획프로그램을 운영하고 있다. 2017년 1학기 현재의 주제는 "인간의 얼굴을 한 생명윤리"이며, 주요 내용은 '생명', '인권', '과학기술', '존엄성', '생명정치'이다.

목요철학원의 간판 역할을 하는 목요철학 인문포럼은 대학과 사회라는 경계를 넘어서, 대학인들뿐만 아니라 모든 시민들을 위한 '열린 철학 열린 인문학'을 지향하는 대중 강좌이다. 현재는 초기의 염려와 달리 자치회가 만들어질 정도로 시민들의 자발적인 참여가 증가하고 있으며, 대구광역시 시립중앙도서관에서 발표와 토론을 통한 철학의 대중화 프로그램을 진행하고 있다. 2017년도 상반기에는 "신화를 통해 인간의 근원을 묻다."라는 주제로, 다양한 지역의 신화와 신화 속에 나타난 인류의 기원과 삶의 가치, 인간 심리와 성 정체성 등의 내용이 기획되어 있다.

6) 기타

이외에도 대구지역에는 지속적으로 민주시민교육을 진행하고 있는 다양한 단체들이 존재한다. 지식과 세상이나 대구경북민주화운동 계승사업회도 그러하다. 지식과 세상은 배움과 나눔의 정신으로 학습하는 지역공동체의 건설을 목표로 하여, 시민과 학생, 학부모와 교사, 청년 및 취약계층들과 함께 지식과 문화를 나누는 사업을 통한 학습하는 사회공동체를 지향하는 사회적 협동조합이다.

현재 지식과 세상은 인문학을 중심으로 일상적인 강좌를 진행하고 있으며, 대구지역 고등학교에서 찾아가는 강좌도 적극적으로 진행하고 있다. 최근 이 단체는 인문학 고전 강독, 서양 중세미술사, 불교미술, 현대사, 교육학, 기본소득, 불평등, 수학 등 매우 다양한 분야의 주제를 교육프로그램으로 폭넓게 다루고 있다.

대구경북민주화운동 계승사업회는 “민주야, 소풍가자.”라는 이름의 대구지역 민주주의 현장체험 프로그램을 중심으로 민주시민교육을 전개하고 있다. 주로 어린이를 대상으로 진행되는 이 프로그램은 2·28민주운동을 비롯한 대구지역의 역사적인 민주주의 현장 탐방을 통하여, 미래의 주역인 어린이들이 민주주의의 소중한 가치를 스스로 체험하는 것을 목표로 하고 있다.

Ⅲ. 대구지역 민주시민교육의 과제

현재 우리 사회에서는 민주시민교육의 필요성이 절실하게 제기되고 있다. 이러한 현상의 근저에는 소통과 심의의 퇴행과 공공성의 실종과 같은 보다 근본적인 요인이 깔려있다. 실제로도 1987년 이후 제도적 민주화의 의미 있는 진전에도 불구하고, 지역주의와 연고주의는 우리 사회 정치문화의 주요한 특징을 이루고 있다. 더욱이 우리 사회의 왜곡된 정치과열은 공공적 사안을 둘러싼 참여의 확장으로 나타나기보다는, 사적 이익의 과잉 정치화로 현실화되고 있어 과잉 정치화와 정치적 무관심이 모순적으로 공존하기도 한다.

서구와 비교하면 민주화의 제도화 수준, 즉 권력에 대한 견제와 균형 및 공개를 바탕으로 한 비판과 참여를 위한 장치가 상대적으로 빈약한 상황에서, 우리사회에서 정치적 무관심은 과잉 정치화보다도 더 심각한 폐해를 낳기도 했다. 정치무관심과 정치적 냉소주의, 과도한 지역주의와 무비판적 투표행태는 정치적 비민주성과 공동체의 와해로의 악순환을 초래할 수도 있다.[07] 특히 대구는 정치적 무관심, 지역주의 그리고 무비판적 투표행위로부터 결코 자유로울 수 없는 지역이기에 민주시민교육의 필요성이 더욱 절실하다.

우선 대구지역의 민주시민교육은 우리나라 민주시민교육의 흐름과 보조를 맞추어 왔기에, 기본적으로 이것과 동일한 문제점을 가지고 있다. 우리나라 민주시민교육의 문제점에 대해서는 이미 많은 학자들이 다양한 지적을 하여왔다. 박재창과 이범웅 등은 불일치, 정치적 예속, 정치적 무관심, 그리고 제도적 미비[08]를 지적하였고, 신두철은 불일치, 도구화, 무관심, 제도적 미비, 그리고 인식의 결여[09]를 지적하였고, 김동춘은 개념의 혼란과 대상의 제한성, 그리고 교육 내용의 문제점[10]을 지적하였다. 또한 김기현은 전담주체의 민주시민교육 가치와 원리에 대한 인식 부족의 문제, 지원체계간의 연계 미비, 교양, 그리고 직업교육과 민주시민교육과의 불균형[11]을 거론하였다.

대구지역의 민주시민교육 역시 이미 지적된 무관심, 제도적 미비, 대상의 제한성, 교육내용의 편향성과 불균형, 지원체계의 미비 등의 문제를 극복하지 못하고 있다. 그래서 대구지역의 민주시민교육은 민주주의 교육, 인권교육 등을 보편적인 가치를 표방하고 있지만, 실제 교육은 다소 계기적이고 단편적으로 이루어지는 경향을 보이고, 때로는 시민단체 사이에 중복되는 교육프로그램이 운영되기도 한다.

---

07 김동춘. 2015. 「시민성을 촉진하기 위한 민주시민교육 방향 제안」. 『서울시 민주시민교육활성화를 위한 시민사회 워크숍』. 4쪽.

08 박재창·B. J. 젤리거. 2007. 『민주시민교육의 전략과 과제』. 오름. 95쪽; 이범웅. 2015. 같은 책. 52-53쪽.

09 신두철. 2010. 「한국 국가기관의 민주시민교육 실태와 제도화」. 『2010년 한국민주시민교육공동세미나 자료집』. 38쪽.

10 김동춘. 2015. 앞의 글. 4-6쪽.

11 김기현. 2011. 「지속가능한 민주시민교육 발전방안」. 『사회통합과 민주시민교육 토론회 및 워크숍』. 한국민주시민교육학회. 48-50쪽.

특히 이번 실태 조사에서 드러난 대구지역 민주시민교육의 문제점은 '풍요 속의 빈곤'으로 표현할 수 있다. 이 문제에 대해서는 '프로그램의 수'와 '수강자의 참여'라는 두 가지 차원에서 접근할 수 있다. 먼저 프로그램의 수와 관련해서 말하자면, 일단 시민을 대상으로 하는 교육프로그램은 풍요롭고 다양하다. 그러나 대부분이 사적인 관심이나 능력을 향상시키기 위한 인문교양 및 문화예술 프로그램이고, 공동체 구성원으로서 공적인 삶 혹은 정치적 삶을 함양하기 위한 민주시민교육 성향의 프로그램은 거의 찾아볼 수 없을 정도로 빈곤하다는 점이다.

이와 함께 수강자의 참여와 관련해서는 민주시민교육 프로그램에 시민의 참여가 빈곤하다는 점을 지적할 수 있다. 일부 시민단체가 비록 계기적이지만 심혈을 기울여 공적인 문제에 대한 관심과 공적인 차원에서 시민적 자질을 향상시키기 위해 준비한 민주시민교육 프로그램에 시민적 관심이나 참여가 매우 부족하다는 점이다. 민주시민교육에 대한 관심이 낮고 기회도 자주 없기 때문에, 보통 행사 주최 측에서는 심혈을 기울여 좋은 프로그램과 좋은 강사를 섭외한다. 하지만 실제 교육현장에 참여하는 시민의 수는 매우 제한적이다. 민주시민교육의 필요성을 절감하고 필요한 좋은 프로그램과 우수한 강사가 마련되었음에도 불구하고 이것에 참여하는 수강자의 수가 다른 문화예술이나 인문교양 프로그램과 같은 시민교육에 비해 매우 적은 편이며, 그나마 참여하는 수강자들도 일반 시민이 아니라 대부분은 그 단체의 회원이라는 점이다.

이상에서 제시된 문제들을 고려하면서, 이제 대구지역에서 민주시민교육의 활성화를 위한 방안을 모색하겠다. 이와 관련하여 우선적으로 필요한 것은 민주시민교육의 양적 팽창이다. 질적으로 우수한 민주시민교육을 제시하는 것도 필요하겠지만, 다른 시민교육에 비하여 민주시민교육이 양적으로 부족한 상황에서, 우선 다양하고 빈번한 민주시민교육을 실시하여 시민들이 민주주의를 학습하고 체험하는 다양한 기회를 제공해야 한다.

시민들이 언제 어디서나 민주시민교육에 접근할 수 있도록 백화제방百花齊放, 백가쟁명百家爭鳴 식의 프로그램을 마련하여 민주시민교육의 외연을 확장하고, 시민들이 민주시민교육을 일상적으로 경험하도록 할 필요가 있다. 다소 기계적으로 주장하자면, 민주시민교육의 체계화와 질적 수준의 제고는 이후의 문제이다. 다양한 프로그램을 진행하다 보면 자연스럽게 자기정화와 통합의 과정을 거치면서 민주시민교육의 질적 고양이 일어나고 그것을 담당할 우수한 강사진도 형성될 것이다. 또한 교육을 통해서 다루어야 할 구체적인 지역 의제도 도출될 것이다. 더불어 다양한 민주시민교육에 자주 노출되면서 민주시민교육에 대한 관심도 확장되고 시민의식도 자연스레 향상되어 그것에 대한 더 높은 요구가 표출될 것이다.

물론 이것은 시간이 지나면서 자연스럽게 이루어지는 과정이 아니기에, 대구지역 민주시민교육의 활성화를 위한 의식적인 노력이 개입되어야 한다. 지금까지 민주시민교육의 발전방향을 모색하는 다양한 논의들이 진행되는 과정에서, 민주시민교육을 활성화하기 위한 다양한 방안들이 제시되고 있다.[12] 대구지역의 민주시민교육을 활성화하는 방안 역시 여기에서 크게 벗어나지는 않는다. 다만 기존의 연구자들이 제시한 활성화 방안에 기초하여 대구의 지역적 특수성에 부합하는 민주시민교육의 활성화 방안을 '제도적 차원'과 '내용적 차원'에서 제시하면 다음과 같다.

먼저 제도적 차원의 방안은 '조례'와 '기금', 그리고 '기구' 및 '협력시스템'과 관련되어 있다. 첫째, 민주시민교육의 지원을 제도화하기 위

12 이와 관해서는 특히 김기현. 2011. 앞의 논문을 참고할 수 있다.

한 조례 제정이 필요하다. 제주특별자치도가 2008년 6월 지방자치단체 최초로 제주특별자치도에서 〈민주시민교육지원조례안〉을 발의하였다. 그 목적은 제주도의 '세계평화의 섬' 실현과 특별자치도 추진에 따라서, 이에 부응하는 민주시민교육을 통하여 제주특별자치도민을 올바른 주민의식과 자질을 갖춘 민주시민으로 성장시키는데 있다. 이를 계기로 지방자치단체 수준의 민주시민교육의 제도화가 본격적으로 논의되었다.[13] 2019년 8월 현재 광역자치단체 수준에서는 경기도, 대전광역시, 부산광역시, 서울특별시, 세종특별자치시, 인천광역시, 전라남도, 전라북도 그리고 충청남도 등 9개 광역자치단체에서, 기초자치단체 수준에서는 경기도의 고양시, 광명시, 구리시, 군포시, 남양주시, 성남시, 수원시, 안양시, 양주시, 용인시, 의정부시, 이천시, 파주시, 포천시, 하남시 그리고 화성시, 경상남도의 김해시, 서울특별시의 강서구, 광진구, 노원구, 도봉구 그리고 서대문구, 울산광역시의 울주군, 인천광역시의 서구 그리고 충청남도의 아산시 등 25개 기초자치단체에서 민주시민교육지원조례가 제정되었다. 대구에서도 이를 벤치마킹하여 조속히 민주시민교육지원조례를 제정하여 시행할 필요가 있다.

둘째, 민주시민교육을 지원하기 위한 기금을 조성할 필요가 있다. 민주시민교육 자체가 비용을 필요로 하는 사업이기에 그것을 활성화하기 위해서는 예산의 지원이 반드시 필요하다. 그러므로 지방정부차원에

---

13 제주도에서 처음 발의된 민주시민교육의 내용은 통일과 평화 및 제주 4·3사건과 인권에 관한 교육, 환경과 지속가능 발전에 관한 교육, 다문화와 내향적 국제화에 관한 교육, 제주 문화, 언어 및 민속에 관한 교육, 투명사회 실천에 관한 교육, 갈등해결에 관한 교육, 양성 평등에 관한 교육, 안전에 관한 교육, 민주주의에 관한 교육, 세계화에 관한 교육, 그밖에 민주시민의식의 함양에 관한 교육 등을 포함하였고, 조례의 구성은 제1장 총칙, 제2장 민주시민교육 기본 계획의 수립·시행, 제3장 민주시민교육 심의위원회 구성, 제4장 민주시민교육 센터의 설치운영, 제5장 활동지원 및 공공시설의 이용, 제6장 민주시민교육 전문인력 양성기관 지정, 총 17조로 이루어져 있다. 『제주인터넷뉴스』 2008.06.04.

서 적극적으로 예산을 편성할 필요가 있다. 하지만 좀 더 광범위한 사업 추진을 위해서는 별도의 기금을 조성할 필요가 있다. 기금의 재원은 기본적으로 광역자치단체의 출연금이겠지만, 시민적 자율성을 함양하는 민주시민교육이라는 취지에 맞게 개인 또는 법인으로부터의 기부금, 기금운용으로 생기는 수익금 등 다양한 통로를 확보할 필요가 있다. 특히 대구지역의 경우 신서혁신도시에 정착한 정부기관들이 지역사회와 소통하고 지역사회에 기여할 통로와 기회를 제공한다는 차원에서도 민주시민교육지원을 위한 기금의 조성에 적극적으로 끌어낼 필요가 있다.

셋째, 시민교육을 체계적으로 전담할 기구를 설치해야 한다. 현재 시민사회단체에서 민주시민교육을 전담할 기구의 필요성을 느끼고 '민주시민교육센터'와 같은 전담기구를 설립하려는 노력을 진행하고 있다. 이에 호응하여 지자체에서는 민주시민교육을 지원할 전담 부서를 만들고 별도의 기구를 만들어야 한다. 그 설립 과정에서부터 당연히 민관의 협력에 의거한 사업을 추진할 수 있도록 상호 거버넌스를 구축할 필요가 있고, 관련 주체들의 상호 네트워크를 구축되어서 시민교육이 일관된 단계에 따라 진행될 수 있도록 해야 한다. 아울러 전문 학술위원회와 같은 조직을 만들어 민주시민교육의 내용과 방향을 수립하도록 해야 하며, 민주시민교육을 전담할 전문가를 양성할 수 있는 기관의 설립도 필요하다.

넷째, 민주시민교육을 진행하는 주체의 역량 강화와 주체들 사이의 유기적인 연계체계를 구축할 시스템이 필요하다. 대구지역에서는 자치정부 및 민간주체의 역량 강화와 상호 유기적인 연계체계 구축을 위해서, 민주시민교육 정책 의제 설정, 정책 결정, 정책 평가 등에서 민관협의체를 구성하여 이를 적극적으로 운용해야 한다. 또한 보다 효과적인 교육 거버넌스를 위해서는 지역사회의 인적·물적·시설자원 등의 통계를 명확하게 갖추고, 각 자원의 연계와 협력시스템을 강화해야 한다.

한편 내용적 차원의 방안은 '책임자 육성'과 '프로그램 개발', 그리고 '교육 지원'과 연관된다. 첫째, 민주시민교육을 통합적으로 운영하기 위한 코디네이터의 육성이 필요하다. 민주시민교육은 그 자체로 통합적인 접근이 요구되는 과정이다. 코디네이터가 없었기 때문에 매번의 교육이 연관성을 가지지 못하고 일회적으로 진행된 경우가 많았다. 따라서 민주시민교육의 활성화를 위해서는 체계적인 교육과정의 틀을 마련하고 이를 계획적으로 실천하는 책임자로서, 통합적 시각을 가진 디자이너인 코디네이터를 둘 필요가 있다.

둘째, 지역의 특성을 반영하는 시민교육 프로그램을 연구·개발해야 한다. 현재 지역에서 이루어지고 있는 시민참여 및 시민교육프로그램에 대한 현황을 조사하여, 시대와 지역의 특성에 부합하는 방향으로 내용을 전환할 필요가 있다. 현재 지역에서 이루어진 민주시민교육의 상당한 부분이 일반적 수준에서 이루어져 지역적 특성을 반영하지 못하고 지역주민의 관심을 환기시키지 못한 측면이 있다. 그러므로 주민의 관심 사항을 중심으로 지역 내 시민단체 및 주민단체들이 공동으로 참여하는 교육프로그램을 기획·운영하여 주민 참여를 강화할 필요가 있다. 대구의 경우, 특히 2·28민주운동과 국채보상운동을 활용한 시민참여 및 시민의식함양 프로그램을 개발할 필요가 있을 것이다.

셋째, 보다 효율적인 민주시민교육의 진행을 위해 제반 지원이 원활하게 제공되어야 한다. 지역단위 민주시민교육 전문가와의 교류 활성화를 통한 교육방법론 개발의 지속적인 개발과 시민교육에 필요한 효과적인 교육자재의 제작과 배포가 이루어져야 한다. 또한 수요자 중심의 교육을 위해서, 기존의 시민의식, 시민참여 정도, 교육 수요 등의 현황을 파악할 수 있는 조사를 진행해야 한다. 이를 토대로 각급 단위별 실정에 맞는 교육 프로그램의 개발과 교육 담당자의 발굴이 진행되어야 한다. 또한 민주시민교육 프로그램의 진행에서 교육의 주체가 피

교육생을 모집하는 방식을 지양하고, 교육 대상자들의 자발적인 참여를 이끌어낼 수 있는 방식도 적극적으로 모색되어야 한다. 이를 위해서는 다양한 구성원이 민주시민교육에 유입될 수 있도록 연계체계를 구축할 필요가 있다. 특히 노조와 사회단체, 기업 등에서 진행하는 자체 교육 과정에 민주시민교육 프로그램이 포함될 수 있도록 보다 적극적인 상호 협력체계의 구축이 필요하다.

Ⅳ. 맺음말

인문학 시장은 과잉이지만 인문학은 오히려 위기에 처해있으며, 자기 소양과 덕성을 함양하는 인문학적 관심이 공동체에 대한 사랑과 참여를 촉구하는 사회과학적 관심으로 확장되지 못하고 있는 원인은 무엇일까? 어쩌면 인문학 본연의 급진성이 제거된 '인문학 상품'이 소비되면서 인문학적 교양이 사회적 실천으로 연결되지 못하고, 단지 개인적 차원에서 자기만족으로 머물고 있기 때문은 아닐까? 그리하여 시민을 대상으로 하는 교육은 넘쳐나지만, 정작 공동체 구성원으로서 공공적 의식과 참여를 활성화시키는 민주시민교육은 부족하기 때문은 아닐까? 이러한 의문은 '시민, 시민성 그리고 정치교육의 르네상스'[14]를 위한 민주시민교육의 활성화를 다시금 제기하는 이유이기도 하다.

이 글은 대구지역 민주시민교육의 현실을 통계자료와 심층자료를

---

14 고선규. 2015.「시민, 정치교육의 현황과 과제: 선거연수원 사례」. 2015시민교육포럼 자료. 1쪽.

통해 분석하고 민주시민교육을 활성화시킬 방안을 모색하였다. 논의된 내용을 간략히 정리하면 다음과 같다. 2016년도 평생교육통계에 따르면 대구지역 평생교육기관수는 153개, 프로그램의 수는 7,655개, 학습자수는 248,787명에 이른다. 이는 광역자치단체 중에서 상위 6번째의 수준이다. 그러나 가시적인 규모에 비하여 내실은 그리 탄탄한 편이 아니다. 무엇보다도 관련기관에서 운영하고 있는 프로그램의 내용이 다소 제한적이며, 상대적으로 시민교육의 취지에 완전히 부합하지 못하는 부분도 있다. 실제로 평생교육기관의 교육프로그램은 문화예술 프로그램이 전체의 절반을 차지하고 있으며, 다음으로 많은 것은 인문교양 프로그램과 학력보완 프로그램이다. 반면 시민참여 프로그램은 3개 정도에 그치고 있으며, 이러한 프로그램 참여자는 511명 정도에 그치고 있다.

다른 한편 대구지역 시민교육의 현황 파악을 위하여, 지역에서 실제로 운영되고 있는 민주시민교육의 사례를 분석하였다. 이를 통하여 지역 특유의 보수성과 지역관료들의 경직성, 시민의식의 미약함 속에서도, 주요 시민단체들은 여러 층위의 민주시민교육 프로그램을 운영하고 있음을 확인하였다. 그러나 단체별로 다양한 민주시민교육의 사례가 있지만, 그 형식과 내용은 주로 강연 중심이었고 상당한 부분은 일회적으로 진행되어 체계성이나 지속성을 가지지 못하고 있다.

대구지역 민주시민교육의 상황은 한마디로 '풍요 속의 빈곤'이라고 정의할 수 있다. 이와 관련하여 이 글에서는 우선 다른 시민교육에 비하여 대구지역 민주시민교육의 빈곤한 상황을 극복하기 위해 우선 양적 팽창이 필요함을 지적하였다. 양적 팽창을 통해 다양한 민주시민교육 프로그램을 제시하여 시민적 경험의 기회를 폭넓게 제공하고, 그 과정에서 자기반성과 통합의 과정을 통해 질적 수준을 제고하는 것이 필요하기 때문이다. 이를 위하여 본 연구자들은 민주시민교육 활성화의 과제를 '제도적 측면'과 '내용적 측면'으로 나누어 제시하였다. 제도적 측면에서는 '조례'와 '기금', 그리고 '기구'및 '협력시스템'의 문제를 다루었고, 내용적 측면에서는 '책임자 육성'과 '프로그램 개발', 그리고 '교육지원'의 문제를 다루었다.

이와 관련하여, 최근 대구지역에서는 주목할 활동이 전개되고 있다. "좋은 시민이 좋은 민주주의를 만듭니다. 더 나은 민주주의를 향한 시민의 힘! 민주시민교육과 함께!!"라는 슬로건을 내세우면서 2019년 5월에 발족한 대구참여연대 〈민주시민교육센터〉가 그것이다. 〈민주시민교육센터〉는 '대구를 더 나은 민주사회로 만드는 시민의 힘'의 강화를 위한 시민참여와 지역문제 해결 능력, 상호학습 중심을 강조하고 있다. 그리고 '학교-시민사회-지방정부의 유기적 협력체계'의 구축을 위한 민주시민교육 매뉴얼 개발과 활동가 및 강사 양성, 대구지역 민주시민교육네트워크 활성화를 제시하고 있다. 또한 '대구 민주시민교육의 제도적 구축'을 위한 대구 민주시민교육조례의 제정과 민간주도-행정지원 협력체계의 구축, 민주시민교육의 생활화를 위한 제도적 지원을 주장하고 있다.

대구지역 민주시민교육의 새로운 국면을 마련하려는 〈민주시민교육센터〉의 지향은 상술한 이 글의 문제의식이나 제안과도 상당 부분 일치하는 것이라 평가할 수 있다. 점차 가시화되고 있는 이러한 활동들이 대구지역 민주시민교육의 '민주적 전환'을 위한 초석이 될 것을 기대한다.

참고문헌

강원택·김종법. 2011.「민주시민교육의 정치학적 접근과 정치학 교육」.『2011 한국정치학회 춘계학술회의』.

고선규. 2015.「시민, 정치교육의 현황과 과제: 선거연수원 사례」.『2015 시민교육포럼 자료』.

김기현. 2011.「지속가능한 민주시민교육 발전방안」. 한국민주시민교육학회.『사회통합과 민주시민교육 토론회 및 워크숍』.

김동춘. 2015.「시민성을 촉진하기 위한 민주시민교육 방향 제안」.『서울시 민주시민교육활성화를 위한 시민사회 워크숍』.

김성수·신두철·유평준·정하윤. 2015. 한양대학교 국가전략연구소.『교육부 정책연구 보고서: 학교 내 민주시민교육 활성화 방안』.

김영하·최병덕·채장수. 2017.『2·28민주운동과 민주시민교육』. 대구: 애드가.

박재창·B. J. 젤리거 공편. 2007.『민주시민교육의 전략과 과제』. 서울: 오름.

배한동. 2006.『민주시민교육론』. 경북대학교출판부

신두철. 2010.「한국 국가기관의 민주시민교육 실태와 제도화」.『한국민주시민교육 공동세미나 자료집』.

이범웅. 2015.「한국에서의 민주시민교육의 발전 방향 모색」.『초등도덕교육』 제49집.

이재성. 2014.「〈계명-목요철학원〉의 역사와 역사성」.『인문정신문화 진흥 대토론회』.

채장수. 2019.「보다 '정치적'인 민주시민교육을 위하여」.『대구참여연대 〈민주시민교육센터〉 발족 자료집』.

『제주인터넷뉴스』(2008/06/04)
『2016 평생통계』(교육통계서비스 http://kess.kedi.re.kr/index)

대학의 몰락과 민주시민교육

이 재 성

대학의 몰락과 민주시민교육

—

이 재 성

교육은 인격의 완전한 계발과 인권 및 인간의
근본적 자유에 대한
존중의 강화를 목표로 삼아야 한다.
교육은 모든 국가와 인종적 또는 종교적 집단 사이의
이해, 관용 및 친선을 증진해야 한다.
세계인권선언, 1948

1. 무엇이 문제인가

지금 대학에 몰락의 유령이 배회하고 있다. 마치 파국으로 치닫는 영화 속 설국열차의 모습과 흡사하다. 지난 20년간 급격한 세계화와 정보화의 파고를 겪으면서 대학은 몰락이라는 심각한 위기에 처해 있다. 이 몰락의 위기 앞에서 대학은 전면적으로 기업화되어가는 현실에 브레이크를 걸 만한 장치를 전혀 준비하지 못하고 있다.[01] 오늘날 기업처럼 경영되는 대학의 최대 관심사는 과연 무엇인가? 그것은 한마디로 대학의 상품성을 최대한 끌어올리기 위해 대학 밖의 권력이 정해주

01 전 지구적 경제체제에서 대학은 더 이상 공동체의 모델을 제시하지 못하고 있다. 칸트의 부조화의 조화도, 훔볼트의 유기적 이념도, 하버마스의 합의 공동체도 사유를 통합하거나 통일하지 못한다. 이것이 우리가 직면한 거대한 도전이다.

는 서열 순위에서 더 높은 자리를 차지하는 것에 있다. 국제적으로는 〈유에스 뉴스 & 월드 리포트〉와 같은 2류 시사 주간지나 '쿼콰렐리 시몬스'(QS)와 같은 전문 평가기관이, 국내에서는 〈중앙일보〉, 〈조선일보〉와 같은 언론사들이 작성하는 '대학 평가'에서 더 높은 순위를 차지하는 것을 목표로, 대학은 자신의 모든 자원들을 평가 기관들이 제시하고 요구하는 척도에 맞추어 정렬시키고 배치하고 있다. 교수 1인당 연구비, 논문 게재 편수, 학생 취업률 등 궁극적으로 그 결과물은 모두 숫자로 표시된다. 왜냐하면 계량화된 지표를 써야만 대학 순위를 매길 수 있기 때문이다. 계량화된 지표는 이들이 주장하는 객관성과 공정성의 근거이기도 하다. 이렇게 계량화된 지표들은 정부와 대학, 한국연구재단과 같은 전문기관과 연구자들이 모두 공유하는 공통의 '존재양식'이 되었다. 교육부, 한국연구재단, 대학의 공식 문서들에는 각 조직의 인력 현황에서 시작해 논문 게재 편수, 단행본 저술 수, 학술대회 개최 수 등의 나열로 이어지는 천편일률적인 형식과 내용으로 가득 차 있다.

이러한 존재양식에는 다양성보다 획일성을, 자율성보다 종속성을, 순수 학문보다 실용 학문을 중시하는 위계질서가 강하게 녹아 있다. 예컨대 대학이 교수를 채용하거나 교수 업적을 평가할 때 사용하는, '(국제 학술지 리스트인) A&HCI 및 SSCI급 저널에 게재한 논문 1편은 한국연구재단 등재지에 게재한 논문 6편으로 환산한다'는 식의 논리가 대표적인 경우이다. 소위 '명문대'로 알려진 대학들은 세계 대학 평가에서 높은 순위를 차지하기 위해, 그렇지 않은 국내 대학들은 국내의 대학 평가에서 높은 순위를 차지하기 위해 '평가하는 권력'이 제시하는 지표에 자신을 맞추려고 애쓴다. 인문사회 분야의 통폐합이 중심이 된 대학의 구조조정, 비정규직 연구자의 확산, 논문 양산 및 연구 성과 부

풀리기 등은 모두 이런 환경에서 나온 부산물이다.[02]

이 지점에서 너무나 상식적이지만 근본적인 물음으로 되돌아가보자. 도대체 대학이란 무엇인가? 전통적으로 대학은 '자유를 향한 의지'라고 규정되어 왔다. 물론 그 자유의 조건은 시대와 더불어 변화할 수밖에 없다. 대학은 중세 유럽에서 자유로운 지성의 네트워크로 탄생했다. 이후 근대 국민국가 형성기에 대학은 교양교육을 통한 지적 자원의 공급원으로 그 명맥을 유지했다.[03] 그러나 오늘날 대학은 이미 자본주의 외부에 있는 비평가가 아니라 자본의 순환시스템을 담당하고 유지하는 핵심 요소가 되었다. 전문지식이 고도로 세분화하고 자본의 논리 아래 국가라는 경계가 허물어지고 있는 오늘날에 대학은 기업화된 테마파크, 글로벌한 관료적 경영체로 변모하고 있다. 도시와 도시 사이를 편력하던 지적 네트워크를 매개했던 중세형 대학, 국민국가의 후원에 힘입어 근대화의 전초기지로 기능했던 근대형 대학에 이어 대학을 기업으로, 학생을 소비자로 간주하는 패러다임으로의 급격한 전환 속에 있는 오늘날의 대학은 과연 스스로 새로운 역사를 써나갈 수 있을까?

보편적 가치와 교양적 지식을 중요시했던 과거 전통사회와 달리 인간적인 사고나 정서, 감성적 상상력과 열정보다는 생산과 소비와 경쟁이라는 이념에 기반한 현대사회는 과학기술의 법칙이 지배하는 '실용적 가치'와 '전문적 지식'을 대학에 요구한다. 이 모든 지식은 '시장'과 직접적으로 연관되어 있다. 근대의 세속적 인본주의가 추구한 학문의 이념은 인간에게 초월적인 숭고함이나 이타적인 삶을 추구하도록 했다면, 현대의 자본주의 체제는 물신주의 이윤과 소비행위를 우선시하기 때문

---

02 http://www.hani.co.kr/arti/culture/book/850150.html 2018.06.21 참조.

03 대학의 역사와 관련해서는 요시미 순야. 2014.『대학이란 무엇인가』. 서재길 옮김. 글항아리; 빌 레딩스. 2015.『폐허의 대학 : 새로운 대학의 탄생은 가능한가』. 윤지관/김영희 옮김. 책과함께; 고부응. 2018.『대학의 기업화』. 한울 참조.

에 대학의 학문과 제도마저 기업자본주의의 생산과 판매의 모델로 이해하는 경향이 짙다.[04] 말하자면 "자본주의 리얼리즘은 문화의 생산뿐만 아니라 노동과 교육의 규제도 조건 지으며, 나아가 사고와 행동을 제약하는 일종의 보이지 않는 장벽으로 작용"하고 있는 것이다.[05]

하지만 이러한 사회 분위기 속에서도 우리가 결코 간과해서는 안 되는 것이 있다. 그것은 바로 인문학과 인문교육에 대한 엄밀한 성찰이다. 오늘날 우리는 인류 문명사를 움직여온 동력이 마치 과학기술만의 발전인 것처럼 생각하지만, 사실 그 바탕에는 언제나 인간과 세계를 향한 문화적 열망과 도덕적 정열, 즉 '인문정신'이 기초하고 있었다. 따라서 대학과 대학인 모두는 변화하는 인간과 사회에 대한 인문정신을 함양하기 위해서 그 변화하는 사회가 새롭게 요구하는 인문적 자질을 갖추는 일에 전념할 필요가 있다.

물론 오늘날과 같이 급변하는 삶의 환경 속에서는 인문교육에 대한 인식도 전통사회와 달리 새로운 형태로 변해야 할 것이다. 말하자면 시대 변화에 걸맞게 부단히 새로운 인문학적 의제들을 생산하고, 새로운 문제들을 정의하며 새로운 이론들을 정립해야 할 것이다. 왜냐하면 기본적으로 교육은 그것을 지원하는 인적, 물적 자원의 양적 수준과 교육 과정의 질적인 우수성이 결합해서 개인과 사회의 미래를 결정한다는 점에서 인류 모두가 관심을 가지고 육성해야 하는 분야이기 때문이다.[06] 특히 자본과 노동이 투입되는 자원의 양적 수준에 의해서 부가가치가 결정되던 산업사회에서 연구개발 등 창의적인 지식과 정보생산의

04 자본주의 체제에서의 대학의 현주소와 관련해서는 신승환. 2014.「자본주의 체제에서 대학의 현재와 미래」. 사회와 철학 연구회 지음.『한국 교육 현실의 철학적 성찰』. 씨아이알. 193~221쪽 참조.

05 마크 피셔. 2018.『자본주의 리얼리즘』. 박진철 옮김. 리시올. 36쪽.

06 이 지점에서 필자는 우리 시대가 안고 있는 여러 가지 새로운 문제들을 비판하고 성찰할 수 있는 인문교육의 하나로 '민주시민교육'을 제안하고자 한다.

질적 수준에 의해서 부가가치가 결정되는 지식기반사회에로 이행해가는 문명사적 전환기에서 개인의 인적 자본의 질적인 수준을 결정하는 교육의 중요성은 더욱 크다고 할 수 있다.[07]

그러나 2019년 지금 여기, 우리 사회의 대학과 대학교육의 방향은 어디로 향해 가고 있는가. 대학서열화와 사학중심의 대학체제라는 고등교육의 구조적 문제는 도외시한 채 학령인구 감소라는 사회현상을 대학의 재구조화, 즉 대학구조조정의 동력으로 삼고 있다. 이 과정에서 대학과 대학인은 자율의 능력과 자기주장을 상실했고 국가권력의 시선에 대학의 자유와 자율성은 안중에도 없다. 물론 국가권력뿐만 아니라 대학을 움직이는 또 하나의 절대 권력은 시장권력이다. 지난 1990년대에 시장원리에 충실한 대학개혁이 추진되면서 대학은 시장권력에 본격적으로 포섭되기 시작했다. 1995년의 〈5·18교육개혁안〉은 대학을 자본주의적 경쟁 원리에 최적화하는 방향에서 마련되었다. 그 결과 대학은 경쟁력 강화만을 요구하는 시장에 복종하는 존재로 변모했다. 시장권력은 대학을 기업처럼 경영하거나 산학협력 체제를 마련하는 것에 멈추지 않고 국가권력의 대학 교육정책 입안과 시행에도 적극적으로 개입하고 있다. 이젠 대학교육과 관련된 각종 위원회에 기업이나 산업계를 대표하는 인사가 참여하는 것은 흔한 풍경이 되었다.

대학이 '자유'와 '자율성'이라는 그 고유한 본래적 가치를 가지고 대학교육을 할 수 있는가, 없는가는 그 사회의 지적인 수준과 미래를 향한 잠재력을 보여주는 것이다. 대학의 재구조화가 교육의 질 제고로

---

07 제니퍼 워시번은 이러한 지식기반사회에서는 무엇보다도 "대학생에게 편협한 직업교육을 제공하는 것보다는 읽기·쓰기·수학·과학 등에 걸친 폭넓은 기반, 즉 학생들의 지적 능력과 세상에 대한 호기심, 비판적이고 창조적인 사고를 연마시키는 교육을 제고하는 것이 훨씬 더 중요하다."고 주장한다. 말하자면 모든 부분의 지식이 매우 빠르게 변하는 시대에 대학이 교육을 통해 전달할 수 있는 '가장 가치 있는 기술은 평생에 걸쳐 지적 성장을 계속해 나갈 수 있는 능력'이라는 것이다. 제니퍼 워시번. 2011. 『대학주식회사』. 김주연 옮김. 후마니타스. 18쪽.

이어지지 않는다면 그것은 하나마나 한 일이다. 대학교육에서 국가권력·사학권력·시장권력의 삼각동맹이 더욱 강고해지고 있는 현 상황에서 교육의 주체인 대학은 진정 무엇을 할 수 있을까? 앞에서 언급했다시피, 우리나라 고등교육법 제28조에 따르면 대학은 "인격을 도야하고, 국가와 인류 사회의 발전에 필요한 학술의 심오한 이론과 그 응용 방법을 교수·연구하며, 국가와 인류 사회에 공헌함을 목적"으로 하는 조직이다. 따라서 필자는 파국으로 치닫는 대학의 교육 생태계 앞에서 대학의 존재이유는 과연 무엇인지, 대학의 핵심 역할인 교육의 문제는 어떠한지, 그리고 대학교육을 담당할 도구 내지는 방법으로서의 인문학은 온전한지를 계속해서 묻고 따지면서 대학 내 인문학과 인문교육에서 민주시민교육이 왜 필요한지를 살펴보고 우리 사회에 민주시민교육이 왜 중요한지를 짚으면서 이 글을 마무리하고자 한다.

2. 대학은 기업이 아니다

오늘날 대학은 일찍이 그 유례를 찾아 볼 수 없는 어려운 시기에 봉착해 있다. 1990년대 이후 대학 설치기준의 간소화와 그 결과로 등장한 학부교육의 붕괴, 대학원 중점화, 국립대학 법인화, 저출산에 따른 대학 입학 정원의 과잉, 학생들의 학력 저하, 학문 후속세대의 지위 불안정화, 세계화와 유학생의 증가 등 거대한 파도가 연이어 밀려와 대학은 그 제도의 권위와 역사가 뿌리부터 흔들리는 시대로 접어들었다.

다시 한 번 묻자. 대학이란 무엇인가? 전통적으로 대학은 '학문의 공익 사단법인'으로 묘사된다. 베블렌과 같은 경제학자는 그런 대학을

'연구의 응용을 위해 어떠한 설비나 장치가 우연히 사용되더라도 성숙한 학자들과 과학자들, 교직원의 조직'이라고[08] 정의하고 있지만 일반적으로 통용되는 대학의 이념은 '진리 그 자체의 추구'이다.[09] 때문에 대학은 어떤 숨은 목적에 봉사하지 않는 '학문을 위한 성역'으로 간주된다. 왜냐하면 대학은 "그 자체의 활동을 초월하는 어떤 방편에 대한 고려에 의해 통제받지 않기 때문"이다.[10]

그렇다면 대학은 역사적으로 어떻게 등장하는지 그 유형을 간단하게 살펴보자. 근현대 이후의 대학은[11] 크게 네 가지 유형으로 구별해 볼 수 있다. 먼저 국가주의로나 민족주의와 결탁한 대학, 둘째, 과학 정신의 구현을 목적으로 하는 대학, 셋째, 산업 발전을 통해 국가를 섬기는 대학, 그리고 마지막으로 최근에 등장한 대학의 상업화, 즉 기업주의를 모델로 한 대학이 있다.

근대의 대학들이 대학의 본질적인 면에 대해 고민하고 민족, 과학, 산업 등과의 관계를 어떻게 설정해야 하는지에 대해서 성찰의 자세를 취했다면, 현대의 대학은 대학과 자본의 관계에 대해서 충분한 논의가 이루어지기도 전에, 시대의 흐름 혹은 현실이라는 이름으로 그 관계가 설정되어 버렸다. 바로 이 지점에서, 앞서 언급했던, '대학이란 무엇인가' 하는 근본적인 물음이 대두된다. 말하자면 대학이 현실, 그것도 체제를 섬기는 하부조직으로 전락했을 때, 그것이 과연 대학이란 이름으로 불릴 수 있을까 하는 문제가 등장한다.

---

08 Thorstein Veblen. 1965. *The Higher Learning in America*. New York. p. 59.

09 Robert Paul Wolff. 1969. *The Ideal of the University*. Boston. pp. 3~8.

10 Veblen. 1965. p. 59; K. Mannheim. 1936. *Ideology and Utopia*. New York. pp. 154~156.

11 오늘날 우리가 말하는 대학은 서구 중세의 산물이다. 우리가 중세 대학으로부터 물려받은 대표적인 유산은 대학의 학제에서 수업의 방식과 학위제도, 그리고 논문제도 등이다.

대학이 현실 체제와의 비판적 거리를 유지하지 못하면서 자유(Freiheit)와 자율(Autonomie)을 주장한다면, 그것은 과연 밥그릇 싸움 그 이상이라고 할 수 있을까? 정신과 진리의 가치를 이념으로 생각하지 않는 대학을 과연 대학이라고 할 수 있을까? 정신과 진리의 가치를 다른 무엇보다 우선하는 대학이 현재 가능하기는 할까? 만일 그런 가능성이 없다면, 대학은 어디서 어떻게 존재해야 할까?[12]

대학이 신자유주의적 자본주의 체제를 비판하거나 저항할 생각조차 하지 않고, 오히려 대학 자체가 기업화하면서[13] 생산을 극대화하는 경쟁에 휩싸이고, 대학생들을 소비자로 모시고, 지성의 공동체를 지식산업사회로 변질시켜버리면서 기껏해야 자유시장이 되어 산업사회의 도구나 노예를 양산하는 기제로 작동하고 있다면, 아마도 그곳에는 '상품'만 있지 '인간'은 상실된 지 오래일지도 모른다. 인간이 보이지 않는 대학, 인간을 생각하지 않는 대학, 인간을 가르치지 않는 대학, 꿈이 있는 인간, 희망이 있고, 믿음이 있고, 사랑을 갈망하고, 고민하고, 기뻐하고 슬퍼하는 인간, 그리고 무엇보다도 생각하는 인간이 없는 대학은 이미 대학의 존재의미를 망각하고 있는 것이 아닐까?[14]

우리가 더욱 치열하게 고민해야 할 지점이 바로 여기다. 우리는 지금 이후의 대학을 고민해야 한다. 현실, 즉 지금 여기서 우리가 상실하

---

12 서보명. 2018.『대학의 몰락』. 동연. 8쪽 참조.

13 대학이 기업화되었다는 것은 두 가지, 즉 끝없는 생산을 추구하는 것뿐만 아니라, 생산 과정을 사기업의 방식으로 관리한다는 의미에서다. 한국 대학의 기업화 과정에 대해서는 고부응. 2018. 125~150쪽 참조.

14 오늘날 대학 교육에는 일종의 문화적 격변이 일어나고 있으며, 그 결과는 바로 "대학 경영진은 학생을 '소비자'로 그리고 교육과 연구를 '생산물'로 정의"하는 것에서 더욱 분명해진다. 제니퍼 워시번. 2011. 9~10쪽. 그런 점에서 기업화된 대학은 정말 가치가 있는지 묻게 된다. 이에 대해서는 윌리엄 J. 베넷/데이비드 와일즐. 2014.『대학은 가치가 있는가』. 이순영 옮김. 문예출판사; 이재성. 2014.「대학의 위기와 교양기초교육의 방향 모색」. 사회와 철학 연구회 지음.『한국 교육 현실의 철학적 성찰』. 씨아이알. 257~267쪽 참조.

거나 배제해버린 인간이나 정신, 자유나 진리와 같은 한가한 주제들이 진정 중요한 것이라고 인식하지 못한다면 소위 경쟁력 있는 대학은 앞으로도 기업자본주의의 한 축으로 지식을 생산하고 판매하는 백화점으로 계속 성장해 나가는 것에 만족하고 말 것이다.[15] 하지만 대학이 비판과 성찰의 공간으로 지식을 통해 진리를 추구하고, 그 진리의 덕목으로 자유로운 인간을 형성하는 사명을 말하고자 한다면 자본과 시장과 경쟁이라는 이 시대 대학의 '우상'으로부터 비판적인 거리를 유지할 수 있어야 한다.

대학은 결코 기업이 아니다. 대학의 고유한 이념인 자유와 진리 추구는 시대 및 체제와 비판적 거리를 유지하는 것에서 출발한다. 만일 우리가 '이상(혹은 이념)을 잃은 대학은 대학이 아니다'라고 항변할 수 있다면, 과연 이 시대에 그런 비현실적인 대학은 어떤 방식으로 존재할 수 있을까? 기업 정신을 인류의 숭고한 정신 유산인 것처럼 이해하고, 또 그렇게 믿기를 강요하는 시대에 대학은 기업 정신의 역사와 한계를 분명히 말할 수 있어야 한다. 대학은 "젊은이들이 비판적으로 사고하고, 다양한 지식을 탐구하는 데 있어서 금전적 가치가 아니라 그것이 얼마나 매혹적이고 독창적인지를 기준으로 판단하도록 격려하는 환경을 제공함으로써 시장의 가치를 견제하는 역할"을[16] 해야 한다.

그렇다면 기업 정신과 비판적인 거리를 유지할 수 있는 대학은 과연 어떤 대학일까? 그것은 "건물 건축을 성장이라고 생각하지 않는 대학, 투자를 통한 자산 증식을 대학의 일이 아니라고 생각하는 대학, 학생들의 지적인 성장과 인격 형성을 제일 중요하게 생각하는 대학, 수치와 소문을 통계 내어 대학을 평가하는 행태를 거부하는 대학, 사실과

---

15 제니퍼 워시번. 2011. 참조.

16 제니퍼 워시번. 2011. 25쪽.

가치만을 말하지 않고 진리도 생각해보려는 의지가 있는 대학"이다.[17] 말하자면 궁핍을 두려워하지 않고 자발적 가난을 선택하며, 이 시대의 이단이 될 의지가 있는 대학 말이다. 이러한 대학이야말로 오늘날 우리의 대학과 대학교육이 안고 있는 '대학의 몰락'에 적절하게 대응하며, 그 문제점을 올바로 진단할 수 있을 것이다.

오늘날과 같이 대학에서 교육의 목적을 단지 '인적 자원'을 만드는 것으로만 생각하거나, 교육을 응용과학의 차원으로 이해하는 것은 지극히 이데올로기적이고 정치적인 배경에서 나온 발상이다. 인간을 자본주의 생산의 한 요소로 보고, 교육을 그 자원을 만드는 과정으로 판단하는 인식이 보편화되어 가는 상황은 신자유주의 이념의 승리를 뜻한다.[18] 이와 더불어 지식과 교육에 대한 공학적 인식도 확대되고 있다. 오차 없는 계산을 통해, 유용한 것을 만드는 공학의 방법으로 생산해내고자 하는 것은 예측과 측정이 가능한 인간이다. 다시 말하면, 주체가 아닌 객체로서 관리의 대상, 통제의 대상인 인간, 역사의식보다는 조직의 구성원으로서 비주체적으로 살아갈 인간이다.[19]

대학의 기업화는 강의, 연구, 집필을 주요 업무로 삼는 동료 교수가 아니라 대학을 정치와 경제 체제 내부의 지배 세력에게 의미 있는 기관이 되도록 바꾸는 새로운 임무에 충성을 바칠 간부단을 필요로 한다. 그런 점에서 최근 기업화된 대학과 대학교육의 모습은 품질 보증

---

17 서보명. 2011. 61~62쪽.

18 대학의 기업화를 통해 학문의 자유가 어떻게 억압되고 있는지를 자세히 논의한 것으로는 고부응. 2018. 185~220쪽 참조.

19 수학, 데이터, IT기술의 결합으로 만들어진 알고리즘들이 '보이지 않는 손'이 되어 무소불위의 권한을 휘두르는 빅데이터 시대에 인간의 편견과 무지, 오만을 코드화한 프로그램들이 차별을 정당화하고 민주주의를 위협하고 있는데 이런 프로그램을 대량살상수학무기(Weapons of Math Destruction), 축약해서 WMD라고 부른다. 특히 WMD에 의해 학교와 학생들이 어떻게 데이터의 포로가 되는지를 분석한 것에 대해서는 캐시 오닐. 2017. 『대량살상수학무기』. 김정혜 옮김. 흐름출판. 93~147쪽 참조.

을 위한 관리체제에 의해 운영되는 수준에 머물러 있다. 말하자면 대학은 일종의 서비스 산업이 되어가고 있는 것이다.[20] 실제로 대학교육의 질을 어떻게 보증할 것인가를 연구하는 교육산업이 성행하고 있다. 이것의 주된 관심사는 양질의 서비스를 소비자인 학생과 그들의 가족과 사회에 제공하고 있는지에 대한 평가다.[21] 이처럼 현재 우리나라 대학에서는 대학이 지향해야 할 방향에 대한 본질적인 고민이 없다. 오직 현대 서구 자본주의의 대학론, 특히 미국의 대학론을 시대의 개혁적인 흐름으로 수용하는 타율적인 '역사 쓰기'만 추종하고 있을 뿐이다. 그러다 보니 대학의 본질에 대한 철학적 성찰과 반성은 없고 공리적이고 기술적인 담론들만 유행병처럼 대학을 배회하고 있다.

이러한 맥락에서 볼 때, 대학은 문제투성이일 수밖에 없고 그 존재 이유까지도 의심받을 수밖에 없다. 대학이라는 공간은 배움과 현실, 학문과 사회, 사상과 권력이라는 다양한 대립적 가치 속에서 끊임없이 그 가치를 위협받는 '몰락'의 역사를 걸어왔던 것이다. 물론 이 몰락의 역사에서 벗어나기 위해서 이제 대학은 "외부 세계와 연관을 맺으면서 창조적으로 문제를 해결하도록 고무하고, 기업가적 사고를 뒷받침해주는 공간"을 마련해야 하고, 아울러 "새로운 지식과 발명을 기업에 이전하는 절차를 마련해야 하며, 또한 학생들이 새로운 기업을 시작하고 경력을 쌓아가는 데 필요한 교육과정을"제공해야 한다.[22] 하지만 대학이 이

---

20 이럴 때 대학은 시장 유인, 관료적 절차 그리고 국가 강제력의 결합을 통해서 대학의 지식인들을 통제하려고 설계된 국가의 사회제도 구조의 일부일 뿐이다. 이 모습은 상아탑과는 거리가 멀며, 단지 경제적이며 정치적인 체제의 요구들과 밀접하게 연결되어 있는 하부조직일 뿐이다.

21 평가란 용어는 현대 교육산업의 핵심 개념으로 등장했다. 일례로 미국에서는 대학협의회와 같은 기관이 각 대학이 그 대학 내부의 교육과 행정을 비롯한 모든 분야를 어떻게 자체적으로 평가하는지를 정기적으로 분석하고 평가한다. 한국 같은 경우는 특정 언론사가 대학을 평가하여 대학서열화를 부추기면서 교육산업의 팽창을 유도하고 있다.

22 제니퍼 워시번. 2011. 25~26쪽.

일을 성취하는 과정에서 결코 잊어서는 안 되는 것이 있다. 그것은 바로 대학의 자율성이나 오랜 세월 지켜온 대학의 가치와 이상을 희생시켜서는 안 된다는 점이다.

대학은 특정 전문기술만 배우는 곳이 아니다. 대학은 우리가 살아가고 일하는 세계 안에서 개인적·사회적 삶을 탐색할 수 있는 가장 적절한 장소이자 공간이다. 그러나 오늘날의 대학은 유용성과 효율성만 앞세우며 대학을 구조조정하고 있다. 이 과정은 대부분 경제를 떠받치는 요소와 직접적인 관련이 없는 학문 분야, 즉 인문학, 사회과학, 예술 분야를 희생양으로 삼는 방향으로 진행된다. 이런 맥락에서 대학의 오랜 전통인 전인교육 보다는 도구주의에 기반을 두고 구조조정을 모색하는 대학은 학생들을 오직 눈앞의 미시경제에 적응시키는 것에만 목표를 두고 있을 뿐 장기적인 전망이 없는 조직이다.

하지만 대학의 역할은 "단순히 돈을 버는 방법을 가르치거나 교사를 양성하거나 상류사회의 중심지가 되는 것이 아니다. 대학은 무엇보다 생활과 인생에 대한 통찰 사이의 균형을 잡는 곳, 다시 말해 문명 발전의 열쇠가 되는 곳"이어야[23] 하며, 연구를 통해 지식을 생산하는 창조성, 그리고 그것을 많은 사람과 나누기 위한 권위를 갖춘 곳이어야 한다. 또한 이와 동시에 일반적 통념에 도전하는 비판적 사고를 보호하는 장소이자 공간이어야 한다.[24] 지식의 보고이자 비판적 사고의 보루라는 대학의 두 가지 책무 사이에는 긴장이 내재한다. 우리는 대학교육을 편협한 직업훈련소로 대체함으로써 이 내재적 긴장을 해소하려 해서는

---

23 W. E. B. Du Bois. 2013. *The Souls of Black Folk*, New York : Tribeca Books. p. 47.

24 프랑스의 사상가 자크 데리다는 "기업이 대학을 지배하며 일으킨 끔찍한 결과와 학문적 지식이 사적 이익에 종속되는 현상에 대항해 학문의 자유와 대학의 자율성을 지켜야 한다"고 호소하기도 했다. 스탠리 아로노위츠. 2014. 『교육은 혁명의 미래다』. 오수원 옮김. 이매진. 150쪽.

안 된다. 이 '내재적 긴장'이야말로 대학을 살아 생동하는 장소와 공간으로 만드는 핵심 요소이기 때문이다.

요약하면, 대학은 궁극적으로 "인성을 갈고닦아 인간을 길러내는 것이다. 아는 것만 많은 현자나 단순한 장인, 교활한 궤변론자나 잘난 체하는 전문가만 키워냈다면 대학은 제 역할을 수행하지 못한 것이다. 대학은 지식을 전하기보다 학생들의 흥미를 자극하고 배움의 방법을 제시하며, 힘과 판단력을 길러주고 지성과 도덕성을 북돋아주어야 한다. 대학은 학생들이 어떤 학과에서 무엇을 탐구하든 현명하고 사려 깊으며 진보적인 지도자가 되어 사회에 이바지하도록 이끌어야"한다.[25] 대학이 비판과 성찰의 장소로, 지식을 통해 진리를 추구하고, 그 진리의 덕목으로 인간을 형성하는 사명을 수행하는 공간이라면 이 모든 과정은 대학의 공공성,[26] 즉 대학교육이 담당해야 할 엄정한 책무이다.

3. 교육은 상품이 아니다

우리의 대학교육은 심각한 위기에 처해 있다. 사실 지금, 우리 사회에서 벌어지고 있는 대학교육에 대한 다양한 공격은 그리 놀라운 일이 아니다. 예산 부족에 시달리는 정부는 국립대학 지원 예산을 삭감하

---

25 마이클 로스. 2016. 『대학의 배신』. 최다인 옮김. 지식프레임. 129~130쪽.

26 전통적인 의미에서 대학의 공공성은 "과학의 외연을 넓혀 나가는 것, 다음 세대의 학자와 지도자들을 훈련시키는 것, 기술과 산업 발전을 촉진하는 것, 이해관계를 초월한 연구, 인류가 이룩해 온 지적·문화적 성취를 보전하는 것, 전문가로서의 자문과 공적 서비스를 제공하는 것, 공공 영역의 지식을 보호하는 것, 그리고 사회의 비판자이자 양심으로 기능하는 것"이다. 제니퍼 워시번. 2011. 342쪽.

고, 사립대학들은 투자자와 등록금을 낼 학생들을 끌어들여 수익을 창출할 프로그램을 기획하기에 급급하다. 재정적 부담을 '소비자'로 간주되는 학생들에게 떠넘기고 새로 부상한 시장이 유지될 수 있는 수준으로 등록금은 인상되고 학자금 대출은 늘어나는 반면 학생들의 학업 능력은 퇴보하고 있다.[27]

전문화가 야기하는 불평등은 사회에 심각한 영향을 미치고, 일부 일류 대학은 오로지 실용성을 앞세운 전문성에만 집중한 나머지 교양교육이라는 대학의 핵심 임무를 방기하고 있다. 그런 점에서 오늘날의 대학은 사실과 문화적 전통에 대한 수동적 흡수에 관한 것이 아니라 정신 활동의 능력을 배가할 수 있도록 하고, 복잡다기한 세계에서 사려 깊게 비판적·비평적일 수 있도록 훈련하는 전통적 의미의 대학교육을 포기한 것이다.

대학의 상황이 이렇다보니 교육에 대한 우리의 기본적인 입장은 양면적이다. 한편으로는 교육이 필요하다는 데 이의가 없지만, 다른 한편 어떤 교육이 좋은 교육인지를 제대로 논의하는 방법은 잘 모르거나 아니면 모른 체 무시한다는 것이다. 교육이 정치와 경제 그리고 문화에 중요한 역할을 한다는 사실은 누구나 잘 알고 있지만, 교육이 정말로 유용한 것인지는 확신하지 못하고 있다. 자유의 가치만큼이나 교육의 가치를 믿지만, 지나친 자유와 마찬가지로 지나친 교육은 엇나가기 쉽다고 생각한다. 각종 언론이나 잡지, 인터넷 블로그, 유투브와 같은 매체에서는 유치원에서 고등학교까지의 교육과정이 제 기능을 하지 못하고 있다는 비판으로 무성하다. 소위 명문 학교는 균형 잡힌 전인적 교육보다는 학생들의 성적을 올리는데 급급하고, 돈이 없는 주변 학교는

---

27 시장이 되어버린 대학, 상품이 되어버린 교육에 대한 비판과 반성을 기록하고 있는 것으로는 마이클 베일리/데스 프리드먼(엮음). 2012. 『대학에 저항하라』. 민영진 옮김. SEEDPAPER 참조.

필요한 지원도 제대로 받지 못한다며 볼멘소리를 낸다.

배움, 즉 배운다는 것이야말로 정작 가장 심오한 형태의 '자유'가 아닌가. 민주주의를 지향하는 나라에서 교육이 지니는 가장 중요한 의미는 '사회 안에서 자유를 함양'하는 것이다.[28] 학교는 남이 미리 정해둔 제한적 기능을 수행할 준비를 하는 훈련소가 아니다. 고등교육의 가장 중요한 목적은 모든 시민이 자기 삶과 일에서 인간적이고 위대한 의미를 발견할 기회를 제공하는 데 있다. 교육을 통해 스스로 생각하는 법을 배운 시민은 단지 전문 기술의 집합체가 아니라 '온전한 인간'이어야 한다. 온전한 인간이야말로 자기 발로 걷는 법을 아는 인간, 노동의 신성함을 아는 인간, 자신의 생각을 자유롭게 말할 수 있는 인간이다. 그러나 오늘날 벤처의 성공 전략을 들먹이며 교육을 비판하는 자들은 온전한 인간을 양성하는 폭넓은 교육을 그저 돈이 안 되는 낭비로만 치부하고 만다. 이들에게 교육은 오로지 미래를 위한 투자, 또는 돈을 지불하고 제공받는 경험일 뿐이다. 대학을 투자 개념으로 보는 이런 틀 안에서는 당연히 돈이 가장 중요한 '가치'로 작동한다. 때문에 그들에게 교육은 단지 투자 대비 높은 이익을 산출하는 '상품'으로서만 존재한다.

시장의 원칙을 고등교육의 모든 영역에 강제하는 것은 평등과 모두를 위한 공교육의 가치를 직접적으로 훼손하는 것이다. 이것은 기회의 평등을 해체하는 것이고, 학생을 오직 수입원으로만 간주하는 것이며, 학과를 이익의 핵심 도구로 여기는 행동이다. 대학은 대학에 소속된 사람들이나 또는 대학이 봉사해야 할 사람들에 의해서가 아니라 구

---

28 "교양교육을 통해 자신과 타인을 이해하려 노력하는 일은 시민으로서의 자질을 기르는 민주주의의 초석이 된다. 다양성의 가치를 존중하는 문화, 세상을 바꾸려면 소수의 선구자가 아니라 모든 사람들의 힘이 필요하다는 점을 인정하는 문화에서는 바로 이런 교육이 필요하다." 마이클 로스. 2016. 109쪽.

매력에 의해서 좌우될 것이다. 이럴 경우 풍부하고 비판적인 교육시스템은 엄청난 위협에 처할 수밖에 없다. 이미 여러 부분에서 기업화되었지만, 대학은 여전히 '공공기관'이다. 그런 맥락에서 대학과 대학교육에서 배제되고 추방되는 인문학과 예술, 사회과학 학과들은 우리의 삶이 경제적 유용성과 효율성에 따라 규정되어야 한다는 원칙에 저항할 수 있는 최후의 장소이다. 인문학과 예술, 사회과학 학과들은 시장의 원칙을 비판할 수 있는 장소이다. 우리는 이런 학과에서 시장원칙의 역사를 추적하고, 그 이름을 이론화하고, 그 파괴력을 계산하고, 예술과 영화와 시에 대한 관심을 표현할 수 있다. 그런데 이 분야들이 가장 많은 공격의 대상이 되고 있으며, 이 현상은 이제 크게 놀랍지도 않을 정도다. 하지만 공공선과 공익을 위해 고등교육이 중요하다고 생각한다면, 사회정의로 가는 길에 고등교육이 반드시 필요하다고 생각한다면, 고등교육이 이해를 증진시키는 소중한 수단이라고 생각한다면, 우리는 고등교육의 공공적 유산과 사유할 권리를 끝까지 유지하고 지켜야 한다.

우리가 공공적 유산과 사유할 권리를 유지하고 지키기 위해 교육을 필요로 한다면 교육의 목표는 우선 인간의 '자유'와 '성숙'이지 결코 전문적인 특정 업무를 수행할 특수한 개인을 만들어내는 것이어서는 안 된다.[29] 교육은 젊은이들이 힘과 생각, 잘 다듬어지고 단련된 취향을 지닌 인간으로 성장하도록 돕는 역할을 하는 것이다. "백만, 7백만, 6천만 명에게 어떤 교육이 가장 좋을지 묻는 것은 얼마나 어리석은가! 직업훈련을 해야 하는가, 교양교육을 해야 하는가? 답은 둘 다인 동시에 어느 쪽도 아니다. 노동자에게는 일하는 법을, 사상가에게는 생각하는

29 스탠리 아로노위츠는 이때의 교육을 "삶의 경험이 지닌 총체성, 다시 말해 또래와 부모뿐만 아니라 그런 사람들이 구성하는 사회에 근거한 문화와 미디어와 학교를 통해 습득하는 지식에 관해 집단적이고 개인적으로 진행하는 '비판적 성찰'이라고 정의"한다. 스탠리 아로노위츠. 2014. 58~59쪽.

법을 가르쳐야 한다. 목수가 될 사람은 목수로, 철학자가 될 사람은 철학자로 키우고 바보는 바보인 채로 두어야 한다. 여기서 멈춰서도 안 된다. 우리는 단자화된 개인이 아니라 인간이 모인 유기적 공동체, 아니 공동체 안에 있는 더 작은 공동체를 길러낸다. 이때 교육이 궁극적으로 도달하려는 지점은 철학자나 벽돌공이 아니라 인간"이어야 한다.[30]

둘째, 교육은 근본적으로 미래에 대해 낙관적인 전망을 갖고, 이를 뒷받침할 합리적인 방법을 찾는 사회구성원들의 노력이 어떠한가에 달려 있다.[31] 그러나 지금처럼 미래에 대한 낙관적인 전망을 갖지 못할 때, 그런 상황에 대처할 수 있도록 가르쳐주지 못한 교육은 강력한 비판을 받고 치명적 상처를 입을 수밖에 없다. 지난 2004년 한 재벌기업인이 "대학이 교육의 장이라는 건 헛소리다. 직업교육소다!"라고 내뱉은 언어폭력을 기억해 보라. 그의 말은 곧이어 현실이 되었다. 대학교육은 처참하게 무너졌고, 대학은 기업화의 길을 거침없이 내달렸다. 기업후원금을 많이 받아오는 CEO 총장이 환영을 받았고, 받은 만큼 이루어지는 자본을 향한 대학의 자기검열이 필연적으로 뒤따랐다.

셋째, 지금 우리의 대학은 교육이 "'크고 인간적인 의미'를 발견하는 능력을 키워 주는 것을 목표"로 삼음으로써 "인간이 산업 제도 안의 톱니바퀴로 전락하는 일을 막을 수 있다."는 지점과 완전히 배치되는 대척점에 서 있다. 세계 시장 내 이윤 창출 가능성에 중점을 두는 이

---

30 W. E. B. Du Bois. 2013. p. 48.

31 많은 교육전문가들은 교육의 내용을 4C, 즉 비판적 사고(critical thinking), 의사소통(communication), 협력(collaboration), 창의성(creativity)으로 전환해야 한다고 주장한다. 말하자면 대학은 기술적 기량의 교육 비중을 낮추고 종합적인 목적의 삶의 기술을 강조해야 한다는 것이다. 이와 관련해서는 Cathy N. Davidson. 2017. *The New Education : How to Revolutionize the University to Prepare Students for a World in Flux*. New York : Basic Books; Bernie Trilling. 2009. *21st Century Skills : Learning for Life in Our Times*, San Francisco : Jossey-Bass 참조.

러한 교육은 민주주의 체제의 결함들, 즉 논리적 사유의 심각한 허점들, 편협한 지방색, 경솔함, 너절함, 이기심, 정신의 협소함을 강화한다. 그것은 민주주의의 생명 자체를 위협하고, 고상한 세계 문화의 창조를 방해하는 탐욕적인 정신적 둔함과 기술적으로 훈련되었을 뿐인 고분고분하고 순종적인 정신을 끊임없이 양산할 뿐이다.[32]

자, 그렇다면 우리는 어떻게 교육할 것인가? 교육은 무엇보다 학생들에게 "자유와 활기, 협력과 자극을 가르치는 것을 사명"으로 삼아야 한다.[33] 학생들은 교육 과정에서 모든 것을 의심하고 상상하고 열심히 공부하면서 스스로 자기 자신과 사회를 변화시킬 수 있다는 것을 깨달아야 한다. 그럴 때에만 학생들은 "정치적 속임수를 꿰뚫어볼 줄 아는 시민"이 되고 온갖 "부와 권력에 맞서 자신의 권리를 지킬 줄 아는 노동자가 된다. 그래서 교육은 어리석은 독재자와 거만한 특권층으로부터 우리를 보호하는 장치"로서[34] 제 기능과 역할을 다 하는 것이다. 필자는 이러한 교육을 가능케 하는 것이야말로 바로 인문학에 있다고 생각한다. 그렇다면 우리에게 인문학은 무엇이며, 왜 필요한가? 인문학의 목적과 가치는 무엇인지 짚어보자.

32 마사 누스바움. 2011. 『공부를 넘어 교육으로』. 우석영 옮김. 궁리. 234~235쪽 참조.

33 마이클 로스. 2016. 221쪽.

34 마이클 로스. 2016. 6쪽.

4. 인문학은 유행 상품이 아니다

우리 사회에서 대학은 마치 전염병처럼 기업화하고 있다. 그 결과 대학 안에서 인문학의 위상은 위기를 넘어 몰락의 상황으로 내몰리고 있다. 과거와 달리 인문학은 학문의 권위와 특권에서 위계질서의 맨 아래에 위치한다.[35] 인문학에는 실용학문으로 대표되는 공학과 경영학이 지닌 명확한 가치와 손쉬운 자기 확신이 결여되어 있기 때문이다. 그럼에도 불구하고 "인문학의 필요성을 심도 있게 파악하는 사람, 이런 필요성을 초래한 위기의 심각성을 이해하는 사람, 우리 자신에 관한 현실적인 영감을 불러일으켜주는 진실을 이해하려는 욕구의 영향력을 평가하는 사람과 인문학만이 그것을 채워줄 수 있다는 점을 인정하는 사람"들은[36] 대학의 외부에서 인문학 그 자체를 위해 힘든 노력을 하고 있다. 이런 맥락에서 우리는 대학 외부에서 인문학의 부활과 인문학이 한때 누렸던 권위와 자기 확신의 위상을 회복하도록 영감을 불어넣은 요구와 동기를 발견할 수 있다.

대학 외부를 보라. 현상적으로만 보면 인문학人文學 열풍이고 인문학이 대세이다. 백화점 인문학, TV 인문학, 수필 인문학, 시장 인문학, 동네 인문학, CEO 인문학, 퇴근길 인문학, 점심 인문학, 아이폰 인문학, 기업 인문학 등등, 말 그대로 '○○○ 인문학'홍수다. 상품소비시장이 만든 인문학 대유행의 시대다. 유행이 유혹하고 문화가 소비된다.

---

35 칸트가 1798년 '학부들의 논쟁'에서 대학은 신학부, 법학부, 의학부와 같은 상급학부와 철학부라는 하급학부의 변증법적 통일체로 규정되면서 철학부는 정부의 명령으로부터 독립적이며, 명령을 내리는 자유를 갖지는 못하지만 모든 명령을 판정하는 자유를 가지고 있는, 즉 외부로부터 독립된 자율적 지성으로서의 위상을 가졌었다. 이런 칸트의 대학론은 자크 데리다에 의해 철학이 인문학으로 치환되어 논의되었다.

36 앤서니 T. 크론먼. 2009.『교육의 종말』. 한창호 옮김. 모티브북 2009. 244쪽.

대학과 대학교육에서 배제되고 추방당한 인문학이 백화점에서, 지자체에서, 그리고 각종 도서관에서 유행병처럼 소비되고 있다. 겉으로 보기에 인문학의 열풍이라는 표현은 결코 과도하지 않다.

이젠 인문학의 몰락 위기에 처한 대학이 역설적으로 대학 외부의 인문학 열풍을 대변하듯 대학 안에서 최고경영자들을 대상으로 한 단기 및 속성의 인문학 강좌를 개설하고, 기업들은 경영과 인문학을 융합시키려는 궁리에 혈안이 되어 있다. 또한 각 지자체와 도서관에서는 서로 경쟁하듯 평생학습의 이름으로 유사한 인문학 강좌를 열고 있다. 산업화의 물신物神과 이념의 독단에 지친 한국 사회가 인문학에서 치유와 위안의 자리를 찾고 있다.

지난 수십년간 한국 사회는 산업화와 민주화의 과정을 겪었다. 산업화와 민주화의 도정은 선진사회를 위한 필요조건이지만 그 자체가 목적이 될 수는 없다. 진정한 선진사회는 인문정신의 발현에서 나오기 때문이다. 인문정신은 산업화와 민주화 과정에서 추동된 감성의 과잉, 의식의 과잉, 행위의 과잉들을 단순하고 청빈하게 유지할 수 있도록 하는 감산減算의 사유이다. 이런 사유 안에서만 삶에 대한 성찰, 균형 잡힌 역사의식, 관용과 상생의 열린 정신이 가능하다. 그러나 불행히도 산업화와 민주화 과정에서 우리 사회는 바로 저 인문정신을 실기하는 우를 범하고 말았다.

공동체의 물질적 기반을 이루는 시장이나 기업 또는 과학기술은 산업화 과정에서 오직 경쟁과 효율만 앞세웠다면, 공동체의 정신적 기반을 이루는 정치나 문화 또는 도덕은 민주화 과정에서 저항과 투쟁만 강조했다. 양자의 일방적 물신과 독단 사이에서 '인문의 지혜'가 스며들 틈은 없었다. 인문학의 생명이라 할 수 있는 특정한 틀에 얽매이지 않는 자유로운 성찰과 탐구, 비판과 질문은 양자의 특정 프레임에 포획되어 그 건강성을 잃어버린 채 세뇌의 수단, 타인의 정신을 마비시키는 수단,

타인의 정신을 노예로 만드는 수단으로 전락해버렸던 것이다.

그러나 본래적인 의미의 인문학은 기능보다는 가치를, 사실보다는 의미를 중시하는 학문이다. 인문학은 고대 로마의 사상가 키케로가 말했듯이, '인간에 관한 연구(Studia Humanitas)'에서 연원한다. 말하자면 인문학의 본질은 '인간의 인간성'을 대상으로 한 탐구이며, 이때 인간성이란 사람됨, 인간다움, 휴머니즘을 가리키는 것으로서 인간이 갖는 윤리성 혹은 도덕성을 그 기초로 한다.

일반적으로 사람다운 인간이란 윤리적 인간 혹은 좋은 인간을 뜻한다. 이러한 윤리성은 본래 그 본질을 종교성 혹은 영성에 두고 있기 때문에 윤리성과 영성은 인간성을 논하는 두 가지 핵심적인 기제이다. 좋은 혹은 착한 마음씨가 윤리의 기초라면 종교의 기초는 사랑이다. 그런 점에서 인문학은 인간성을 대상으로 하여 윤리성과 영성이라는 양 기제를 통해 '보다 인간다운 인간'을 향해 우리를 인도해 나가고자 하는 제 학문들인 문학, 역사, 철학, 종교, 예술의 탐구를 본질로 하는 학문이다.

인간성을 탐구의 대상으로 하는 인문학은 사회의 경제적 하부구조를 구성하는 일개 장식품도 부속품도 아니다. 또한 시장권력의 도덕적 자기 정당화를 위한 수단도 도구도 아니다. 스티브 잡스가 인문적 텍스트를 동원해 '기술과 인문학의 교차점에서 애플의 창의적 제품을 만들었다'며 '다르게 생각하라(think different)'고 인문적 사유를 강조했다고 하지만 그의 현란한 마케팅 뒤에서 애플 협력업체의 노동자들은 잔혹한 노동환경과 인권침해에 시달리지 않았던가. 잡스는 인문학을 통해 대중을 믿음의 영역, 종교의 영역으로 인도했고, 인문학을 잘 이용하면 자본가도 존경의 대상, 숭배의 대상이 될 수 있을 뿐만 아니라 지적 권능을 갖고 대중을 지배할 수도 있음을 보여주었지만 거대 산업자본에 실용적 아이디어를 제공하는 것만으로는 결코 '인간다움'을 획득할 수는 없다.

우리에게 인문학이 필요한 이유는, 다른 수단을 통해 완벽한 통제라는 과학기술적 환상을 충족시키는 완벽한 힘에 복종케 함으로써 구원을 약속하는 종교보다 인문학이 더 나은 답을 제공할 수 있기 때문이다. 인문학을 통해서 독특한 동경의 속성을 이해하고자 하는 욕구가 충족될 수 있고, 자기패배로 인해 고상해진 불운한 피조물로서의 인간이라는 존재를 이해하려는 욕구가 충족될 수 있다. 인문학을 통해서 우리는 거대하지만 무의미한 힘의 시대에 의미에 대한 필요성을 충족시키는 데 도움을 얻을 수 있고, 오늘날 그런 욕구가 가장 완벽하게 좌절된 지식 분야에서 이해를 통해 얻는 내면적 즐거움을 누리려는 이해요구를 만족시키는데 도움을 얻을 수 있다.[37]

이 지점에서 한 번 물어보자. 물질만능주의와 고도화된 과학기술 그리고 경쟁체제의 굴레에 마비된 인간의 인간성을 회복하는 것, 즉 인간다움은 과연 가능할까? 인문학의 핵심적인 가치는 개인과 사회를 자기반성의 자리로 이끌어 문화적 감수성과 역사적 안목, 더 나아가 책임있는 공동체의식을 고양시키는데 있다. 이런 맥락에서 보면 오늘날 우리 사회의 인문학 열풍에는 우려스러운 면이 많다. 왜냐하면 인문학 열풍의 진원지가 바로 자본이자 기업이기 때문이다. 지금 유행하는 인문학은 진정한 인문학이 아니고 시장권력이 추동한 기업 인문학이다.[38] 기

---

37 헬렌 스몰은 인문학의 가치를 다섯 가지로 요약하고 있다. 첫째, 인문학은 질적 이해를 제공한다. 둘째, 인문학은 과거와 현재의 문화를 보존하고 그 문화를 보완할 수 있는 수단을 제공한다. 셋째, 인문학은 인간의 행복에 기여한다. 넷째, 인문학은 건전한 민주제도를 정착하게 하고 발전시킨다. 다섯째, 인문학은 외부의 특정 목적이 없는 대상의 내재적 가치를 이해하게 한다. 보다 자세한 내용에 대해서는 고부응. 2018. 360~361쪽을 보라.

38 반성, 회의, 비판을 핵심으로 하는 것이 인문학적 사고라면 이러한 비판 의식을 제고하기보다 소거하는 것이 바로 기업 인문학이라 할 수 있다. 인문학이 어떻게 자본의 포로가 되었는지를 자세히 추적 및 분석하고 있는 것으로는 박민영. 2018. 『反기업 인문학』. 인물과사상사 참조.

업 인문학은 인간다움을 위한 고뇌에는 별로 관심이 없다. 오직 이윤과 부의 창출, 즉 인문학의 상품화에만 관심이 있다. 인문학 열풍과 함께 물질주의, 과학기술주의, 경쟁체제가 심화되는 이유다. 하지만 인문학은 결코 유행도 상품도 아니며, 유행이어서도 상품이어서도 안 된다. 이것이 바로 인문학의 본래성을 회복해야 하는 까닭이다.

그렇다면 인문학의 본래성은 무엇인가? 우리는 크게 세 가지 관점에서 인문학의 본래성을 생각해 볼 수 있다. 첫째, 인문학의 본령은 유용성이 아니라 '무용성無用性'에 있다. 그러나 오늘날 시장권력은 끊임없이 인문학의 유용성만 묻고 따진다. 말하자면 자본의 증식에 기여할 수 있는지를 묻고, 자본에 충실히 복무하라고 요구한다. 대학에서 와인을 어떻게 마시는지, 호텔 사용법이 무엇인지를 교양교과목에서 가르치는 모습에서, 돈 있고 여유 있는 사람들이 일류 호텔의 와인과 스테이크를 곁들인 교양강좌에서 어울리며 재기 넘치는 인기 강사의 '간추린 인문학'강의를 들은 뒤 우르르 해외 골프 여행에 나서는 모습에서 우리는 인문학의 상품화를 확인하게 된다. 이렇듯 인문학의 상품화는 인문학을 수요자 중심 교육 혹은 부자들의 사교 클럽에 '교양의 외투'나 걸쳐주는 도우미 역할이라는 구조적 파국의 상황으로 내몰고 있다. 기업이나 지상파 방송 그리고 각종 백화점이나 지자체, 그리고 도서관에서 유행하고 있는 흥미로운 역사적 일화 시리즈나 문학, 철학의 말랑말랑한 토막 이야기 몇몇 개로 인문학의 깊고 너른 바다를 간추려 담을 수는 없는 일이다.

둘째, 인문학은 논리체계가 아니다. 고대 그리스 철학자 아리스토텔레스는 '논리적으로는 옳다고 하더라도 그것이 반드시 인간세계에서 옳다고 할 수는 없다.'고 말했다. 그는 지식과 지혜의 경계를 분명히 하고 있다. 그러나 오늘날 철학자연 하는 자들은 대부분 논리적인 옳음, 즉 '지식'에만 몰두해 있지 정작 '지혜에 대한 사랑'이라 정의되는 철학은 내팽개쳐두고 있다. 지혜는 지식이 추구하는 논리를 뛰어넘어 직관으로 나아간다. 그래서 인문학의 영역은 근대가 주조한 문학·역사·철학의 틀에 한정되어서는 안 된다. 가장 뛰어난 직관인 종교와 예술이 '인간다움'을 추구하는 길에서 빠질 수 없는 까닭이다. 그런 점에서 인문학은 외부로부터가 아닌 내부로부터 가치의 체계를 연구하며, 인문학적 행로를 밟는 사람들에게 이 세상에서 어떤 입장을 취하며, 왜 그런지를 판단하게 만든다. 그동안 인문학의 위기, 가난한 인문학을 걱정하는 목소리가 높았다. 하지만 인문학은 본래 가난한 법이다. 인문학이 언제 가난하지 않은 적이 있었던가. 종교와 예술은 더욱 그렇다.

셋째, 인문학은 어떤 요령을 가르쳐 주거나 쓸모 있는 정보를 제공해 주는 지식 보따리가 아니다. 인문학은 가치중립적인 지식을 열망하지 않으며 오히려 가치의 문제를 직접적으로 다룬다. 인문학은 인간의 가치를 여러 환경에서 표현되었던 대로 연구하며, 학생들에게 이런 가치가 건전하고 매력적인지를 질문함으로써 스스로 이런 가치에 개입하도록 끌어들인다. 그런 점에서 인문학은 성장과 효율을 중시하는 자본주의적 가치에 대응하는 가치를 창출해야 하는 오래도록 묵히고 삭힌 지혜의 바탕자리, 즉 '오래된 새로움'이다. 인문학의 길은 기본적으로 길 외부에 있다. 오늘날 기업 인문학으로 대변되는 인문학은 길 외부를 상상하지 못한다. 말하자면 기업 인문학은 불임의 학문, 불구의 학문이다. 인문학은 어떤 정답이 아니다. 인문학은 성역 없는 자유로운 정신적 유영을 전제로 인간의 삶과 실존에 대해서 엄숙한 물음을 던지며, 궁극窮極의 자리를 향하는 관조의 눈길이다. 따라서 인문학은 인간의 삶이라는 풍경에 이정표를 제공해주고, 한 개인으로서 우리의 질문에 대한 해답을 탐구하도록 기틀을 마련할 수 있게 도와주는 학문이다.

5. 민주시민교육이 필요하다

이상의 논의에서 살펴본 바와 같이, 오늘날 대학과 대학교육의 풍경은 스산하다. 인문학과 인문교육은 바람에 날리는 마지막 잎새처럼 흔들리고 있다. 이러한 대학의 몰락과 인문학의 위기 상황 앞에서도 대학이 여전히 '자본주의가 점점 더 치열해지는 세계시장에서 경쟁할 때 필요한 지식과 기술을 제공'하는 기능과 역할에만 열중한다면 세계화와 함께 정보사회의 현기증 나는 디지털 경제에 집중해야 하는 우리에게 인문학이나 인문교육은 감당할 수 없는 사치이고, 고통스럽게 바라볼 수밖에 없는 도락일 뿐이라고 한탄할 수 있다. 그러니 그리스 시대의 문학작품을 읽고, 로마 시대의 예술작품을 즐기며 중세 라틴어나 칸트의 철학서를 읽고 음미하는 것이 무슨 효용성이 있느냐고 반문할 것이다. 이런 시대적 상황에서 인문학이나 인문교육이 새로운 파생금융상품을 고안하거나 새로운 무기를 개발하는 것과 무슨 관련이 있으며, 새로운 기술을 개발하고 생산성을 향상시키고 국내총생산을 증대시키는데 어떤 역할을 할 수 있겠는가.

그렇지만 우리는 이 시대의 대학이 과연 목적을 가지고 있는지 또는 가지고 있어야 하는지, 감당해야 할 시대적 역할이 있는지 또는 있어야 하는지를 진지하게 물어야 한다. 마찬가지로 존립하는 한에서 대학은 이런 물음과 관련하여 대안적 답변을 적극적으로 마련해야 한다. 고도의 지적 능력을 가진 인재가 국경을 초월하여 거래되는 자본주의 체제 하에서 대학은 뛰어난 인재 선발과 육성, 인증을 담당하는 하위기관으로 전락하기가 쉽다. 디지털 기술의 폭발 속에 전 지구적 질서가 국민국가적 질서를 집어삼키고 있는 상황에서 이제 대학은 근본적으로 재정의되어야 한다.

대학으로부터 새로운 의미 발견을 요구하는 시대에 인문학과 인문교육은 무엇을 할 수 있을까. 이러한 시대적 요구에 부응하기 위해서라도 인문학과 인문교육은 학제적, 범학문적 교과과정을 제공하여 학생들에게 더욱 넓은 시야를 보여주고 비판적이고 종합적인 사고를 학습할 수 있도록 준비해야 한다. 이러한 변화와 관련하여 인문학과 인문교육을 전담하고 있는 대학의 각 조직은 기존의 성과를 유지하면서 동시에 새롭게 발전시켜 나가야 한다. 따라서 이 지점에서 대학 안의 인문학과 인문교육을 새롭게 재구성할 수 있는 한 방법으로 민주시민교육이 필요하다.[39]

지난 수십 년간 우리 사회는 유례가 없는 세계적 성공이라고 자랑스러워하는 압축적 근대화와 산업화 과정을 겪었다. 그러나 그 성공의 이면에는 권력에 대한 맹목적 집착, 배타적이고 폐쇄적인 민족주의, 사회적 약자에 대한 배제와 모욕의 관행, 성장지상주의, 전체주의적 공동체주의, 중앙집중주의, 천박한 물신숭배라는 찌꺼기들이 강고하게 똬리를 틀고 있다. 이러한 시공간적 환경과 사회적 구조 안에서 딱 지금과 같은 수준의 민주주의를 운영하는 우리 사회의 구성원이 길러지고 형성되었다. 바로 이 지점은 우리가 말하는 '시민의 미성숙'혹은 '시민의 부재'와 같은 문제가 송곳처럼 드러나는 곳이다. 때문에 지금 우리에게는 시민적 주체의 형성, 곧 우리 사회를 구성하는 보통의 일상인들, 특히 미래 세대를 민주주의의 참된 주체인 시민으로 만들기 위한 체계적인 사회정치적 노력이 시급하다.

우리나라 〈교육기본법〉 제2조에 따르면, "교육은 홍익인간의 이념 아래 모든 국민으로 하여금 인격을 도야하고 자주적 생활능력과 민주

---

39 민주시민교육의 필요성과 관련해서는 장은주. 2018.「민주시민교육의 필요성과 보이텔스바흐 합의」. 심성보·이동기·장은주·케르스틴 폴 지음.『보이텔스바흐 합의와 민주시민교육』. 북멘토, 12~29쪽 참조.

시민으로서 필요한 자질을 갖추게 함으로써 인간다운 삶을 영위하게 하고 민주국가의 발전과 인류공영의 이상을 실현하는 데에 이바지하게 함을 목적으로 한다."고 명시되어 있다. 하지만 지금까지 우리 교육은 이러한 교육의 기본 이념에 충실하지 못했다. 민주시민으로서 필요한 자질을 함양하기 위한 교육을 제대로 수행하기는커녕 그 의미나 필요에 대한 기본적인 인식조차도 공유하지 못했다. 초중등 학교교육은 오직 대학 입학을 위한 입시준비기관 그 이상도 이하도 아니었다. 대학은 직업교육기관으로 전락한지 이미 오래다. 이런 상황에서 '민주시민으로서 필요한 자질을 갖추게'하는 민주시민교육은 우리 교육에서 아주 낯선 이물질처럼 교육 주변을 겉돌고 있다.

그렇다면 지금 우리가 말하는 민주시민교육이란 도대체 무엇인가? 지금까지 합의된 정의에 따라 간략하게 표현하면, 민주시민교육은 '시민들이 민주주의의 가치와 원리를 배우고 훈련함으로써 시민자치 역량을 강화하고 호혜적인 삶의 양식을 형성하기 위한 실천으로 나아갈 수 있도록 하는 제반의 제도적·사회적 기회와 노력의 과정'을 의미한다. 여기서 민주시민교육의 핵심적인 내용을 이루고 있는 용어는 민주주의와 시민 그리고 교육이다.

고대 그리스에서 탄생한 민주주의는 내부적으로 수많은 모순을 안고 있지만 역사 이래 인류가 창안한 가장 지속가능한 정치 체제이자 생활양식이다. 오늘날 민주주의의 기반이기도 한 자유, 평등, 인권의 이념은 현대 사회의 문화와 정치 발전의 가장 중요한 준거이기도 하다. 그런 점에서 민주주의는 인간 이성에 대한 신뢰를 전제로 자유, 공정성과 정의, 그리고 인간에 대한 존중과 관용의 가치를 강조하는 생활양식인 동시에, 이를 실현하기 위한 방법론적·과정적 가치를 함축하고 있다. 때문에 민주주의는 인간과 사회 및 세계에 대한 획일적이고 일원론적인 개념만을 인정하는 것을 거부하며, 진리에 있어서는 오류의 가능성을

인정하므로 다원주의적 가치 속에서 합의의 과정으로서의 자유와 평등의 가치를 강조한다.[40]

그러나 한국 사회의 상황은 민주주의가 뿌리내리는 과정에서 수없는 오물을 뒤집어쓰기도 하고 뒤틀리기도 했다. 식민지 극복 이후 찾아온 서구적 민주주의 제도의 이식은 적지 않은 부작용을 낳았다. 민주적 제도화에 비해 민주적 가치의 내면화 정도와 지속성에 있어서 허약한 토대가 형성되었다. 그 결과 압축적 근대화와 산업화의 과정은 여전히 정치원리로서 고스란히 남아 작동하고 있으며, 건강하고 성숙한 시민이 성장할 수 있는 환경은 제대로 조성되지 못했다.

서구 사회에서는 국가권력을 장악한 지식인 부류인 정치엘리트 집단이 그에 상응하는 민주주의에 대한 신념과 도덕적 자질을 보여주었기 때문에 국민통합의 문제와 국가의 정당성 위기를 극복할 수 있는 힘을 가지고 있다. 이에 비해 우리 사회에서는 정치권력을 획득한 집단에 대한 국민적 신뢰도가 매우 낮다. 특히 오래 지속된 극한적인 이념대립의 상황은 민주주의의 기본적인 합의 자체를 불가능하게 하고 소모적인 대립상황만 낳았다. 아직도 60~70년대의 수구 냉전적 이데올로기는 보수주의 정치이념의 장場으로 상당한 지분을 차지하고 있다. 이러한 기형적인 정치적 지형은 민주주의의 이념과 가치에 있어서 합의를 불가능하게 할 뿐만 아니라 민주주의 질서 자체를 위협하는 수준에 머물러 있다.

게다가 우리 사회는 압축적 근대화와 산업화의 과정에서 자본주의적 사적 욕망이 지나치게 극대화되어 민주적 가치의 성찰적 측면과의 충돌이 일상화되어 있다. 서구 사회는 근대적 사회계약의 전통을 통해

---

40 이러한 맥락에서 오늘날 민주주의는 "시민들의 활동, 개입, 헌신, 의무, 봉사에 의존하며, 공동의 이익을 달성하기 위한 시민적 자질, 태도, 실천 등을 추구"하는 정치체제로 이해되기도 한다. 심성보. 2018.『한국 교육의 현실과 전망』. 살림터. 663쪽.

준법, 공정한 경쟁규칙, 공익과 사익의 구분, 타인에 대한 배려, 공중도덕 등과 같은 규범적 원리들이 상대적으로 강력하게 제도화되어 있다. 서구인들에게 경제적 이익 추구는 항상 가치론적·규범적인 범주 내에서만 가능하기 때문에, 욕망과 가치 사이에서 지나치게 흔들리지 않는 인성구조가 기본적으로 형성되어 있다. 이에 비해 우리 한국인은 압축적 근대화와 산업화 과정에서 급격한 사회이동을 경험하면서, 경제적 이익 추구와 공적 규칙의 준수를 조화시키는 데에 실패했다. 공적 가치로서의 민주주의와 사적 이익이 극단적으로 대립하는 상황이 지속되면서 민주주의는 위기의 소용돌이 속에 내던져진 형국이다.

민주주의는 무엇보다 깨어 있는 성숙한 시민들을 전제로 한다. 민주주의의 주체는 시민이다. 우리 사회에서 시민이 단순히 '도시에 거주하는 주민'이라는 통치의 대상이 아니라 정치적 주체로 부각된 것은 1987년 민주화 투쟁 이후라고 할 수 있다.[41] 시민은 민주주의 주체로서 자유와 권리를 인식하고 공동의 문제에 관심을 갖고 참여하는 주체를 의미한다. 말하자면 시민은 정치, 경제의 행위 주체로서 깨어 있는 개인이며, 공동체적 자치를 일구는 실질적인 국가의 구성원이다. 이처럼 시민이 된다는 것은 국가의 불합리한 통제와 개입에 저항하고 천부인권을 부여받은 시민이 도덕과 공익에 근거하여 자율적으로 통치한다는 뜻이다.

민주주의 사회에서 시민은 시민으로서의 자질을 필요로 한다. 그것을 우리는 시민성(citizenship)이라고 정의한다.[42] 시민성은 다소 복합적인 개념이다. 시민성은 사적인 것과 공적인 것, 도덕적 법칙과 사회적

---

41 시민이란 개념은 근대에 등장하면서 지금까지 맥락에 따라서 매우 다의적으로 규정되어 왔다. 시민의 개념 정의와 관련해서는 심성보. 2018. 455~468쪽 참조.

42 시민성 개념에 대한 자세한 설명은 심성보. 2018. 468~492쪽; 장은주. 2017. 『시민교육이 희망이다』. 피어나. 127~162쪽 참조.

규범, 보수적 향수와 진보적 변화 '사이'에 놓여 있다. 한국 사회에서 시민성 개념은 시민적 덕목이나 시민권과 구별 없이 사용된다. 시민적 덕목이 시민의 역할과 밀접한 관련이 있다면 시민권은 시민의 권리와 자율성을 보장해주는 법적 지위로 정의되는 동시에 사회적 역할과 책임으로 개념화된다. 시민성은 시민적 덕목을 준수하는 데 기본이 되는 '자질'이다. 따라서 시민성은 사적 공간이나 생활세계에서 타인에게 지켜야 할 예의이기도 하고, 차이와 다양성을 이해하고 인정하는 관용의 마음이기도 하며, 더 좋은 공동체를 만들기 위해 자신의 이익을 희생하는 시민적 덕성이기도 하다.[43]

한국 사회처럼 시대적 문맥에 따라 국가주의와 민주주의의 근본 모순이 충돌하고 국가주의가 민주주의를 위협하는 사회에서는 민주적 시민성 형성이 무엇보다 중요하다. 민주적 시민성은 권력이 행사되는 방식을 변화시키고 시민들의 태도를 서로 통제한다. 민주적 시민성은 사회적 시민성과 정치적 시민성을 구성 요소로 한다. 사회적 시민성은 사회의 삶에서 사람들의 장소와 역할을 다루는 것으로서, 공동의 가치, 국가의 정체성, 친사회적 행동, 이웃에 대한 돌봄 등으로 구성되고, 정치적 시민성은 권리와 의무와 관련하여 개인과 개인 그리고 국가 간의 관계, 그들의 집단적 숙고와 결정의 참여를 다루는 것으로서, 민주적 과정과 실천의 존재이유로서 다양성과 차이로 구성된다.

민주적 시민성은 크게 세 가지 가치를 추구한다. 첫째, 시민은 개인적으로 책임지는 시민성으로서 자기가 속한 공동체 속에서 도덕적 책임, 인격, 정직, 성실, 자제력, 근면 등의 가치를 추구한다. 둘째, 시민은 참여하는 시민성으로 지역사회참여, 공적 문제와 지역사회의 사회적 삶

---

43 따라서 시민성은 "민주주의를 촉진시키는 가장 효과적인 수단이며, 갈등과 경쟁의 정치를 포용하고, 다원주의적 가치를 존중하며, 사적 영역과 공적 영역의 분리를 지향한다." 심성보. 2018. 663쪽.

에 적극적으로 참여함, 관계성, 공동의 이해, 신뢰와 집단적 헌신, 그리고 특정의 공동체 문제나 기회를 극복하려고 한다. 셋째, 시민은 정의를 추구하는 시민성으로서 사회적 쟁점에 대한 비판적 분석, 사회적 불의의 해소, 구조적 비판, 자선과 자원봉사를 넘어서는 사회운동을 통해 체제의 변화 등을 시도한다.[44]

좋은 시민은 태어나는 것이 아니라 만들어지는 것이다. 그렇다면 좋은 시민은 어떻게 만들어 질 수 있을까? 좋은 시민의 민주적 시민성을 기르는 학습 장소는 교실, 학교, 사회이다. 시민성교육은 교실, 학교 그리고 사회가 따로 분리된 것이 아니라 교육과정, 학교문화, 지역사회가 하나로 긴밀하게 연결될 때 올바로 작동한다. 민주적 시민성을 위한 교육과정 및 지식교육은 민주적 학교문화 조성 속에서 이루어져야 하며, 나아가 가정을 포함한 지역사회와 마을공동체의 적극적 관여와 참여 속에서 이루어져야 한다.

우리는 이 모든 과정과 절차를 민주시민교육이라고 부른다. 민주시민교육의 목표는 미성숙한 사람이 공적 시민성을 갖도록 교육하는 데 있다. 하지만 우리 사회의 민주시민교육은 민주시민교육의 목표, 내용에 대한 사회적 합의 부재, 관료주의 교육행정체제와 교육과정의 결여, 민주시민교육을 위한 교사훈련의 미비와 교사의 전문성 부족 및 민주적 의식 결여, 민주시민교육을 과거의 교화와 의식화 프로그램으로 오해하는 고정관념, 교사의 정치적 자유 부재, 기성세대의 저항과 학부모의 보수적 교육관 등으로 너무나 오랫동안 표류해 왔다. 아이들은 권위주의적이고 관료적인 학교체제와 문화 속에서 순응주의에 물들어 민주시민으로 성장할 틈이 없었다.

지난 수십 년 간 제도화된 교육과정에서 학생들은 민주시민으로서

44 심성보. 2018. 630쪽 참조.

의 체험을 겪지(pathos) 못한 채 성장했다. 그렇게 청년이 되고 성인이 되었다. 우리의 일상은 여전히 비민주적이고, 심지어 반민주적이다. 미성숙한 학생이 곧바로 성숙한 시민이 될 수는 없는 일이다. 결국 미성숙한 시민, 즉 어른의 민주시민적 결손이 나타날 수밖에 없다. 지금 여기, 우리는 어른의 민주시민적 결손을 늘 일상에서 겪고 있다. 필자 역시도 그 미성숙한 어른의 한 사람이다. 민주시민교육이 절실하게 요구되는 이유도 바로 여기에 있다.

민주시민교육은 학생, 청년 그리고 시민들에게 '민주적 가치를 내면화하는 교육'이다. 이때 교육은 단순히 '부모에게 효도하라'거나 '나라에 충성하라'는 명령을 전달하는 식의 수직적인 인성이나 가치관 교육이 아니라 청소년들이 스스로 올바른 도덕적 성숙을 위한 비판적 성찰을 할 수 있도록 도와주는 교육이어야 한다. 그런 성찰은 사회구성원들 사이의 상호 존중과 상호 인정, 관용, 대화, 협동 등의 가치를 실현하는 수평적·민주적 교육방식을 통해서만 촉진된다. 학생들과 청년들은 이런 교육을 통해 실질적인 민주적 가치와 태도를 내면화하고, 삶 속에서 습관화 내지 일상화할 수 있어야 한다. 차별에 반대하고 모든 종류의 지배에 저항하며 모든 시민의 존엄의 평등이라는 가치를 몸으로 또 언어로 표현할 수 있어야 한다. 관용과 이질적인 것에 대한 포용, 민주적 상호 존중 등의 자세와 태도에서 파생되는 시민적 예의를 습득해야 한다.

결론적으로 우리 사회에 시급하게 필요한 것은 민주적 시민성을 더욱 자극하고 활성화시키는 민주시민교육이다. 이것은 초중등 학교교육뿐만 아니라 대학과 대학교육에서도 진지하게 고민해야 할 실천적 과제이기도 하다. 민주주의와 민주시민은 결코 저절로 만들어지지 않는다. 그것은 시민 각자의 끊임없는 노력과 실천, 그리고 상황에 따라서는 투쟁을 통해서 만들어진다. 우리 사회를 구성하는 아이들, 청년들 그리고 어른들 모두에게 관용, 민주주의, 연대, 인권, 자유, 정의, 평등, 평화, 책임과 같은 핵심 가치를 함께 학습하고 교육해야 한다. 그렇게 해야만 이 핵심 가치들을 적극적으로 실천하는데 필요한 비판적 사고능력, 합리적 판단능력, 갈등조정능력, 자발적이고 적극적인 사회참여능력, 타협할 수 있는 능력, 정치적 소수자 집단을 존중하는 능력 등을 키울 수 있다.[45] 우리 모두가 민주시민교육을 통해 오직 '더 좋은 사회, 더 많은 민주주의'를 위해 끊임없이 불온한 생각을 하는 교양시민들을 집단적으로 탄생시켜 나갈 때에만 비로소 그 사회의 민주주의는 더욱 건강해지고 시민은 성숙해질 것이다.

참고문헌

고부응. 2018. 『대학의 기업화』. 한울.

마사 누스바움. 2011. 『공부를 넘어 교육으로』, 우석영 옮김. 궁리.

마이클 로스. 2016. 『대학의 배신』. 최다인 옮김. 지식프레임.

마이클 베일리/데스 프리드먼(엮음). 2012. 『대학에 저항하라』. 민영진 옮김. SEEDPAPER.

마크 피셔. 2018. 『자본주의 리얼리즘』. 박진철 옮김. 리시올.

박민영. 2018. 『反기업 인문학』. 인물과사상사.

빌 레딩스. 2015. 『폐허의 대학 : 새로운 대학의 탄생은 가능한가』. 윤지관/김영희 옮김. 책과함께.

45 심성보. 2018. 639쪽.

서보명. 2011. 『대학의 몰락』. 동연.
신승환. 2014. 「자본주의 체제에서 대학의 현재와 미래」. 사회와 철학 연구회 지음. 『한국 교육 현실의 철학적 성찰』. 씨아이알.
심성보. 2018. 『한국 교육의 현실과 전망』. 살림터.
스탠리 아로노위츠. 2014. 『교육은 혁명의 미래다』. 오수원 옮김. 이매진.
요시미 순야. 2014. 『대학이란 무엇인가』. 서재길 옮김. 글항아리.
앤서니 T. 크론먼. 2009. 『교육의 종말』. 한창호 옮김. 모티브북.
윌리엄 J. 베넷/데이비드 와일졸. 2014. 『대학은 가치가 있는가』. 이순영 옮김. 문예출판사.
이재성. 2014. 「대학의 위기와 교양기초교육의 방향 모색」. 사회와 철학 연구회 지음. 『한국 교육 현실의 철학적 성찰』. 씨아이알.
장은주. 2017. 『시민교육이 희망이다』. 피어나.
장은주. 2018. 「민주시민교육의 필요성과 보이텔스바흐 합의」. 심성보·이동기·장은주·케르스틴 폴 지음. 『보이텔스바흐 합의와 민주시민교육』. 북멘토.
제니퍼 워시번. 2011. 『대학주식회사』. 김주연 옮김. 후마니타스.
캐시 오닐. 2017. 『대량살상수학무기』. 김정혜 옮김. 흐름출판.
Davidson, Cathy N. 2017. *The New Education : How to Revolutionize the University to Prepare Students for a World in Flux*. New York : Basic Books.
Du Bois, W. E. B. 2013. *The Souls of Black Folk*. New York : Tribeca Books.
Mannheim, K. 1936. *Ideology and Utopia*. New York.
Trilling, Bernie. 2009. *21st Century Skills : Learning for Life in Our Times*. San Francisco : Jossey-Bass.

Veblen, Thorstein. 1965. *The Higher Learning in America*. New York.
Wolff, Robert Paul. 1969. *The Ideal of the University*. Boston.
http://www.hani.co.kr/arti/culture/books/850150.html 2018.06.21.

저자소개

저자소개

장은주 : '형성적 기획'으로서의 민주시민교육:
한국 민주시민교육의 기본 방향과 초점

현재 영산대학교 성심교양대학 교수이고 참여연대 부설 참여사회연구소 소장과 (사)징검다리교육공동체 민주시민교육센터장을 맡고 있다. 서울대학교 철학과와 동대학원을 졸업했으며 독일 프랑크푸르트 요한 볼프강 괴테 대학 철학 박사다. 2013년 9월부터 2년 동안 경기도교육연구원 선임 연구위원도 역임했다. 주요 저서로는 『생존에서 존엄으로: 비판이론의 민주주의이론적 전개와 우리 현실』(2007), 『인권의 철학: 자유주의를 넘어, 동서양이분법을 넘어』(2010), 『정치의 이동: 분배 정의를 넘어 존엄으로 진보를 리프레임하라』(2012), 『시민교육이 희망이다: 한국 민주시민교육의 철학과 실천모델』 등이 있고, 주요 논문으로는 「민주주의라는 삶의 양식과 그 인간적 이상」(2014), 통합진보당 이후의 진보: 민주적 공화주의의 관점에서」(2015) 등이 있다.

E-mail : ejchang@ysu.ac.kr

이윤갑 : 도산 안창호의 민족운동과 공화주의 시민교육

서울대학교 국사학과를 졸업하고 동대학원에서 석사학위를 하였으며 연세대학교 사학과 대학원에서 박사학위를 받았다. 계명대학교 사학과 교수로 재직하고 있으며, 한국학연구원장, 친일반민족행위자재산조사위원회 위원을 역임했다. 주요 관심분야는 한국근대농업사와 민족운동사, 사회사상사이며, 〈한국근대의 상업적 농업연구〉, 〈일제시대 사회성격론〉, 〈일제의 식민지 지배와 마을문화의 해체〉 등 다수의 논저가 있다.

E-mail : ykl311@gw.kmu.ac.kr

심성보 : 한국 민주시민교육의 현황과 과제

고려대학교에서 교육학박사를 받고 호주 시드니대학에서 방문교수를 지냈다. 현재 부산교육대학교 명예교수이다. 주요 관심분야는 시민교육, 인문학연구, 세계교육개혁, 마을교육공동체운동 등이다. 저서로 『민주시민교육을 위한 도덕교육』, 『인간과 사회의 진보를 위한 민주시민교육』이 있고, 번역으로 『21세기 민주주의와 교육』, 『비판적 페다고지는 세상을 변화시킬 수 있는가?』, 『프레이리와 교육』, 『조선근대교육의 사상과 운동』이 있고, 공저로 『새로운 사회를 여는 교육혁명』, 『혁신학교에 대한 교육학적 성찰』, 『핀란드 교육혁명』 등이 있다.

E-mail : sbsim@bnue.ac.kr

양흥권 : 한국의 민주시민교육 운영기반 분석과 개선 방안

서울대학교대학원 교육학과에서 평생교육전공으로 박사학위를 취득하고, 한국교육개발원 평생교육센터에서 부연구위원으로 근무하였으며, 평생교육정책연구, 학습생애사 연구 등을 수행하고 있다. 현재는 대구대학교 지역사회개발·복지학과 교수 및 대구대학교 평생교육원장, 한국평생교육학회 감사, 한국평생교육총연합회 부회장을 담당하고 있다.

E-mail : heungkweun@hanmail.net

홍윤기 : 한국에서 민주시민교육 기반구축의 가능성과 그 제약

독일 베를린 자유대학교에서 철학박사 학위를 받고 서울대학교에서 박사 후 연수를 하였다. 현재 동국대학교 문과대학 철학과 교수로 재직하고 있다. 주요 관심분야는 사회/정치철학, 윤리학, 문화철학, 역사철학, 철학방법론, 철학교육 및 민주시민교육 등이다. 저서로 *Dialektik-Kritik und Dialektik-Entwurf*, 『지식정보화 시대의 창의적 능력 및 인력 양성 정책 개발』, 『민주청서21. 대한민국의 민주주의와 민주시민교육』, 『글로벌 네트워크 시대의 국가와 민족』, 『철학콘텐츠 실태조사 및 수준향상 방안』, 『교양교육과정 운영 및 평가체제 개발 연구 -인문기반 교양교육체계를 위

하여』 등과 다수의 논문과 역서가 있다.

E-mail : philoedu1985@gmail.com

최병덕 : 대구지역에서 민주시민교육의 현재성

경북대학교 정치외교학과를 졸업하고, 경북대학교 대학원 정치학과에서 석사 및 박사학위를 취득하였다. 현재 계명대학교, 금오공과대학교 등에 출강하고 있다. 조선시대 정치사상과 지역사회 문제에 관심을 가지고 관련 연구를 진행하고 있으며, 저서로는 『좋은 삶을 위한 인문학 50계단』(공저), 『청춘, 시대를 깨우다』(공저) 등이 있고, "旅軒 張顯光의 군주론", "율곡 이이의 '기강(紀綱)'에 대한 인식과 정치개혁" 등 다수의 논문이 있다.

E-mail : bydchoi@gmail.com

채장수 : 대구지역에서 민주시민교육의 현재성

경북대학교 정치외교학과를 졸업하고, 경북대학교 대학원 정치학과에서 석사 및 박사학위를 취득하였다. 현재 경북대학교 사회과학대학 정치외교학과에 부교수로 재직하고 있다. 민주주의론과 한국의 정치상황 등에 관심을 가지고 관련 연구를 진행하고 있으며, 저서로는 『탈냉전과 진보적 민주주의론』, 『지배의 정치, 저항의 정치』(공저) 등이 있고, "정치 이념적 스펙트럼과 공공성," "'촛불집회'에 대한 보수진영의 대응담론" 등 다수의 논문이 있다.

E-mail : chaejs@knu.ac.kr

이재성 : 대학의 몰락과 민주시민교육

계명대와 대학원에서 서양철학을 전공하고 독일 아헨 대학에서 철학, 사회학, 정치학을 수학했으며, 게오르크 빌헬름 프리드리히 헤겔에 대한 논문(Subjektivität und Intersubjektivität : Eine Untersuchung zur Rekonstruktion der dialektischen Struktur in Hegels Rechtsphilosophie)으로 박사학위를 받았다. 주요 저서로는 『헤겔의 체계철학』, 『하이데거 철학 삐딱하게 읽기』가 있고, 역서로 『변증법 이론의 근본구조. 헤겔의 논리학에 있어서 변증법적 범주발전의 재구성과 수정』, 『웃음의 철학』이 있으며, 주요 논문으로는 「루소의 정치철학에 대한 헤겔 비판」, 「헤겔 정치철학에 대한 일고」, 「헤겔의 정신철학에서 정신개념의 변증법적 구조」, 「헤겔의 정치철학 : 헤겔은 자신의 국가철학을 어떻게 정당화시키고 있는가?」「헤겔의 자연철학 : 논리에서 자연으로의 이행문제」, 「서양의 생태사상과 사유방식의 문제에 대한 일고」등 수십 편이 있다. 헤겔의 이론을 비롯해 근대독일철학, 정치사회철학, 생태철학, 응용윤리 등을 연구해왔으며, 최근에는 다문화주의, 초국가 시대의 시민권 및 인권 논의에 관심이 많다. 현재 계명대학교 Tabula Rasa College 교수로 재직하고 있다.

E-mail : ssyi@kmu.ac.kr